NEUKIRCHENER

Heinrich Bedford-Strohm (Hg.)

Und Gott sah, dass es gut war

Schöpfung und Endlichkeit
im Zeitalter der Klimakatastrophe

Neukirchener

© 2009
Neukirchener Verlag
Neukirchener Verlagsgesellschaft mbH, Neukirchen-Vluyn
Alle Rechte vorbehalten
Umschlaggestaltung: Andreas Sonnhüter, Düsseldorf
Umschlagfoto: © istockphoto
Druckvorlage: Yvonne Schönau
Gesamtherstellung: Hubert & Co., Göttingen
Printed in Germany
ISBN 978–3–7887–2391–0

Das Werk einschließlich aller seiner Teile ist urheberrechtlich geschützt. Jede Verwertung außerhalb der engen Grenzen des Urheberrechtsgesetzes ist ohne Zustimmung des Verlages unzulässig und strafbar. Das gilt insbesondere für Vervielfältigungen, Übersetzungen, Mikroverfilmungen und die Einspeicherung und Verarbeitung in elektronischen Systemen.

Bibliografische Information der Deutschen Nationalbibliothek

Die Deutsche Nationalbibliothek verzeichnet diese Publikation in der Deutschen Nationalbibliografie; detaillierte bibliografische Daten sind im Internet über http://dnb.d-nb.de abrufbar.

Inhalt

Heinrich Bedford-Strohm
Einleitung 7

Theologische Perspektiven

Michael Welker
Schöpfung und Endlichkeit
Theologische und naturwissenschaftliche Perspektiven 15

Christian Link
Ökologische Schöpfungstheologie
Eine Zwischenbilanz 27

Gerhard Liedke
»Auch die Schöpfung wird befreit werden«
Eine Problemanzeige – 30 Jahre nach »Im Bauch des Fisches« 32

Dirk Evers
Intelligent Design 39

Sozialethische Reflexionen

Udo Kuckartz
Leben im Einklang mit der Natur
Einsichten aus der Sozialwissenschaft 59

Dieter Gerten
Zum aktuellen Stand der Klimafolgenforschung 70

Andreas Lienkamp
Klimapolitik als Bewährungsort globaler, intergenerationeller und ökologischer Gerechtigkeit 81

Christoph Stückelberger
Für eine zukunftsorientierte Gestaltung der Schöpfung
Strategien der ökumenischen und interreligiösen Bewegungen 102

Hans Diefenbacher
Was können Kirchen zum Klimaschutz beitragen?
Klimaschutzprojekte in der EKD 117

Biblisch-theologische Untersuchungen

Helmut Utzschneider
Von der Würde der Geschöpfe 128

Michaela Bauks
Um die Bewahrung der Schöpfung muss gestritten werden –
Fallbeispiel Hiob 139

Claudia Janssen
Sehen lernen
Schöpfung und Auferstehung bei Paulus 161

Praktisch-theologische Dimensionen und Diskussionsbeiträge

Heino Falcke
Blicke durch das »Zeitfenster« 175
Predigt über Epheser 5,14–20

Werner Busch
Ein Beitrag zur Diskussion 179

Verzeichnis der Autorinnen und Autoren 182

HEINRICH BEDFORD-STROHM

Schöpfung und Endlichkeit im Zeitalter der Klimakatastrophe

Einführende Überlegungen

Die Klimakatastrophe ist in den letzten Jahren zum Top-Thema geworden – und das ist auch gut so. Selbst diejenigen, die lange Zeit keinen größeren Handlungsbedarf gesehen haben, denken nun über wesentliche Änderungen im persönlichen Verhalten und über politische Weichenstellungen nach, die den Klimawandel jedenfalls abdämpfen können. Die Tagung, zu der die Gesellschaft für Evangelische Theologie am 16.–18. Februar 2009 nach Hofgeismar einlud, sollte nicht die vielen anderen Tagungen einfach verdoppeln, die sich mit der Klimakatastrophe beschäftigen. Sie wollte tiefer bohren. Denn mit dieser von Menschen gemachten globalen Krise des ökologischen Gleichgewichts stellen sich grundsätzliche Fragen für die Theologie. Haben Menschen die Macht, den Planeten, auf dem sie leben, zu zerstören? In welchem Verhältnis steht die menschliche Manipulation der Natur zu der Zusage Gottes, seine Schöpfung zu bewahren? Und wie können die erschreckenden Befunde zur Gefährdung der natürlichen Lebensgrundlagen ernst genommen werden, ohne in Alarmismus und Aktionismus zu verfallen? Mit dem Versuch, diesen Fragen auf den Grund zu gehen, war zugleich eine Zwischen-Bilanz der Bemühungen um eine neue ökologische Schöpfungstheologie verbunden, die maßgeblich von Vorstandsmitgliedern und anderen Mitgliedern der Gesellschaft für Evangelische Theologie mitgeprägt worden ist.
Im Jahr 2009 hätten sich gleich eine ganze Reihe von Themen angeboten, die zur Erinnerung einladen: natürlich 500 Jahre Johannes Calvin, aber auch 75 Jahre Barmer Theologische Erklärung, für die GET ohne jeden Zweifel ein zentrales Datum, 20 Jahre friedliche Revolution in der DDR mit allen guten Gründen, innezuhalten und nachzudenken, was der Rückblick darauf für die Gegenwart bedeutet. Der Vorstand hat das alles diskutiert, sich am Ende aber für ein Thema entschieden, das uns in der Gegenwart besonders beschäftigt. Der Blick auf die unterschiedlichen Jubiläumsanlässe wird diesen Anlässen selbst vielleicht am besten so gerecht, dass die Impulse, die sie in der Geschichte gegeben haben, nun in die Reflexion der Herausforderungen der Gegenwart einfließen.
Mit dem Thema »Schöpfung« stand ein Thema im Zentrum, das nur dann angemessen behandelt werden kann, wenn die Dogmatik und die

Ethik gleichermaßen bedacht werden. Es liegt auf der Hand, dass die bedrängenden ethischen Fragen, die mit dem drastischen Wort »Katastrophe« ihren Weg bis in den Tagungs- und nun auch den Buchtitel gefunden haben, in keiner Weise zu trennen sind von den dogmatischen Fragen, die sich mit dem Thema »Schöpfung« stellen. Wenn in diesen Tagen über die aktuellen Herausforderungen diskutiert wird, die sich mit der gegenwärtigen Diskussion um den Klimawandel für die Theologie stellen, dann muss es immer auch um diesen Zusammenhang gehen. Das Wort »Schöpfung« ist mehr als eine Steigerungsform des Begriffs der Natur, die besonders dann gute Dienste leistet, wenn die appellative Dringlichkeitsstufe in Politikerreden erhöht werden soll.

Dass dieser Begriff in ganz säkularen öffentlichen Kontexten immer wieder in den Mund genommen wird, ist indessen ein durchaus bemerkenswertes Phänomen. Es scheint sich in solchen säkularen Kontexten jedenfalls eine Ahnung von dem erhalten zu haben, was mit dem Schöpfungsbegriff verbunden ist, es zeigt sich offensichtlich darin ein mehr oder weniger entwickeltes Bewusstsein für die Unverfügbarkeit der Natur, in der wir leben, mehr noch, ein Bewusstsein unserer selbst, eine mindestens intuitive Anerkenntnis der Verantwortung, die wir tragen, also der Notwendigkeit einer Antwort auf etwas, das außerhalb unserer selbst liegt.

Schon die Alte Kirche hat diese Frage als so zentral angesehen, dass sie in ihren Glaubensbekenntnissen das Bekenntnis zu Gott als dem Schöpfer an die erste Stelle gesetzt hat. Ob diese Reihenfolge nur eine chronologische Abfolge zum Ausdruck bringt, der Glaube an den Schöpfer also deswegen als erster Glaubensartikel gilt, weil die Schöpfung eben als am Anfang stehende verstanden wurde, oder ob sich dahinter eine theologische Priorisierung verbirgt, alle anderen Glaubensartikel ohne den ersten also keinen Sinn machen und deswegen nachgeordnet werden müssen, das ist eine theologisch hoch brisante Frage. Sie war im Laufe der Theologiegeschichte immer umstritten. Heute ist sie etwa die geheime oder auch explizit thematisierte Hintergrundfrage in den leidenschaftlichen Diskussionen um den interreligiösen Dialog. Kann das Bekenntnis zu Gott dem Schöpfer eine besondere religionsverbindende Kraft entwickeln, oder verschleiert eine solche Funktionsbestimmung nur die Differenzen gegenüber den anderen Religionen, die mit einem trinitarischen Gottesverständnis notwendig verbunden sind?

Dass die Rede von der Schöpfung unabgängig von der Antwort auf diese Frage eine steuernde Wirkung auf die christliche Theologie hat, kann an vielen einzelnen Punkten gezeigt werden. Das Staunen über den Schöpfer, »der alles so wunderbar gemacht hat«, entwickelt prägende Wirkung auf den Menschen, der sich als Teil einer »*creatio ex amore*« (J. Moltmann), als Ausdruck eines liebenden Willens sehen darf, für das menschliche Selbstverständnis etwas schlichtweg Revolutionäres! Thematisiert wird diese Dimension der Schöpfungslehre unter dem Stichwort der »*creatio originalis*«, die als »*creatio ex nihilo*« gedacht wird. Der Glaube, dass Gott den Kosmos nicht nur ins Leben gerufen hat, sondern jeden Tag mit seinem Heiligen Geist erhält, konstituiert eine Beziehung zum Kosmos, die deswegen grundlegende Bedeutung hat, weil sie mit der Beziehung zu Gott selbst untrennbar verbunden ist. Thematisiert wird diese Dimension der Schöpfungslehre unter dem Stichwort der »*creatio continua*«.

Die steuernde Wirkung des ersten Glaubensartikels wird aber vollends deutlich, wenn wir sie uns anhand des Zusammenhangs klar machen, der nun auch besondere Bedeutung für das Tagungsthema hatte. Die Gewissheit, dass Gott der Schöpfer eine Geschichte mit seiner Schöpfung hat, die selbst dann nicht aufhört, wenn wir die manchmal bestürzende Erfahrung der Endlichkeit machen, diese Gewissheit bedeutet in ganz elementarer Weise Lebenskraft, ja sie kann zur einzigen Lebenskraft werden. »He's got the whole world in his hands« – das alte Spiritual, das die Kinder schon in der Schule lernen und das ihnen, indem sie es singen und vielleicht auch verstehen, ein tiefes Gefühl der Geborgenheit in die Seele legt, dieses Spiritual drückt eine Hoffnung aus, die kaum je aktueller gewesen ist als heute. Schöpfung und Endlichkeit, so lässt sich diese Hoffnung auf den Punkt bringen, stehen nicht in Spannung zueinander. Auch die Endlichkeit ist eingezeichnet in Gottes Schöpferhandeln. Die *creatio nova*, mit der Gott alles Endliche neu macht, ist vom gleichen Geist gewirkt, den die Wasser der Urzeit atmeten, der die Geschichte der Natur durchwirkt hat und der diese Geschichte dereinst vollenden wird.

»Und Gott sah, dass es gut war ...« – diese Behauptung des priesterschriftlichen Schöpfungsberichtes verändert alles! Wenn das stimmen würde, und wenn Gottes Schöpferkraft nicht durch die nihilistische Sogwirkung dessen besiegt worden wäre, was die Mütter und Väter vor uns »Sünde« genannt haben, dann hätten wir in der Tat allen Grund, selbst dann mit Zuversicht und Vertrauen in die Zukunft zu gehen, wenn wir die Bedrohungen, die wir Menschen der Erde gegenüber verursacht haben, nicht klein reden oder gar verdrängen.

Über Schöpfung und Endlichkeit können wir jedenfalls überhaupt nur dann theologisch sachgemäß reden, wenn wir die zerstörerischen Wirkungen menschlichen Handelns nicht verschweigen, wie sie etwa von den menschengemachten Klimaveränderungen ausgehen. Die Frage, wie das Bekenntnis zu Gott dem Schöpfer im Lichte unserer modernen naturwissenschaftlichen Erkenntnisse über die Entstehung des Kosmos zu verstehen ist, kann nicht von der anderen Frage getrennt werden, wie wir eigentlich heute noch von Gottes Bewahrung und dynamischer Erhaltung der Schöpfung sprechen können, wenn Menschen doch gleichzeitig nicht darin nachlassen, die Natur zu zerstören. Möglicherweise gelingt es ja gerade dann am ehesten, diese zerstörerische Dynamik umzukehren, wenn wir Gottes liebendes und erhalten-

des Wirken besser verstehen. Welche ethischen und politischen Konsequenzen das hätte, das muss notwendigerweise mitbedacht werden, soll theologische Arbeit mehr sein als Ideenaustausch. Wie wichtig diese ganz konkreten Fragen sind, wird spätestens dann deutlich, wenn wir merken, wie wenig wir noch immer über die Zusammenhänge wissen, selbst dann, wenn wir uns schon lange damit beschäftigt haben.
Wer sich vielleicht das ganze Jahr über bemüht, sein Auto so wenig wie möglich zu nutzen, um den CO_2-Ausstoß zu minimieren, und dann erfährt, dass ein Flug nach Princeton zum wissenschaftlichen Austausch mit Kollegen mehr CO_2-Ausstoß zur Folge hat als die Fahrleistung eines ganzen Jahres, der merkt, was eine genaue Information für wirksamen Klimaschutz bedeutet. Eine kürzlich veröffentlichte Studie hat gezeigt, wie wenig die Fixierung auf bestimmte einzelne Formen des CO_2-Ausstoßes dem Problem gerecht wird. 10 Unternehmen haben in Zusammenarbeit mit WWF, Ökoinstitut und Potsdam Institut für Klimafolgenforschung untersucht, wie hoch die CO_2-Bilanz einzelner Konsumgüter des Alltags ist. Damit helfen sie uns, unseren je individuellen »CO_2-Fußabdruck« zu ermitteln. Die Ergebnisse waren einigermaßen überraschend. Eine Tasse Kaffee, so ermittelte etwa die Firma Tchibo, trägt, je nach Aufbrühart, mit 50 bis 101 Gramm CO_2 zum Treibhauseffekt bei, das ist fast soviel, wie ein Kleinwagen bei 100 km Autofahrt ausstößt. Auch die von Tengelmann getestete Sechserpackung Freiland-Bioeier ergab mit 1178 Gramm einen erstaunlich hohen Ausstoß.
Die Studie soll ganz bestimmt niemandem den Genuss der Tasse Kaffe oder die Freude am Bioei vergällen. Eines zeigt sie aber sehr genau: Wir sind noch weit davon entfernt zu verstehen, welche grundlegenden Umbauten in unserer Art des Wirtschaftens und in unserem Lebensstil notwendig sind, um schöpfungsverträglich leben zu lernen.
Bei der Tagung konnte eine Fülle von Sachverstand aus Theologie, Naturwissenschaft und Politik versammelt werden, die in diesem Buch dokumentiert wird.
Am Beginn steht der Beitrag von *Michael Welker*, der in die theologischen und naturwissenschaftlichen Perspektiven des Themas einführt. Welker plädiert gegenüber einem verbreiteten Harmoniebild von Schöpfung und Natur für schöpfungstheologische Redlichkeit, die allein den kritischen Anfragen der Naturwissenschaften standzuhalten vermag. Gegenüber einem simplen Theismus muss festgehalten werden, dass die Schöpfung massive konfliktive Dimensionen einschließt und auf Gottes rettendes, erlösendes und erhebendes Wirken angewiesen bleibt. Welker plädiert für einen Umgang mit der Schöpfung, der sich den Herausforderungen der Zerstörung der Natur durch den Menschen stellt und zugleich angesichts der Fragilität, Widerständigkeit und Gewalttätigkeit unserer geschöpflichen Umgebung ein Ethos der Dankbarkeit, der Liebe, der Verantwortung und der doxologischen Lebensfreude entwickelt.

Christian Link zieht eine Zwischenbilanz der ökologischen Schöpfungstheologie, die auf dem Hintergrund ökumenischer Erkenntnisprozesse in den letzten Jahrzehnten von Günter Altner, Gerhard Liedke, Jürgen Moltmann, ihm selbst und anderen neu entwickelt wurde. Er beschreibt, wie sich der Cartesianismus der neuzeitlichen Wissenschaft, der die Welt als bloßes Objekt betrachtet, als das größte Hindernis auf dem Weg zu einer ökologischen Sicht erwiesen hat, und schärft mit Wolfgang Huber die Bedeutung des Bewusstseins der Grenze zwischen Schöpfer und Geschöpf und die daraus sich ergebende »Ethik der Selbstbegrenzung« noch einmal neu ein.

Gerhard Liedke ergänzt diese Zwischenbilanz und leitet daraus Aufgaben für die Zukunft ab. Angesichts von Liedkes eigener wichtiger Rolle im »Konziliaren Prozess für Gerechtigkeit, Frieden und die Bewahrung der Schöpfung« ist seine rückblickende Kritik an der Formel »Bewahrung der Schöpfung« bemerkenswert. »Bewahrung« durch den Menschen, so Liedke – wäre Verwechslung von Gott und Mensch, von Schöpfer und Geschöpf, die am Ende Selbstüberhebung des Menschen wäre. Liedke plädiert demgegenüber dafür, den biblischen Gedanken der »Befreiung der Schöpfung« neu zu entdecken und als konkrete ethische Aufgabe die »Minimierung der Gewalt« in den Blick zu nehmen.

Dirk Evers befasst sich in seinem Beitrag über »intelligent design« mit einer Weise, über »Schöpfung« zu reden, die in klarer Spannung zu den gegenwärtig breit anerkannten Erkenntnissen der Naturwissenschaft steht. Evers zeigt in seiner genauen Analyse der Entstehung dieses Begriffs im Umfeld des die Evolutionslehre leugnenden Kreationismus, dass die Lehre vom »intelligent design« nicht zuletzt als Ergebnis strategischer Überlegungen amerikanischer Kreationisten gesehen werden kann, die damit juristischem Gegenwind zu begegnen und ihre kreationistischen Ideen in marktgängigerer Form zu verbreiten suchen. Evers zeigt, warum »Intelligent Design« wissenschaftlich Unsinn und theologisch eine Sackgasse ist.

Udo Kuckartz gibt einen Einblick in die umfangreichen empirischen Daten, die seine Forschungsgruppe seit vielen Jahren zum Umweltbewusstsein in Deutschland und der damit verbundenen Naturwahrnehmung gewonnen hat. Markant dabei ist zunächst die überwältigend positive Wahrnehmung der Natur und ihrer Schönheit. Ebenso markant ist aber auch der Einbruch in der Zustimmung, wenn es um naturschutzbedingte Einschränkung der persönlichen Möglichkeiten geht. Gerade bei Jugendlichen verbindet sich eine faktische Naturferne mit der Verklärung der Natur. Interessant ist auch die erstmals in dieser Form vorgenommene Auswertung der Daten im Hinblick auf den Faktor Religion: Offenkundig sind religiöse Menschen gegenüber der Natur nicht nur positiver eingestellt, sie wissen auch mehr über Natur und sind persönlich stärker engagiert.

Dieter Gerten beschäftigt sich mit dem aktuellen Stand der Klimafolgenforschung. Er gibt einen Einblick in die von den Klimawissenschaftlern gemessenen Daten und die darauf fußenden Prognosen. Daraus wird deutlich, dass schon jetzt klar wahrnehmbare und nicht mehr rückholbare Klimaveränderungen zu diagnostizieren sind, die schlimmsten Folgen aber noch begrenzt werden können. Umso dringlicher ist die Erkundung von Wegen, wie das auf diesem Hintergrund inzwischen erklärte Ziel der internationalen Klimapolitik, die mittlere globale Erwärmung auf 2 Grad gegenüber dem vorindustriellen Niveau zu begrenzen, umgesetzt werden kann. Die Frage, wie sich religiöse Weltsichten und Praktiken im Blick auf die notwendigen Veränderungen verhalten, sieht Gerten dabei als einen entscheidenden Faktor.

Andreas Lienkamps Beitrag, der als Frucht seiner gerade zum Thema erschienenen Habilitationsschrift zusätzlich in diesen Band aufgenommen wurde, nimmt eingehend die politischen Prozesse zur Umsetzung der allgemein als notwendig erkannten Ziele in den Blick. Er geht dabei besonders auf das Problem weltweiter Klimagerechtigkeit ein. Er schildert Sinn und Inhalt des Kyotoprotokolls und beschreibt die aktuelle Herausforderung, den »Bali Action Plan« vom Dezember 2007 so weiterzuentwickeln, dass unter Einbeziehung der größten CO_2-Verursacher wie den USA und China verbindliche Reduktionsziele vereinbart werden, die das Ziel, die weltweite Temperaturerwärmung auf maximal 2° C zu begrenzen, erreichbar machen. Die größeren und unausweichlichen globalen Reduktionsziele können – so macht er klar – nur erreicht werden, wenn die entwickelten Gesellschaften eine weitreichende sozio-ökonomische Neuorientierung und Strukturreform hin zu einer nachhaltigen Ökologisch-Sozialen Marktwirtschaft vornehmen und wenn die übrige Welt die Fehler der Industrieländer nicht wiederholt.

Christoph Stückelberger zeigt die historische Vorreiterrolle, die die Kirchen, insbesondere in ihren ökumenischen Zusammenschlüssen, gerade in der Klimafrage für sich in Anspruch nehmen können. Anhand von 13 Punkten entwirft er eine ökumenische Strategie zur ökologischen Umorientierung der Gesellschaften weltweit. Die verstärkte Wahrnehmung der Stimmen aus dem Süden und die Stärkung von Frauen in Führungspositionen spielt dabei ebenso eine Rolle wie neue interreligiöse Dialoge, aber auch die Bereitschaft, überraschende Koalitionen, etwa zwischen Aktivistengruppen und Unternehmen einzugehen. Solche Bemühungen sieht er gegründet in der Entwicklung einer neuen eschatologisch orientierten Ökospiritualität.

Hans Diefenbacher vertieft die Reflexion der Rolle der Kirchen, indem er zunächst die Herausforderungen beschreibt, die sich mit der Klimafrage stellen, dann die theologische Grundlage für das Umwelthandeln der Kirchen umreißt, um schließlich, ausgehend von früheren Erklärungen der EKD, deutlich zu machen, wie die Kirchen dem damit verbundenen Auftrag gefolgt sind. Dem erfreulichen Befund, dass die

EKD sich in ihren früheren Erklärungen als erstaunlich weitsichtig erweist, wird die weniger erfreuliche Erkenntnis zur Seite gestellt, dass diese Weitsicht weithin folgenlos geblieben ist. Umso wichtiger sind die Beispiele kirchlicher Umweltverantwortung heute, die Diefenbacher im letzten Teil seines Beitrags beschreibt. Sie münden in Überlegungen zur Ausrichtung kirchlicher Umweltarbeit, die – ganz im Sinne der Überlegungen Stückelbergers – ausdrücklich die Möglichkeit überraschender Koalitionen für eine ökologische Umorientierung betonen.

Für die theologische Fundierung kirchlichen Umwelthandelns ist die kontinuierliche Rückfrage an die biblischen Texte hilfreich. *Michaela Bauks* erschließt in ihrem Beitrag einige markante Passagen zum Schöpfungsthema aus dem Buch Hiob näher. Anhand von Texten aus Israel und seiner Umwelt zeigt sie zunächst, dass aufgrund der gegenüber heute grundlegend anderen Ausgangssituation die zivilisatorische Bemächtigung der Natur durch den Menschen der Normalfall und eine Kritik am Raubbau des Menschen gegenüber der Natur die Ausnahme ist. In ihrer Analyse der Schöpfungspassagen im Hiobbuch stößt sie indessen auf den erstaunlich modernen Gedanken, dass im Kosmos gerade nicht der Mensch und seine Belange das Maß aller Dinge sind. Vielmehr steht die Herrschaft Gottes im Zentrum, der sich alle schöpferische Energie verdankt und die daher als Alternativmodell zu einer menschlichen Bemächtigung der Natur gesehen werden kann.

Claudia Janssen knüpft an Bauks' Befund an und sieht ihn in der Theologie des Paulus bestätigt. Auch für Paulus liegt alles Schöpfungshandeln bei Gott und bildet die Grundlage allen gegenwärtigen und zukünftigen Lebens. Anhand einer Analyse von 1Kor 15 zeigt Janssen, dass der Glaube an die Auferstehung, orientiert er sich an Paulus, nicht zu einer Abwertung der gegenwärtigen Welt führen kann. ... Aussagen über die Leiblichkeit der Auferstehung basieren für Paulus auf dem Verständnis gegenwärtigen körperlichen Daseins, das aus seiner Perspektive transparent wird für göttliches schöpferisches Handeln. Es stellt die Menschen in eine enge Beziehung zu Gott, die auch durch den Tod nicht aufgehoben wird. Paulus lehrt, die doxa Gottes, die göttliche Gegenwart, in allem Geschaffenen wahrzunehmen. Daraus – so Janssen – erwächst die Verantwortung, diese Schönheit auch zu würdigen.

Der Beitrag von *Helmut Utzschneider* geht auf einen Vortrag vor der bayerischen Landessynode zurück, die sich im unmittelbaren zeitlichen Umfeld der GET-Tagung mit der Klimafrage beschäftigt hatte. Er ist in diesen Band mit aufgenommen, da er wichtige Einsichten aus der biblischen Theologie in hilfreicher Weise mit den aktuellen Herausforderungen verknüpft. Anhand der Betrachtung des Wildesels im Buch Hiob, aber auch anhand der Schöpfungsberichte in der Genesis unterstreicht Utzschneider die Würde aller Geschöpfe. Die Rede von Schöpfung kann verstanden werden als sinnhafter Bezug der so mit Würde ausgestatteten Geschöpfe zueinander. Der Schöpfer ist dann als Quelle dieser Bezüge zu verstehen. Auch die erschreckenden Diagnosen zum Klimawandel können die Zusage nicht hinfällig machen, die in der Sintflutgeschichte mit dem Zeichen des Regenbogens verbunden ist. Er drückt aus, dass Gott seine Welt trägt und hält, auch in den Fährnissen der Klimakrise.

Auch *Heino Falckes* Predigt im Gottesdienst zum Ende der Tagung reflektiert die Spannung zwischen alarmierenden Diagnosen und dem Vertrauen auf Gottes rettendes Handeln. »Kauft die Zeit aus, denn es ist böse Zeit« – dieses Wort aus Eph 5 bildet Falckes Ausgangspunkt. Er deutet es als ein von Gott geschenktes Zeitfenster, das die harten alarmierenden Prognosen nicht verdrängt oder verharmlost, aber mitten in der Welt mit ihren Ängsten den Blick auf eine Hoffnung öffnet, in der ein untötbarer Lebenswille aufleuchtet und die als Vorweggabe des göttlichen Geistes gedeutet werden darf.

Der Band schließt mit einem Diskussionsbeitrag von Werner Busch, der so große Beachtung gefunden hat, dass er gleichsam stellvertretend für die vielen hochkarätigen Beiträge aus der Plenumsdiskussion in diesen Band mit aufgenommen werden soll. Busch fragt auf dem Hintergrund seiner Erfahrungen als Gemeindepfarrer von drei ländlichen Kirchengemeinden bei Wolfsburg nach der richtigen theologischen Antwort auf die Drastik der Herausforderungen, denen mit einer Ethik des Maßhaltens nicht zu begegnen ist und denen gegenüber auch die Formel von der »Bewahrung der Schöpfung« unbefriedigend bleibt. Angesichts der ambivalenten Rolle des Menschen plädiert Busch dafür, die Botschaft Jesu von der Gottesherrschaft und seinen Christusweg für unsere geschichtliche Situation neu zu erschließen und als schöpferische und formende Kraft einer veränderten Lebensweise konkret wiederzuentdecken.

Die Tagung der Gesellschaft für Evangelische Theologie, aus der die meisten Beiträge dieses Bandes hervorgegangen sind, ist nur durch das Zusammenspiel vieler Personen und Institutionen möglich geworden. Für die finanzielle Unterstützung danke ich herzlich den Landeskirchen von Baden, Bayern, Berlin-Brandenburg, Bremen, Hessen-Nassau, Kurhessen-Waldeck, Mitteldeutschland, Rheinland, Schaumburg-Lippe und Westfalen. Ich danke dem Vorstand der Gesellschaft für Evangelische Theologie für allen Einsatz bei Vorbereitung und Durchführung der Tagung. Schließlich danke ich meinen Bamberger Mitarbeiterinnen Dr. Eva Harasta und Anja Benoit für die hervorragende Unterstützung bei der Organisation und Katharina Srugies für die gewissenhafte Angleichung der Fußnoten in den Manuskripten. Wer aufgrund der Lektüre des aus der Tagung hervorgegangenen Buches mehr über die Gesellschaft für Evangelische Theologie wissen will, kann sich unter www.gevth.de näher darüber informieren. Die einzige Voraussetzung für die Mitgliedschaft ist das Interesse an theologischer Arbeit. Hoffentlich hilft das vorliegende Buch dazu, dieses Interesse zu stärken.

Theologische Perspektiven

MICHAEL WELKER

Schöpfung und Endlichkeit

Theologische und naturwissenschaftliche Perspektiven

Die *Gesellschaft für Evangelische Theologie* hatte ihre Tagung im Jahr 2009 unter eine Aussage aus dem priesterschriftlichen Schöpfungsbericht gestellt: »*Und Gott sah, dass es gut war* ...« Die letzte Einheit dieser Tagung stand unter dem Thema: »*Leben im Einklang mit der Natur*«. Dieser Rahmen könnte den falschen Eindruck erwecken, als sollte die Gesamtbotschaft der Tagung lauten: Wir müssten nur in eine ursprüngliche Schöpfungsharmonie einstimmen, dann würden wir uns den Herausforderungen durch die Klimakatastrophe stellen können. Eine solche Botschaft aber wäre nach meinem Urteil geradezu fahrlässig. Sie würde vielleicht durchaus eine populäre religiös-moralische Naturromantik verstärken. Sie würde aber die notwendigen theologischen Orientierungsgrundlagen verstellen und die ethischen, politischen, bildungspolitischen und rechtlichen Herausforderungen verschleiern, vor denen wir angesichts der sich abzeichnenden Klimakatastrophe stehen. Wir benötigen mehr als ein Ethos des Unterlassens.
Die großen Wörter »Natur« und »Leben« werden heute gern wie Heilsbegriffe verwendet. Dabei wird übersehen, dass biologisches Leben immer auf Kosten von anderem Leben lebt. Ebenso wird übersehen, dass die Natur nicht nur verletzlich und gefährdet ist, sondern auch verletzend und gefährlich sein kann, und zwar nicht nur aufgrund menschlicher Eingriffe. Erdbeben, Tsunamis, Vulkanausbrüche, aber auch zahllose andere Naturkatastrophen und Epidemien sind nicht von Menschen verursacht. Wer sie, wie der jetzt Gott sei Dank zurückgetretene Linzer Weihbischof Wagner, religiös-moralisch funktionalisiert, um seinen Polemiken gegen Nachtclubs und Abtreibungskliniken in New Orleans oder gegen Mitteleuropäer, die einen Strandurlaub der winterlichen Weihnachtsfeier vorzogen, Nachdruck zu verschaffen, zeichnet sich nicht durch theologische Weitsicht und ökologische Umsicht aus. Eher macht er sich der religiösen Volksverhetzung verdächtig.
Mit der Themenstellung »Schöpfung und Endlichkeit« signalisieren wir, dass es angesichts der Klimakatastrophe nicht darum gehen kann, eine »heile Welt« zu beschwören, die nur durch menschliche Gedankenlosigkeit, Bosheit und Gier in Gefahr geraten sei. Die biblischen Schöpfungserkenntnisse verstellen die harten Wahrheiten der Endlich-

keit und der innergeschöpflichen Spannungen und Konflikte nicht.[1] Wohl betont der priesterschriftliche Schöpfungsbericht sechs Mal: »Und Gott sah, dass das Geschaffene gut war« (Gen 1,4a; 10b; 12b; 18b; 21b; 25b). Das abschließende Urteil lautet sogar: »Gott sah alles an, was er gemacht hatte, und siehe, es war sehr gut.« (Gen 1,31a). Doch »gut«, *tob*, lebensförderlich, heißt nicht: herrlich, paradiesisch, göttlich. Die lebensförderlich eingerichtete und insofern gute Schöpfung ist durchaus in sich konflikträchtig und hinfällig. Dies möchte ich im Folgenden zeigen, indem ich kritische, ja scheinbar vernichtende Anfragen von Seiten der Naturwissenschaften an die Klassiker der biblischen Schöpfungstexte und an die biblische Eschatologie aufnehme. Den ersten Teil meiner Überlegungen zum Thema »Schöpfung und Endlichkeit« habe ich überschrieben: »Von den Ammenmärchen des abstrakten Theismus und der Naturromantik zu schöpfungstheologischer Redlichkeit«. Im zweiten – kürzeren – Teil möchte ich »Aufgaben ökumenischer Weltbeobachtung und Prophetie angesichts der Klimakatastrophe« erläutern.

1 Von den Ammenmärchen des abstrakten Theismus und der Naturromantik zu schöpfungstheologischer Redlichkeit

In seinem Bestseller *The God Delusion*, Der Gotteswahn, hat der Oxforder Evolutionsbiologe Richard Dawkins[2] behauptet, Theologen seien für Naturwissenschaftler ebenso wenig angemessene akademische Gesprächspartner wie der Koch oder der Gärtner[3]. Sie seien auf dem Gebiet wissenschaftlicher Welterkenntnis schlicht ahnungslos. Wohl ist dieser schrillen Stimme von vielen Seiten scharf widersprochen worden. Der Oxforder Molekularbiophysiker und Theologe Alister McGrath z.B. hat unter dem Titel *The Dawkins Delusion: Atheist fundamentalism and the denial of the divine*[4] mit Recht deutlich gemacht, dass der Position Dawkins' ein ziemlich primitiver atheistischer und naturalistischer Fundamentalismus zugrunde liegt. In Dawkins' Glauben an die Alleinzuständigkeit naturwissenschaftlichen Denkens in

---

[1] Die folgenden Überlegungen nehmen Gedanken auf aus *M. Welker*, Schöpfung«: Big Bang oder Siebentagewerk? Plenumsvortrag Internationales SBL-Treffen Münster 1993, Glaube und Lernen 9, 1994, 126–140; ders., Schöpfung und Wirklichkeit, Neukirchener: Neukirchen-Vluyn 1995; ders., »Was ist Schöpfung? Zur Subtilität antiken Weltordnungsdenkens«, in: Jahrbuch der Heidelberger Akademie der Wissenschaften für 2006, Heidelberg 2007, 84–88; auch auf DVD 46 02415 (Didaktische FWU-DVD): Was Christen glauben – Gott der Vater, FWU (Medieninstitut der Länder).
[2] *Richard Dawkins*, The God Delusion, Bantam Press: London 2006; deutsch: Der Gotteswahn, Ullstein 2007.
[3] *Dawkins*, Gotteswahn, 81.
[4] London 2007.

Wahrheitsfragen, der jede selbstkritische Reflexion vermissen lässt, ähnelt er auf der ganzen Linie strukturell den religiösen Fundamentalisten, die er durchgängig als gefährlich brandmarkt und angreift. Dennoch sollten wir in unserem gemischten Konzert schöpfungstheologischer Stimmen durchaus selbstkritisch mit solchen scharfen Anfragen umgehen.

Viele Theologen, die auf wissenschaftliche Reputation großen Wert legen, sind gegenüber den, wie es hieß, mythologischen und legendarischen Schöpfungsberichten der Bibel auf den Theismus der »alles bestimmenden Wirklichkeit« eingeschwenkt. Mit »Schöpfung«, aus theologischer Perspektive betrachtet, assoziieren sie – ebenso wie auch ein weit verbreiteter sog. gesunder Menschenverstand – sehr schlichte theistische Gedanken: Gott der Schöpfer – das ist die »alles bestimmende Wirklichkeit« (Bultmann, Pannenberg, Härle u.a.) oder der »Grund des Seins« (Tillich), der »Souverän des Seins« von »schlechthinniger Ursprünglichkeit« (Jüngel). »Schöpfung« ist die Natur, die Geschichte oder beide Größen, in einer vage gefassten Totalität zusammengenommen, die von diesem theistischen Gott hervorgebracht wurde und bleibend von ihm abhängig ist. Diese sehr einfachen – tatsächlich popularphilosophischen – Gedanken führen in der Regel zu den aggressiven oder müden Rückfragen und Bedenken: »Wie kann ein allmächtiger Gott, der zugleich die Güte in Person sein soll, so viel Leid in dieser Welt zulassen?« Aber auch: Wie verträgt sich ein in dieser Weise allmächtiger Gott mit den Erkenntnissen der Evolutionstheorie? Dieser abstrakte Theismus, der mit dem Gepäck der in seinem Rahmen nicht beantwortbaren Theodizeefrage belastet ist, wird leider notorisch fälschlicherweise auch in die biblischen Schöpfungsberichte hineingelesen. Darüber hinaus wird das so genannte Sieben-Tage-Werk des Schöpfungsberichts der Priesterschrift am Anfang der Bibel als Paradebeispiel kosmologischer Einfalt religiösen und theologischen Denkens angesehen. Der Schöpfungsbericht, den die Naturwissenschaften bieten können, beginnt dagegen mit den Worten: »Am Anfang war der Big Bang.« In seinem Buch *The Faith of a Physicist. Reflections of a Bottom-Up Thinker*[5] schildert der Cambridge Mathematiker, Physiker und Theologe John Polkinghorne eindrucksvoll, was in den ersten drei Minuten des Universums vor etwa 13 Milliarden Jahren geschehen ist. Er beschreibt dann die evolutionäre Konfiguration der Sternsysteme, die nach 10 Milliarden Jahren wieder zu Staub werden mussten, um den Kohlenstoff bereit zu stellen, aus dem jedes lebende Wesen geschaffen ist: »Jedes Kohlenstoffatom in jedem Lebewesen war einmal in einem Stern, aus dessen toter Asche wir alle hervorgegangen sind«.[6] Ohne die enormen räumlichen und zeitlichen Extensionen unseres

---

5 Gifford-Lectures von 1993/94, Princeton 1994, 71ff,
6 »Every atom of carbon in every living being was once inside a star, from whose dead ashes we have all arisen« (72).

Universums wäre die materiale Substanz, aus der wir alle gebildet sind, undenkbar.
Vor 350 Millionen Jahren begab sich das Leben aus dem Wasser auf das Land. Vor etwa 300 000 Jahren erschienenen die ersten Formen des Homo sapiens. Vor 40 000 Jahren nahmen sie die sog. moderne Form an, was Polkinghorne, vielleicht etwas übereilt, so kommentiert: »Das Universum war seiner selbst gewahr geworden.«[7] Vorsichtiger sollten wir formulieren: Vor etwa 6–8000 Jahren begannen Prozesse komplexerer Kulturentwicklung, in der tatsächlich so etwas wie eine Selbstwahrnehmung des Universums möglich wurde.

Polkinghorne warnt davor, diese naturwissenschaftliche Wahrnehmung der Entwicklung der Welt in der Theologie zu ignorieren, aber er zitiert auch die Warnung des großen russischen kosmologischen Physikers, Lev Landau: Meine kosmologischen Freunde befanden sich »oft im Irrtum, aber nie im Zweifel«.[8] Er betont, dass über die Sekundenbruchteile vor der Entwicklung der räumlichen Ordnung des Universums nur Spekulationen in Umlauf seien, dass wir aber Gott nicht als einen »Gott der Ecken und Grenzen« auffassen und ebensowenig »die Schöpfung« nur an einen Anfang des Universums platzieren dürften. Die Schöpfung ist nicht etwas, was nur vor 13 Mrd. Jahren stattfand. Wir dürfen die Schöpfung »im Anfang« und die sog. *creatio continua*, die fortlaufende Schöpfung, nicht auseinanderreißen. Wichtig an der *creatio continua* sei, »dass ein sich entwickelndes Universum eines ist, dem theologisch verstanden im Rahmen der göttlichen Vorsehung die Erlaubnis gegeben ist, ›sich selbst zu entwickeln‹«.[9] D.h., dass das Universum einerseits unter göttlichen Vorgaben und unter einer relativen Verlässlichkeit und Voraussagbarkeit steht, die ihm auferlegt ist, dass aber andererseits die Geschöpfe in relativer Freiheit der Selbsthervorbringung leben. Wie wir sehen werden, entspricht diese Sicht auch dem biblischen Schöpfungsdenken.

Eine nicht gut beratene akademische Theologie hat versucht, hier gleichsam wegzutauchen. Sie hat behauptet: Die biblische Schöpfungslehre wolle gar nicht von der natürlichen Welt, sondern von der existentiellen Gottesbeziehung sprechen. Damit hat man sich gegen den Dialog mit den Naturwissenschaften zu immunisieren versucht, aber leider auch das subtile biblische Bild von Schöpfung verstellt.

Der priesterschriftliche Schöpfungsbericht ist demgegenüber alles andere als naiv. Wohl während des babylonischen Exils (586 bis 538 v.Chr.) entstanden, verarbeitet er erheblich ältere altorientalische Schöpfungsmythen, ein über Jahrhunderte gewachsenes Menschheits-

---

[7] »The universe had become aware of itself« (Faith of a Physicist, 73).
[8] My cosmologist friends were »often in error but never in doubt« (Faith of a Physicist, 75).
[9] »... that an evolving universe is one which is theologically understood as being allowed, within divine providence, ›to make it itself‹« (Faith of a Physicist, 76).

Schöpfung und Endlichkeit 21

wissen. Dass in diesem biblischen Schöpfungsbericht eine sehr nuancierte Wirklichkeitswahrnehmung vorliegt, kann gerade dann deutlich werden, wenn wir scheinbare Ungereimtheiten des Textes thematisieren.
Eine solche Ungereimtheit scheint schon in der Spannung von Genesis 1,3–5 und Genesis 1,14ff gegeben zu sein, wenn es einerseits heißt: »*Und Gott sprach: Es werde Licht! Und es wurde Licht. Gott sah, dass das Licht gut war. Gott schied das Licht von der Finsternis. Und Gott nannte das Licht Tag, und die Finsternis nannte Gott Nacht. Und es wurde Abend und es wurde Morgen, der erste Tag*« – und wenn andererseits Genesis 1,14–19 die Erschaffung der Gestirne, die Tag und Nacht scheiden sollen, thematisiert wird. Wie konnte Gott Licht schaffen, ohne Gestirne einzubeziehen? Warum wird die Scheidung von Tag und Nacht zweimal vollzogen? Wird sie nun direkt von Gott durchgeführt, oder sollen die Gestirne Tag und Nacht scheiden? Solche Fragen, die sich scheinbar gescheit über den vermeintlich naiven und die Gedanken nicht ins Klare bringenden Text erheben, nehmen die subtile Wirklichkeitssicht nicht wahr, die hier entwickelt wird.
Der Schöpfungsbericht der Priesterschrift denkt in zwei Zeitsystemen, einmal in den Tagen Gottes, zum anderen in den Tagen dieser Welt, die durch die Gestirne rhythmisiert werden. Gewiss verfügt der priesterschriftliche Schöpfungsbericht nicht über unser kosmologisches Wissen. Dreizehn Milliarden Jahre sind für die biblischen Autoren nicht denkbar. Aber auch wir operieren mit dieser Größe erst seit dem 20. Jahrhundert. Dass die biblischen Texte allerdings Gottes Zeit und die Zeit unter dem Himmel in Analogie sehen und sie dennoch unterscheiden, wird in solchen Aussagen deutlich wie Psalm 90,4: »*Denn tausend Jahre sind für dich wie der Tag, der gestern vergangen ist, wie eine Wache in der Nacht.*«
Die Tage Gottes sind große Zeiteinheiten, in denen ein differenzierter Zusammenhang von Wirklichkeiten und Lebensprozessen erschaffen wird, die wir heute in *kosmologische, biologische, kulturelle und religiöse Prozesse* auseinandertreten lassen. Das schöpferische Wirken Gottes erweist sich in der komplexen Verbindung dieser sehr verschiedenen Wirkungs- und Lebensbereiche. Erst in der Bestimmung füreinander und in der Verschränkung ineinander werden die kosmischen, biologischen, kulturellen und religiösen Lebensbereiche zur »Schöpfung« im strengen Sinne. Eine rein kosmologische oder naturalistische Sicht von Schöpfung bleibt völlig unter dem biblischen Niveau.
Eine zweite Irritation erlaubt es uns, die Subtilität des priesterlichen Schöpfungsberichts weiter zu erschließen. Einerseits wird davon gesprochen, dass Gott scheidet, hervorbringt, schafft, setzt etc. Andererseits wird den Geschöpfen, oft mit denselben Verben, die scheidende, herrschende, hervorbringende, entfaltende, sich reproduzierende Tätigkeit zugesprochen. Die differenzierte Eigenaktivität des Geschöpfli-

chen wird – ohne aufzuhören, geschöpfliche Eigenaktivität zu sein – mit Gottes Schaffen wiederholt parallelisiert. Schöpfung und Evolution sind also nach dem priesterschriftlichen Schöpfungsbericht keine Alternative. Wie aber, so lautet dann die dritte religiös irritierte Frage, können wir dann noch Gott und Geschöpfe unterscheiden?

Diese Frage wird dann tatsächlich brennend, wenn wir Gott und Welt, Gott und Geschöpf in einem Eins-zu-eins-Modell denken, wie es für das populäre religiöse Denken im Allgemeinen leider charakteristisch ist. Das biblische Denken hingegen setzt hier mit Eins-zu-Viele-Verhältnissen an. In abgestufter Weise haben die verschiedenen Geschöpfe an Gottes Kreativität Anteil. Die Himmel scheiden, die Gestirne herrschen durch Rhythmisierung der Tage und Zeiten – durch die Gabe von Maß und Ordnung –, die Erde bringt in reichem Maße Geschöpfe hervor, und der Mensch erhält den so genannten Herrschaftsauftrag. Gott aber orchestriert diese verschiedenartigen Dimensionen und Prozesse. Wenn man sich dieses Denken klar vor Augen stellt, dann wird deutlich, warum aus biblischer Sicht Gottes Schaffen und Gottes Regieren im Zusammenhang stehen. Das kreative Zusammenwirken der verschiedenen evolutionsträchtigen Lebensbereiche und geschöpflichen Machtsphären wird dem göttlichen Wirken zugeschrieben.

Eine vierte Irritation, die zu einer tieferen Erkenntnis des Weltordnungsdenkens der Priesterschrift führt, kann man in die Frage fassen: Wenn aber den Geschöpfen Anteil gegeben wird an der Kreativität Gottes, droht dann nicht eine Gefährdung der Schöpfung, d.h. gefährdet sie sich dann potentiell nicht selbst? Wenn aber Selbstgefährdungen der Schöpfung durchaus zugelassen sind – wie kann dann davon gesprochen werden, dass die Schöpfung »gut« ist? Auf diese Fragen lässt sich im Licht biblischer Erkenntnis eine sehr klare, wenn auch ernüchternde Antwort geben. Die Schöpfung bietet nicht ein Leben in göttlicher Herrlichkeit. Die Geschöpfe sind nicht göttliche Wesen. Im Gegensatz zu anderen Schöpfungsberichten des Alten Orients vollzieht der biblische Schöpfungsbericht geradezu eine Säkularisierung der Macht des Himmels, der Macht der Erde, der Gestirne und auch der Ungeheuer aus der Tiefe. Der Himmel ist nicht länger eine göttliche Größe, sondern ein Geschöpf. Allerdings sind Himmel und Erde und auch die Gestirne extrem machtvoll. Sie werden nicht nur als kosmische bzw. natürliche Größen angesehen, sondern als auch kulturbestimmende Kräfte. Die Gestirne setzen die Zeiten und auch die Festtage fest. Aber sie sind nicht, wie in manchen anderen Religionen Brauch, als Götter zu verehren. Auch die großen Monster aus der Tiefe des Meeres werden in diesem Schöpfungsbericht entzaubert, naturalisiert und säkularisiert. Luther übersetzt *taninim* mit »große Walfische« (Gen 1,21).

Dass diese von Gott unterschiedene und dennoch machtvolle Schöpfung in hohem Maße konfliktträchtig ist, zeigt sich besonders im so genannten Herrschaftsauftrag, den die Menschen erhalten. Die Verben »macht sie euch untertan« und »herrscht« (Gen 1,28) sprechen Eroberer- und Sklavenhaltersprache und antworten auf das Problem, dass den Menschen und den Tieren eine gemeinsame Sphäre der Nahrungsaufnahme zugewiesen wird. Die absehbaren Interessenkonflikte – darauf hat schon vor 30 Jahren Gerhard Liedke aufmerksam gemacht – werden mit dem Herrschaftsauftrag eindeutig zugunsten des Menschen geregelt. Dass damit aber nicht einem ungebremsten anthropozentrischen Brutalismus gegenüber den Mitgeschöpfen das Wort geredet wird, macht die berühmte Bestimmung des Menschen zur *Imago Dei*, zum Bild Gottes, deutlich. Sie entstammt wohl altorientalischer Königsideologie und ist verbunden mit der Erwartung, dass der gerechte Herrscher Gerechtigkeit zu üben und die Schwachen zu schützen hat. Der priesterschriftliche Schöpfungsbericht entwickelt also ein subtiles Ethos der Herrschaftsstellung »des Menschen«, genauer des biologischen und kulturtragenden menschlichen Paares. Einerseits wird die Reproduktion und Ausbreitung der Menschen über die Erde bejaht und gegenüber den Tieren privilegiert, andererseits sollen die Menschen die *Imago Dei* spiegeln, d.h. sie sollen als Bild Gottes herrschen und für Gerechtigkeit und den Schutz der Schwachen sorgen, nicht nur unter den Menschen, sondern auch der übrigen Schöpfung gegenüber.

Anhand dieser Spannungen können wir erkennen, dass der Schöpfungsbericht sehr realistisch tatsächlich eine Welt ins Auge fasst, in der Leben in Konflikt mit anderem Leben steht und auf dessen Kosten lebt. *Diese* Welt wird ausdrücklich als »gut«, als lebensförderlich bezeichnet, sie ist aber nicht das Paradies. Sie wird vielmehr mit dem Ruhetag, dem Sabbat, und mit einem zweiten Sieben-Tage-Werk (Ex 24,15ff), das zum Bau des Tempels führt, an die religiöse und kultische Kommunikation des Menschen mit Gott gebunden. Leider aber ist der Mensch nicht in der Lage, seiner Auszeichnung als *Imago Dei* auf natürliche Weise zu entsprechen und sich in der kultischen Kommunikation mit Gott, die auch der vertieften Selbst- und Weltordnungserkenntnis dienen soll, entsprechend zu orientieren. Das Buch Genesis fasst bereits die zahlreichen Potentiale der massiven Selbstgefährdung, Verblendung und Selbstzerstörung von Menschen ins Auge, die in den auf den Schöpfungsbericht folgenden Erzählungen der sog. »Urgeschichte« breit entfaltet werden. Die Tatsache, dass die Schöpfung auf Gottes rettendes, erlösendes und erhebendes Wirken angewiesen bleibt, darf also nicht naturalistisch ausgeblendet werden, wenn theologisch von Schöpfung die Rede sein soll.

Blicken wir von diesem biblischen Erkenntnisniveau auf den simplen Theismus der »alles bestimmenden Wirklichkeit« und die Romantik der in sich harmonischen und guten Natur, die wir nur unangetastet lassen sollten, zurück, so verblasst der Vorwurf, der Schöpfungsbericht sei naiv. Gewiss ist er weit von dem entfernt, was heutiges naturwissenschaftliches Denken über die Entwicklung des Universums und des Lebens auf dieser Erde zu sagen weiß. Aber in den groben Linien entspricht er dem, was wir über die kosmische und biologische Evolution und die kulturellen und religiösen Entwicklungsprozesse wissen, weitaus besser als der abstrakte Theismus und jede erbauliche Naturfrömmigkeit. Er nimmt die Eigenmacht, die Konfliktträchtigkeit und Endlichkeit der von Gott unterschiedenen Schöpfung sowie die hohe Verantwortung der Menschen für das Gedeihen der Schöpfung sehr ernst.

In diesem Licht gesehen, müssen wir eine religiös-moralische Rhetorik skeptisch beurteilen, die uns davor warnt, »den Gottesbezug auszuklammern, der im Respekt gegenüber Gott und seiner Schöpfung der Unverfügbarkeit allen Lebens Rechnung trägt«.[10] Was immer hier mit »dem Gottesbezug« assoziiert wird – auch wenn wir uns konsequent vegetarisch ernähren, verfügen wir beständig über Leben, sonst könnten wir gar nicht existieren. Wir sollten uns auch nicht immer wieder einreden lassen, dass Anthropozentrismus und Herrschaftsauftrag einfach »revidiert« werden müssten. Gegenüber jeder unqualifizierten Rede von einer »Harmonie aller Dinge« und einer »Symbiose von Menschen, Tieren und Pflanzen« sollten wir – notfalls mit einem Schuss angelsächsischer Ironie – schöpfungstheologische Ehrlichkeit einklagen: »Those will be loved who love the best – the streptococcus is the test.« Wir müssen nach Wegen der Selbstbegrenzung der gigantischen, aber doch unabdingbaren Anthropozentrik geschöpflichen Lebens auf dieser Erde fragen und nach Präzisierungen des Herrschaftsauftrags angesichts des verheerenden Versagens ihm gegenüber.

Wir sollten uns selbstkritisch fragen, wie weit die durchaus wichtigen emotionalisierenden ästhetischen Beschwörungen der Integrität und Gefährdung der Natur tragen. Ich denke, dass wir die entsprechenden Bilder gezielt, aber nicht gedankenlos-inflationär in Medien und Bildung einsetzen sollten. Skeptischer bin ich gegenüber symbolbegeisterten Assoziationsketten etwa zum Thema »Wasser in der Bibel«[11] – von Noah über Rebekka am Brunnen bis zum Wandeln Jesu auf dem Wasser und der Wassertaufe. Ich denke, dass wir generell mit solchen vollen Griffen in die Bibel als große Symbolkiste – nach dem Motto: »Wer vieles bringt, wird manchem etwas bringen!« – dem schöpfungstheologischen Ernst und der schöpfungsethischen Verantwortung nicht gerecht werden. Völlig ungeeignet sind solche Übungen für eine umweltpolitisch ernsthaft interessierte interreligiöse Verständigung, wenn wir nicht die Banalitäten abrufen wollen, dass alle Religionen für ge-

---

[10] *Christof Hardmeier*, Wasserwandel – ein facettenreicher biblisch-theologischer Assoziationsraum, in: *Kirchenamt der EKD* (Hg.), Lesebuch zur Vorbereitung auf das Schwerpunktthema »Klimawandel – Wasserwandel – Lebenswandel«, Hannover 2008, 3–8 (6).
[11] *Ders.*, 4f.

Schöpfung und Endlichkeit 25

nug Wasser für alle Menschen und gegen zu viel Wasser in Flüssen, Stürmen und Unwettern sind. Gut anstehen würde uns hingegen die selbstkritische Erkenntnis, dass zahlreiche kirchliche Verlautbarungen zu ökologischen Themen und Problemen einerseits auf einer große Anzahl von Vorgaben aus jahrelanger geduldiger konkreter Basisarbeit in den Gemeinden, in der Diakonie und der Ökumene aufbauen können; dass sie aber andererseits nur zu oft erst von Entwicklungen in internationaler Politik und in der Rechtsentwicklung ausgelöst werden. Mit guten Gründen als »bahnbrechend« bezeichnet wurde der Allgemeine Kommentar No. 15: »Das Recht auf Wasser« vom November 2002, hervorgegangen aus dem Ausschuss für wirtschaftliche, soziale und kulturelle Rechte des Wirtschafts- und Sozialrats der Vereinten Nationen, der entsprechende Verpflichtungen für die 150 Staaten auf dieser Welt ableitet, für die der Menschenrechtspakt geltendes internationales Recht ist. Impulsgebend für den Beschluss der Neunten Vollversammlung des Ökumenischen Rates der Kirchen im Februar 2006 in Porto Alegre war die Ausrufung einer Internationalen Aktionsdekade »Wasser – Quelle des Lebens«, 2005–2015 durch die Vereinten Nationen, aber auch schon die auf dem UN-Millenniumsgipfel im Jahr 2000 beschlossenen Entwicklungsziele haben Anstöße gegeben. Was können wir im Rahmen der Klima-Allianz und darüber hinaus beitragen, neben die Öffentlichkeit alarmierender Aufklärung, Organisation von symbolischen Aktionen, nachhaltigen Konsum- und Verhaltensveränderungen und immer neuen Appellen an Politik und Zivilgesellschaft?

2   Aufgaben ökumenischer Weltbeobachtung und Prophetie
     angesichts der Klimakatastrophe

Eine wichtige zukunftsträchtige Aufgabe wäre die Arbeit an einem zunächst ökumeneweiten, auf Dauer aber globalen neuen Klima-Atlas. Dieser neue Klima-Atlas müsste nicht nur die Entwicklung des natürlichen Klimas in den Ländern dieser Erde differenziert erfassen und laufend kommentieren. Er müsste auch das jeweilige religiöse, politische, bildungspolitische, mediale, rechtliche und zivilgesellschaftliche Klima und die wirtschaftlichen Rahmenbedingungen erfassen. Die bilaterale Ökumenische Erklärung der Kirchen in Brasilien und der Schweiz »Zum Wasser als Menschenrecht und als öffentliches Gut« könnte als exemplarischer Baustein für eine zunächst ökumenische, auf Dauer aber global-interreligiöse Entwicklung einer solchen komplexen natürlichen und kulturellen Klimasensibilität angesehen werden. Kooperationen mit politischen und zivilgesellschaftlichen Einrichtungen und Assoziationen müssten exemplarisch gepflegt und ökumeneweit und international dokumentiert und propagiert werden. Die Zusammenarbeit mit dem Bundesumweltministerium, das regelmäßig empirische Daten zum Umweltbewusstsein in Deutschland erhebt, könnte zu einem ökumeneweiten Modell werden.

Über die gut gemeinten Beobachtungen, dass Wasser für alle Religionen ein hohes und wichtiges Gut sei, und über entsprechende Zitatsammlungen aus Heiligen Büchern und feierlichen Erklärungen hinausgehend, müssen die religiösen, politischen, bildungspolitischen, wirtschaftlichen und rechtlichen Entwicklungen scharf beobachtet werden, die sich in den einzelnen Weltgegenden mit der Herausforderung der Klimakatastrophe befassen. Differenzierte Erwartungen und Strategien müssen entwickelt werden, die den jeweiligen religiösen, politischen, bildungspolitischen, rechtlichen und wirtschaftlichen Rahmenbedingungen Rechnung tragen. Entwicklungen in einzelnen Weltgegenden – etwa durch reichere Ernten und neuen Tourismus – müssen in internationaler Kommunikation auf ihre Qualität hin überprüft werden, etwa auf ihre Nachhaltigkeit hin. Die Unterscheidung von Panikmache und religiös-moralischer Manipulation angesichts von Wasserstress und starken Witterungsschwankungen auf der einen Seite und qualifizierte Sorge angesichts sich abzeichnender Langzeitentwicklungen andererseits muss eingeübt und gepflegt werden.

Eine zentrale theologische und geistliche Aufgabe wird der Kampf gegen Beschönigung, Apathie und den Zynismus der Endlichkeit sein, der darin liegt, dass man sich mit schlimmen Entwicklungen letztlich abfindet. Wir bekommen in Deutschland ein mediterranes Klima, manche Arten, ja manche Weltgegenden müssen eben aufgegeben werden, etwa weil der steigende Meeresspiegel sie überspült, andere brauchen Bunker gegen zunehmende Stürme. In langjährigen Gesprächen mit Naturwissenschaftlern über Fragen der Eschatologie haben wir gelernt, dass das Leben auf dieser Erde nicht nur durch unsere Sterblichkeit und durch Raubbau an der Natur gefährdet ist.[12] 15 000 Objekte im Weltraum sind Kandidaten für mehr oder weniger verheerende Zusammenstöße mit der Erde; Gen- und Virenmutationen könnten zu einer Beendigung menschlichen Lebens auf dieser Erde in kurzen Zeiträumen führen. Was spricht gegen Zynismus und Apathie der Endlichkeit?

Gegenüber einer Fixierung auf die nur naturbedingten Rahmenvorgaben unseres Lebens müssen die Wechselzusammenhänge zwischen ökologischer Umsicht, Lebensqualität, Gesundheit, Gerechtigkeit und Friedenssicherung weit besser erforscht, plausibilisiert und in den Bewusstseinshaltungen und Bildungssystemen verankert werden. Gewiss können wir uns freuen, dass die im Weltkirchenrat organisierte öku-

---

[12] *John Polkinghorne* und *Michael Welker* (Hg.), The End of the World and the Ends of God: Science and Theology on Eschatology, Harrisburg 2000.

menische Bewegung schon vor vielen Jahren auf die Gefahren des Klimawandels hingewiesen und in den 90er Jahren ein Klimawandel-Studienprogramm ins Leben gerufen hat. Aber wir müssen auch selbstkritisch feststellen, dass bis in die 60er Jahre hinein in europäischen wissenschaftlichen Fachbüchern und Enzyklopädien »Wasser und Luft« unwidersprochen als »unendliche Ressourcen« bezeichnet wurden, die in wirtschaftlichen Entwicklungsprozessen kostenmäßig nicht in Rechnung gestellt werden müssten. In welchen vergleichbaren Verblendungszusammenhängen stehen wir heute?

Die Erwartungen an Umkehr und Verhaltensveränderungen müssen – zugeschnitten auf die einzelnen Weltgegenden und Gesellschaften – nuanciert diskutiert und eingespielt werden, was aber nicht mit Verwässerung und notorischer Ermäßigung verwechselt werden sollte. So müsste in Deutschland ernsthaft die heilige Kuh der hochpreisigen und energieaufwändigen Privatautomobilisierung auf den Prüfstand, auf die so viele so stolz sind und von der unsere Wirtschaft noch immer in hohem Maße profitiert. Es müsste in diesem unserem Lande gelingen, die großen Namen Porsche, Mercedes, BMW und Audi nicht länger mit Ikonen beschleunigungsschnellen Treibstoff-Großkonsums, sondern mit systematischer Entwicklung von Modellen vorbildgebenden Energiesparens und mit Modellentwicklungen für ein attraktives öffentliches Verkehrswesen zu verbinden. Kreative kirchliche und zivilgesellschaftliche Ideenbörsen und Diskurse zur Veränderung nicht nur von Konsumgewohnheiten, sondern auch von Produktionsverhältnissen müssten angestoßen werden, auch wenn die Prozesse zunächst langsam und zeitaufwändig und politisch konfliktträchtig erscheinen werden.

Die Entwicklung eines differenzierten Klimaatlasses, in ökumenischer und multireligiöser Kooperation erstellt, gepflegt und sorgfältig fortgeschrieben, sollte es uns ermöglichen, die schwierige Spannung von prophetischer Unruhe und seelsorgerlicher Geduld auszuhalten. In einem sehr langen Atem der Hoffnung muss die Spannung von realistischer Beobachtung und Datensammlung in vielfältiger Kooperation mit ökologischen Bewegungen und World-Watch-Instituten und spirituell-theologischer Suche nach neuen Formen vertiefter geistlicher Gemeinschaft und praktizierter Gerechtigkeit ausgehalten werden. Es ist noch schwer abzusehen, wie sich dieser neue geistliche Realismus in ökumenischer, interreligiöser und weltbürgerlicher Verantwortung darstellen wird.

Ein solcher Realismus muss sich beständig liebevoll und ernst der Konfliktträchtigkeit, Hinfälligkeit und Endlichkeit der Schöpfung aussetzen und mit ihr auseinandersetzen. Aber tun dies nicht Ärztinnen und Ärzte, Richterinnen und Richter, Lehrerinnen und Lehrer, in der Diakonie und Pflege Tätige und eigentlich alle wachen Menschen schon seit Menschengedenken? Das Ethos der Dankbarkeit, der Liebe, der Verantwortung und der Lebensfreude wird von den meisten Menschen in familialen und zwischenmenschlichen Bezügen durchaus beständig gelebt, trotz unserer Erfahrungen von Krankheit, Versagen, Tod und tiefer Trauer angesichts der immer wieder bedrückenden Endlichkeit des Lebens. Neu lernen müssen wir, dass auch die uns machtvoll umgebende Natur, die uns sowohl fragil als auch widerständig, ja gewalttätig begegnet, dass auch unsere größere geschöpfliche Umgebung auf dieses Ethos der Dankbarkeit, der Liebe, der Verantwortung und der doxologischen Lebensfreude beständig angewiesen ist, um menschenfreundliche Schöpfung zu sein, zu bleiben und wieder zu werden.

CHRISTIAN LINK

Ökologische Schöpfungstheologie

Eine Zwischenbilanz

Der folgenreichste und wirksamste Anstoß, die traditionelle dogmatische Lehre von der Schöpfung unter ökologischen Aspekten neu in Bewegung zu bringen – und das hieß: sie an entscheidenden Punkten nachgerade neu zu entwerfen –, kam von außen. Es war in den 70er Jahren der alarmierende Bericht des Club of Rome über die »Grenzen des Wachstums«, der weit über die Theologie hinaus das Bewusstsein dafür schärfte, dass in einer endlichen Welt mit begrenzten Ressourcen ein unendlicher technischer Fortschritt nicht möglich ist, es sei denn, die Erde riskiere ihren eigenen d.h. selbstverschuldeten Untergang. Auf diesen Bericht hat nicht nur die akademische Theologie, sondern allen voran der ÖRK mit einer Vielzahl von Studien- und Aktionsprogrammen geantwortet:
»Die heutige Lage zwingt die Kirchen, eine theologische und biblische Konzeption der Beziehung von Gott, Mensch und Natur wieder zu erarbeiten und in neue Begriffe zu fassen. Die Schöpfungslehre, die Lehre vom dominium terrae und der Haushalterschaft sowie die Lehre vom Reich Gottes müssen unter neuen Aspekten gesehen werden.«[1]
Das unaufhaltsame Zerbrechen natürlicher Lebensräume, die den Fortbestand der Gattungen und Arten von Pflanze, Tier und Mensch über Jahrtausende hin gewährleistet hatten, machte die Suche nach einem »schöpfungsgemäßen« Entwurf der Welt zur Überlebensfrage der Menschheit, und so wurde die Forderung einer »ökologischen Theologie« zum Signal eines ernsthaften Umdenkens.[2] Die Schärfe der ökologischen Anfrage – das wurde in jenen Jahren deutlich – ist von der Art, dass sie rückwirkend nahezu alle bisherigen Erklärungsmodelle der Natur in Frage stellt, also auch die theoretischen Deutungsversuche der Welt, stammen sie von Physikern oder von Theologen.
Verschärft wurde der Handlungsdruck auf die Theologie von Kritikern, die wie Lynn White oder Carl Amery die Schuld an dem bedroh-

---

[1] Von Uppsala nach Nairobi 1968–1975. Ökumenische Bilanz 1968–1975. Offizieller Bericht an die Vollversammlung in Nairobi 1975, epd-Dokumentation 15/1975, 96f.
[2] Darauf haben als erste reagiert *Günter Altner*, Schöpfung am Abgrund. Die Theologie vor der Umweltfrage, Neukirchen 1974, und *Gerhard Liedke*, Im Bauch des Fisches. Ökologische Theologie, Stuttgart/Berlin 1979.

lichen Zustand der Erde einseitig dem biblischen »Schöpfungsauftrag« (Gen 1,26) zuwiesen, der im 19./20. Jh. oft genug zur Legitimation einer schrankenlosen Technisierung Europas herhalten musste: »Unsere derzeitige Naturwissenschaft und unsere derzeitige Technik sind so sehr von einer orthodoxen christlichen Arroganz gegenüber der Natur durchsetzt, dass von ihnen allein keine Lösung unserer ökologischen Krise erwartet werden kann.«[3]

1 Neue Entwürfe

Auf diesen Schuldvorwurf hat die Theologie schon früh mit einer Reihe herrschaftskritischer Entwürfe reagiert, die im Gegenzug das biblische Potential zur Eindämmung von Naturzerstörung und -ausbeutung sichtbar machen und eine Linie markieren, hinter die kein Einsichtiger heute mehr zurückgehen wird. Günter Altner beschreibt die gegenwärtige Situation als Folge einer wachsenden Kluft, die sich zwischen der Natur und der durch Technik vorangetriebenen menschlichen Geschichte auftut, und entwickelt Ansätze einer Umweltethik, die als »Ethik der Mitkreatürlichkeit« aus der Erfahrung »gegenseitigen Empfangens und Gebens zwischen Mensch und Natur« lebt, warnt aber gleichzeitig vor der Illusion, als könne »Vernatürlichung« eine Möglichkeit menschlicher Zukunftsgestaltung sein.[4] Gerhard Liedke erstellt mit dem inspirierenden Buch »Im Bauch des Fisches« 1979 zum ersten Mal einen Grundriss ökologischer Theologie, indem er mit dem Instrumentarium des Exegeten die alttestamentlichen Schöpfungstraditionen auf ihr »Naturverhältnis« befragt. Dass dem Bericht von Gen 1 ein ökologisches Schema zugrunde liegt (Korrespondenz von Lebensraum und Lebewesen), dass der Auftrag zum »dominium terrae« keineswegs als Ermächtigung zu neuzeitlichen Fortschrittsutopien verstanden werden darf, sondern an Ort und Stelle als Regulativ im Konflikt zwischen Mensch und Tier um die Nahrungsquellen der Erde gemeint ist und darum im Dienst des Rechtes steht, wird hier im kritischen Diskurs mit der Tradition des cartesischen Herrschaftswissens herausgestellt und gehört seitdem zu den Basissätzen des heute geforderten Umdenkens. Jürgen Moltmanns Buch »Gott in der Schöpfung« (1985)[5] hat diese Erkenntnisse in den Entwurf einer Schöpfungstheologie integriert, die sich von ihren dogmatischen Vorläufern signifikant durch ihre Perspektive und ihr neu formuliertes Interesse unterscheidet: Es geht nicht darum zu erkennen, um zu beherrschen, sondern um »teilzunehmen

---

3 *Lynn White jr.*, Die historischen Wurzeln unserer ökologischen Krise, in: *Michael Lohmann* (Hg.), Gefährdete Zukunft, München 1970, 28f.
4 *Ders.* (Anm. 1).
5 *Jürgen Moltmann*, Gott in der Schöpfung. Ökologische Schöpfungslehre, München 1985.

Ökologische Schöpfungstheologie 31

und in die wechselseitige Beziehung des Lebendigen einzutreten«. Die »Wohnlichkeit im Dasein« ist das Ziel, und dementsprechend werden die theologischen Koordinaten neu orientiert: Es geht nicht mehr um die Erkenntnis Gottes als Problem der Schöpfungslehre, sondern um die Erkenntnis der Schöpfung als Problem der Gotteslehre. Das führt zu der für den gesamten Entwurf fundamentalen These der Welt-Immanenz Gottes, die im Zeichen des III. Artikels (Hl. Geist) das überlieferte Bild des seiner Schöpfung »nur« überlegen gegenüber tretenden Gottes korrigiert: »Gott nimmt Wohnung in seiner Schöpfung und macht sie zu seiner Heimat« (Pan-entheismus). Aus dieser verborgenen Präsenz Gottes, durch die die Welt gesegnet und geheiligt wird – sie hat im Sabbat, der »Krone der Schöpfung«, ihr irdisches Symbol gefunden –, leitet Moltmann folgerichtig den Auftrag ab, die Natur im Gegenzug zu ihrer wissenschaftlichen Interpretation dem Denken als *Schöpfung* verständlich zu machen.

Etwa zeitgleich mit diesen neuen Ansätzen hat der ÖRK die gesellschaftliche Verbindlichkeit der hier eingebrachten Erkenntnisse angemahnt und diesen Neuaufbrüchen durch die hellsichtige Verbindung der ökologischen Problematik mit den sozialpolitischen Leitbegriffen der Gerechtigkeit und des Friedens die Schubkraft gegeben, die die dort artikulierten Ziele fast zwei Jahrzehnte lang zu einem weltweiten Projekt gemacht hat. »Die Menschheitsgeschichte, in der um Gerechtigkeit und Frieden gerungen wird, ist ein Teil der Geschichte der Schöpfung« (Vancouver 1983).[6] Dieses ökumenische Projekt hat seine Wurzeln im Bundesgedanken der Bibel. Es aktualisiert den prophetischen Ruf zur Umkehr unter den Bedingungen einer an ihren politischen und ökonomischen Krisen zerbrechenden Welt. Diese Form der Zusammenschau von Natur und Geschichte, von Ökologie und konkreter Politik, dürfte auch konzeptuell der wichtigste, heute noch uneingelöste Beitrag zu einer neuen Sicht (und einer neuen Gestalt) unserer Welt sein.

2 Systematische Entscheidungen

Wo stehen wir heute? Die neuen Leitvorstellungen der Schöpfungsgemeinschaft von Mensch und Natur, der daraus folgenden Pflicht zur Solidarität, auch der Notwendigkeit einer »ganzheitlichen« Betrachtung unserer unvermeidlichen Eingriffe in die Natur und deren Folgen haben sich – jedenfalls in der Theorie – weitgehend durchgesetzt. Die klassischen Polaritäten ›Natur und Person‹, ›Weltbild und Schöpfungsglaube‹ sind als Ausdruck eines überholten Stadiums der Geschichte durchschaut. Auch die (theologische) Ethik lässt sich durch die Einsicht in die mit der Schöpfung unserem Leben und unseren Zie-

---

[6] Textentwurf 001 der ökumenischen Versammlung für Gerechtigkeit, Frieden und Bewahrung der Schöpfung, Magdeburg 1988, 10.

len vorgezeichnete Endlichkeit in Schranken weisen. Welche Entscheidungen stehen hinter diesem Konsens? Der *Cartesianismus* der neuzeitlichen Wissenschaft, der die Welt als Objekt betrachtet, hat sich als das größte Hindernis auf dem Weg zu einer ökologischen Sicht erwiesen. Er arbeitet mit hypothetischen, in der Regel an der Norm eines Gesetzes orientierten Vorstellungen von der Natur, ohne die Natur selbst, geschweige denn den Anteil des Menschen an ihrer Wahrnehmung und Vergegenwärtigung in Rechnung zu stellen. Man hat von einer »methodischen Abblendung« gesprochen. Dem korrespondiert die isolierte Subjektstellung des Menschen als »maître et possesseur de la nature«, die die moderne ökologische Krise verursacht hat. Erst die Überwindung dieser Subjekt-Objekt-Spaltung hat die Tür zu einem notwendigen Umdenken geöffnet. Denn die Ökologie kennt keine neutrale Welt. Sie fragt weniger nach dem Sein als nach dem Werden der Welt. Sie nimmt die Natur im Horizont der Zeit wahr, und zwar der geschichtlichen Zeit, die befristet ist, die drängt und zu Ende geht.

Die Absage an den Cartesianismus hat eine besonders konsequente Form in den Versuchen einer »*Theologie der Natur*« gefunden (S.M. Daecke, H. Dembowski),[7] die sich als »Moment einer umfassenden theologischen Ökologie« versteht und dementsprechend (was nicht ganz unproblematisch ist) nicht das überlieferte Bekenntnis, sondern die Interpretation des Naturzusammenhangs als Fundort des Redens von Gott, d.h. als Entdeckungszusammenhang für die Ausbildung theologischer Erkenntnis, postuliert. Sie will die drei Momente des Erkennens, des Handelns und der Wahrheit (contra Wirklichkeit!) zur Einheit einer Lebensbewegung zusammenschließen und begreift sich als »Theorie rechter Wahrnehmung von Natur«. Hier hat man auf den Spuren der Prozesstheologie auf den Eigenwert der Natur (intrinsic value) aufmerksam gemacht (S.M. Daecke, Ch. Birch), und unter Berufung auf die Inkarnation sogar von einer sakralen Schöpfung und einer »sakramentalen Natur« gesprochen.

Näher am biblischen Befund sind die Konsequenzen, die sich aus der Erkenntnis ergeben, dass die *geschaffene Welt eine begrenzte Welt* ist. Geschöpf sein heißt, in Grenzen existieren, in denjenigen Grenzen, die uns mit der nicht rekonstruierbaren Einmaligkeit dieser Welt, dieses Sonnensystems, dieser Erde gezogen sind. Wir sind nicht ins Grenzenlose, sondern an einen bestimmten Ort im Raum und in der Zeit gestellt. Im Raum werden wir auf fundamentale Weise durch andere Menschen, als Kinder bestimmter Eltern, als Teilhaber einer bestimmten Geschichte und Kultur begrenzt, in der Zeit durch einmal getroffene Entscheidungen und den begrenzten Spielraum offener Möglichkei-

---

[7] Vgl. dazu die Beiträge in: *Günter Altner* (Hg.), Ökologische Theologie. Perspektiven zur Orientierung, Stuttgart 1989.

ten, der, wie wir heute wissen können, in der Zukunft nicht größer, sondern kleiner werden wird. Schon Bonhoeffer hat darauf hingewiesen, dass wir auf diese Grenzen nicht erst an den Rändern unseres Daseins, im Tod oder in extremen Notsituationen, treffen, sondern in der Mitte unseres Daseins. »Die Grenze, die in der Mitte ist [Bonhoeffer meint hier den ›Baum des Lebens‹, Chr. L.], ist die Grenze seiner Wirklichkeit, seines Daseins schlechthin«.[8] Diese Einsicht stellt das anthropologische Ideal der Grenzenlosigkeit – »Wenn es Götter gäbe, wie hielte ich's aus, kein Gott zu sein!« (Nietzsche) – von Grund auf in Frage. Diesen Grenzen korrespondieren bestimmte Maße, die jetzt keine Elemente einer Operation des Messens sind, sondern immanente Bestimmungen der Phänomene, die wir messen. Ein Gebäude hat dann die richtigen Maße, wenn es dem Leben, das seinem Schutz anvertraut ist, eine Ordnung gibt, in der es gedeiht. Zu den wichtigen, heute eigentlich mühelos nachvollziehbaren Einsichten rechne ich die Feststellung, dass zu diesen Maßen nicht nur die sinnfällige Schönheit der Welt gehört (Mt 6,28f), sondern auch die Gerechtigkeit (= der Mitwelt gerecht werden) und der Friede. Die Schöpfung ist als eine zum Frieden disponierte Welt eingerichtet.

Eine christliche Ethik – auch das haben wir lernen können – hat sich an diesen Grenzen und Maßen zu orientieren. Sie wird zu einer »*Ethik der Selbstbegrenzung*« (W. Huber)[9], die von Fall zu Fall – insbesondere in den heute so umstrittenen Bereichen der Kerntechnik und der Gentechnologie – über die Wahrnehmung dieser Grenzen verantwortlich entscheiden soll. Das qualitativ neue, ihr damit gestellte Problem, ist die Frage der Verantwortungsfähigkeit menschlicher Handlungssubjekte. Auf welche Risiken können wir uns einlassen? Der historische Unfall von Tschernobyl (1986) hat uns demonstriert, dass das Ausmaß der tatsächlichen und erst recht der möglichen Schadensfolgen jeden denkbaren Horizont übersteigt, innerhalb dessen individuelle oder auch kollektive Subjekte für diese Folgen eintreten können. Damit wird der traditionelle Begriff der Verantwortung außer Kraft gesetzt. Wer diesen Rubikon überschreitet, suspendiert jede ethische Korrektur seines Handelns. Daraus resultiert die theologische Einsicht, die man mit einer Heidelberger Denkschrift geradezu als Bedingung aller menschlichen Kultur formulieren kann: »Die Unterscheidung zwischen Schöpfer und Geschöpf zieht eine Grenze zwischen dem, was den Menschen möglich ist, und dem, was sie verantworten können!«[10]

---

[8] Siehe dazu Dietrich Bonhoeffers Auslegung von Gen 3 in: Schöpfung und Fall, hg. von *Martin Rüter* und *Ilse Tödt*, (DBW 3), München 1989, 80.
[9] Vgl. besonders *Wolfgang Huber*, Konflikt und Konsens. Studien zur Ethik der Verantwortung, München 1990, 176–207.
[10] *Forschungsstätte Evangelische Studiengemeinschaft (FEST) Heidelberg*, Tschernobyl – Folgen und Folgerungen. 30 Thesen zum Verhältnis von Technologie und Politik, Heidelberg 1988, 142.

GERHARD LIEDKE

»Auch die Schöpfung wird befreit werden«

Eine Problemanzeige – 30 Jahre nach »Im Bauch des Fisches«[1]

1 »...und machet sie euch untertan«

»Gott segnete sie (die Menschen) und sprach zu ihnen: Seid fruchtbar und mehret euch und füllet die Erde und machet sie euch untertan und herrschet über die Fische im Meer und über die Vögel unter dem Himmel und über das Vieh und über alles Getier, das auf Erden kriecht.«

(Gen 1,28 Lutherübersetzung)

Wohl selten hat ein Bibelvers solches Aufsehen erregt wie diese Formulierung des »dominium terrae«. Und das deshalb, weil der amerikanische Medievalist Lynn White jr. 1968 behauptet hatte[2], dieser Vers sei die Hauptursache der ökologischen Krise. Die hebräische Bibel saß plötzlich auf der ökologischen Anklagebank.

Da war es verständlich, dass die ersten Äußerungen von Theologen in Sachen Ökologie apologetisch waren. Ich selbst veröffentlichte 1972 Thesen zu Auslegung und Wirkungsgeschichte des dominium terrae[3], die dem Nachweis dienen sollten, dass weder der biblische Text noch seine Auslegungsgeschichte eine Schuldzuschreibung von solcher Einseitigkeit und Massivität rechtfertigten. Udo Krolzik untermauerte das für die Wirkungsgeschichte[4].

In der Folgezeit entwickelte sich eine facettenreiche Diskussion über die Intensität des Gewaltanteils in den beiden Verben, die in der Lutherübersetzung mit »untertan machen / herrschen« wiedergegeben werden. Die *eine* Linie der Auslegung versteht »herrschen« eher aggressiv im Sinne von »niedertreten/niederzwingen«, die *andere* Linie plädiert für ein weiches Verständnis als »geleiten / mit Autorität führen / ma-

---

[1] Erweiterte und aktualisierte Form eines Artikels aus Junge Kirche 1/2006, 1–3.
[2] *Lynn White jr.*, Die historischen Ursachen unserer ökologischen Krise, in: *Michael Lohmann* (Hg.), Gefährdete Zukunft, München 1970, 20–29.
[3] *Gerhard Liedke*, Von der Ausbeutung zur Kooperation, in: *Ernst Ulrich von Weizsäcker* (Hg.), Humanökologie und Umweltschutz, Stuttgart/München 1972, 36–65.
[4] *Udo Krolzik*, Umweltkrise – Folge des Christentums?, Stuttgart/Berlin ²1980.

nagen« oder auch »betreten d.h. in Besitz nehmen«[5]. Für beide Deutungen gibt es gute Belege. Dabei spielt es eine Rolle, ob das Bild des altorientalischen Königs, des Hirten oder des Bauern hinter den beiden Verben steht.
Vertreter beider Auslegungslinien sind sich aber darüber einig, dass es sich auf jeden Fall um sorgsame Herrschaft handelt, nicht um schrankenlose Verfügungsgewalt des Menschen über die Tiere und die Erde. Die aggressiven Elemente gehen wohl auf den Umstand zurück, dass in der Zeit der endgültigen Fixierung von Gen 1 in oder nach dem babylonischen Exil die Israeliten – wie alle anderen – in harter Konkurrenz mit den Tieren leben mussten[6]. So wird etwa in Lev 26,22 als Strafmaßnahme Gottes angedroht:

»Ich lasse auf euch los die wilden Tiere, die euer Land entvölkern, euer Vieh vernichten und euch an Zahl so verringern, dass eure Wege veröden.«

Man hat aus diesen Diskussionen gelernt, dass ein sachgerechtes Verständnis der »Herrschaft« des Menschen nur zu erreichen ist, wenn die Zusammenhänge gesehen werden, in die sie eingebettet ist. Da ist zuerst einmal, dass das dominium nicht die Tötung und den Verzehr von Tieren umfasst, denn nach Gen 1,29f ist der Mensch als Vegetarier konzipiert. Für den nachsintflutlichen Menschen, der in der heutigen Gewaltwelt lebt (Gen 6,13), gilt das allerdings nicht mehr (Gen 9,2–3); aber auch in der neuen Weltzeit nach der Flut werden der Gewalt durch das Bluttabu Schranken gesetzt (Gen 9,4–6). Und dann ist weiter zu beachten, dass auch das dominium unter dem Dach des göttlichen Segens steht (Gen 1,28), was sich schwer mit einer zu aggressiven Deutung verträgt.
Über den unmittelbaren Kontext hinaus ist das dominium dann natürlich im Zusammenhang der anderen Schöpfungstexte des Ersten und

---

[5] Kleine Auswahl: *Hannes Odil Steck*, Der Schöpfungsbericht der Priesterschrift, FRLANT 115, 1975, 136f.151f; *Gerhard Liedke*, Im Bauch des Fisches. Ökologische Theologie, Stuttgart ⁵1988, 130ff; *Klaus Koch*, Gestaltet die Erde, doch heget das Leben!, in: Gesammelte Aufsätze 1, hg. von *Bernd Janowski* und *Martin Krause*, Neukirchen-Vluyn 1991, 223ff; *Christoph Uehlinger*, Vom dominium terrae zu einem Ethos der Selbstbeschränkung?, in: Bibel und Liturgie 64, 1991, 59–74; *Bernd Janowski*, Herrschaft über die Tiere, in: *Georg Braulik* (Hg.), Biblische Theologie und gesellschaftlicher Wandel, Freiburg 1993, 183ff; *Udo Rüterswörden*, Dominium terrae, BZAW 215, Berlin 1993; *Manfred Weippert*, Tier und Mensch in einer menschenarmen Welt, in: *Hans-Peter Mathys* (Hg.), Ebenbild Gottes – Herrscher über die Welt, Neukirchen-Vluyn 1998, 33ff; und vorläufig abschließend: *Ute Neumann-Gorsolke*, Herrschen in den Grenzen der Schöpfung, WMANT 101, Neukirchen-Vluyn 2004.
[6] Zuletzt: *Othmar Keel* und *Silvia Schroer*, Schöpfung, Freiburg (CH) / Göttingen 2002, 182.

Zweiten Testamentes zu verstehen: Psalm 8[7], Psalm 104, Sprüche 8, Jes 11, Jes 65, Joh 1,1–18, Gleichnisse und weisheitliche Lehrreden Jesu, Römer 8,18–27, Apok 21–22 und andere. Das ist inzwischen vielfach geschehen, z.B. durch Odil Hannes Steck 1978[8], durch mich 1979 und 1987[9], durch Jürgen Ebach 1986[10], durch Karl Löning und Erich Zenger 1997[11], und zuletzt durch Othmar Keel und Silvia Schroer[12].

Ich habe 1987 vorgeschlagen, die biblischen Schöpfungstexte zu ordnen nach den Gesichtspunkten: »*Anfang*« der Schöpfung (vor allem Gen 1–2) – *Gegenwart* der Schöpfung (Psalm 104; Gen 9; Jesus) – *Zukunft* der Schöpfung (Jes 11; Jes 65; Röm 8; Apok 21–22).

2 »Bebauen und Bewahren«

Ein bisher nicht genannter Zusammenhang ist für die ökologische Diskussion und die sich entwickelnde Umweltarbeit der Kirchen besonders wichtig geworden: die Verbindung zur zweiten Schöpfungserzählung in Gen 2–3. Dort lautet ja der Auftrag an den Menschen,

»*den Garten zu bebauen und zu bewahren / behüten*« *(Gen 2,15).*

Diese Formel ist schon bald als die legitime Auslegung des dominium terrae verstanden worden. Wolfgang Huber hat das auf den Punkt gebracht: »Eindrücklich ist die Formel, weil sie Fortschritt und Erhaltung, progressio und conservatio unmittelbar verbindet. ... Bebauen, um das Anvertraute zu bewahren; Bewahren, um einen Ort des Bauens zu behalten.«[13] Damit hat die praktische Umweltarbeit der Kirchen – die ich als Umweltbeauftragter der badischen Kirche in den 80er Jahren mitgestalten konnte – eine Zeit lang gut gelebt.

Dann geschah etwas, was viele heute gern rückgängig machen würden. Bei der Titelformulierung des »Konziliaren Prozesses für Gerechtigkeit, Frieden und *Bewahrung der Schöpfung*« wurde nur *ein* Element der Gen 2-Formel aufgenommen – und zwar gerade das conservatio-Element. Da ich an dem Prozess bis hin zur Europäischen Versammlung 1989 in Basel beteiligt war, muss ich mir heute selber vorwerfen, nicht laut genug die Stimme erhoben zu haben.

---

7 Dazu vor allem *Neumann-Gorsolke*, Herrschen, 20ff.316ff.
8 *Odil Hannes Steck*, Welt und Umwelt, Stuttgart/Berlin/Köln/Mainz 1978.
9 *Liedke*, Im Bauch des Fisches; *Ulrich Duchrow* und *Gerhard Liedke*, Schalom. Der Schöpfung Befreiung, den Menschen Gerechtigkeit, den Völkern Frieden, Stuttgart ²1987.
10 *Jürgen Ebach*, Ursprung und Ziel, Neukirchen-Vluyn 1986.
11 *Karl Löning* und *Erich Zenger*, Als Anfang schuf Gott, Düsseldorf 1997.
12 *Keel/Schroer*, Schöpfung, 182.
13 *Wolfgang Huber*, Konflikt und Konsens, München 1990, 202.

Es gibt gewichtige Kritikpunkte an der Formel »Bewahrung der Schöpfung«.
Exegetisch: Ist es sachgerecht, dass in der Formel aus dem »Garten« die ganze Schöpfung geworden ist? – Wohl kaum, denn »die Schöpfung« umfasst in der Bibel Himmel und Erde, und der Himmel kann ja dem Bebauen und Bewahren des Menschen nicht zugänglich sein.[14] Außerdem ist bei der Verwendung der Formel als Leitsatz für eine Schöpfungsethik übersehen worden, dass es sich bei Gen 2 um einen Text »vor dem Fall« handelt – ähnlich wie bei Gen 1,28 übersehen wurde, dass es sich um einen Text »vor der Sintflut« handelt. Wenn am Ende von Gen 3 der heutige Weltzustand erreicht worden ist, dann hat der Mensch zwar nach wie vor den Auftrag, »den Ackerboden zu bebauen« – das sorgende »Behüten/Bewachen« wird aber den Engeln aufgetragen! Und dieses »Bewachen« des Gartens durch die Kerubim »trennt den endgültig auf sein gemindertes Leben festgelegten, d.h. von der Komplementarität von Bebauen und Bewahren ausgeschlossenen Menschen von Eden.«[15] Ist es angesichts dieser Zusammenhänge ratsam, ausgerechnet die »paradiesische« Zustandbeschreibung von Gen 2,15 zum Leitfaden ökologischer Ethik zu machen?
Systematisch: Die Formel leidet unter der mangelnden Unterscheidung zwischen »Natur« und »Schöpfung«. Ich nehme Wolfgang Hubers Vorschlag auf: »Der Begriff der Natur meint theologisch die Einheit von guter Schöpfung und Nichtigkeit in der Wirklichkeit der Welt. ... Der Begriff der Natur meint theologisch die noch nicht erlöste Welt, die von Gott zur Erlösung bestimmt und bewahrt ist. Menschliches Handeln an der Natur ist damit als Mitwirkung an dieser Bestimmung und Bewahrung zu begreifen.«[16] Es müsste also genauer von der »Bewahrung der Natur im Wissen um ihren Charakter als Schöpfung« gesprochen werden.[17]
Diese Anfrage tritt in dramatischerer Form auf, wenn sie darauf verweist, dass »conservatio mundi« in der klassischen Dogmatik allein und ausschließlich Handeln Gottes ist. »Bewahrung der Schöpfung« durch den Menschen wäre also Verwechslung von Gott und Mensch, von Schöpfer und Geschöpf. »Als Gegenmittel gegen die ökologische Bedrohung der Gegenwart wird eben die Selbstüberhebung des Menschen aufgeboten, der diese Bedrohung selbst entspringt.«[18]

---

[14] Vgl. die von Michael Welker und anderen ausgelöste neue Diskussion über den Himmel, z.B. *Michael Welker*, Schöpfung und Wirklichkeit, Neukirchen-Vluyn 1995, 26.56ff.
[15] *Ebach*, Ursprung, 94f.
[16] *Huber*, Konflikt, 189f – anknüpfend an Bonhoeffer.
[17] *Heinrich Bedford-Strohm*, Schöpfung, Göttingen 2001, 154.
[18] *Huber*, Konflikt, 190; vgl. U. Körtner, Solange die Erde steht, Hannover 1997, 33–51.

Nun wird keiner der Protagonisten von »Bewahrung der Schöpfung« solche Konsequenzen im Sinn gehabt haben, aber dass hier eine offene Flanke ist, lässt sich nicht leugnen. Gen 1 und Gen 2 sind eben – mit Jürgen Ebach – utopische Texte, in denen Ursprung und Ziel der Schöpfung zusammenfallen. Sie zeigen uns, was »keinen Ort mehr hat« und was »noch keinen Ort hat«. Sie sind Verheißungen.

Zuletzt noch ein fast banales Argument: Angesichts der fortgeschrittenen Zerstörung der Mitwelt – zuletzt in der Klimakatastrophe sichtbar geworden – scheint es zu harmlos, diesen Zustand nur »bewahren« zu wollen.

Fazit: Die Formel ist einerseits theologisch zu vollmundig, andererseits empirisch zu bescheiden, zu wenig radikal. Wie kommen wir weiter?

3 Befreiung der Schöpfung – Minimierung der Gewalt

Bei mir verstärkt sich seit einigen Jahren die Vermutung, dass die biblischen Texte von der Zukunft der Schöpfung uns neue Impulse bringen können[19]. Und hier vor allem Römer 8,18–27, die große Hoffnungsansage des Paulus für die Schöpfung.

Ihr Spitzensatz ist 8,21:

> »Denn auch die Schöpfung selbst wird befreit werden
> aus der Sklaverei des Verderbens
> zur Freiheit der Herrlichkeit der Kinder Gottes.«

Die Römerbriefausleger sind sich heute ziemlich einig, dass die hier verheißene Befreiung auch der außermenschlichen Schöpfung gilt. Die kommende Freiheit wird realisiert sein in jener Welt ohne Tränen, ohne Tod, ohne Leid, Geschrei und Schmerz (Offb 21,1f), in der Welt von Jes 65,17–25, die auch in der Vision von Jes 11 aufscheint.[20]

Je nachdem, wie heil- und hoffnungslos die gegenwärtige Welt erfahren wird, gibt es entweder noch eine schmale Kontinuität zwischen Gegenwart und eschatologischer Zukunft oder nur totalen Abbruch und rein neue Schöpfung. In Jes 11,6–8 wird mit friedlicher Verwandlung gerechnet, ähnlich auch in Jes 65 – in Offb 21 herrscht reine Diskontinuität. Röm 8 vermittelt. Paulus zeigt »die Macht der Hoffnung, die das neue Leben im alten hat«, denn mit Luise Schottroff darf die Sehnsucht der Schöpfung (8,19) nicht negativ als »ängstliches Harren der Kreatur« (Luther), sondern muss positiv als »hoffnungsvolle Er-

---

[19] Zuletzt angeregt durch *Günter Thomas*, Neue Schöpfung, Neukirchen-Vluyn, 2009.
[20] Leider berücksichtigt *Thomas*, Schöpfung, 101ff und 487ff die zentrale Bedeutung von Röm 8 nicht.

wartung neuen Lebens« verstanden werden. Die »gebärende Schwester Schöpfung ist Grund zur Hoffnung«[21].
Aus welcher Sklaverei wird die Schöpfung befreit? – Paulus redet in 8,21 von phthora, was normalerweise mit »Vergänglichkeit« übersetzt wird. Dies ist genau der Wortstamm, der in der griechischen Übersetzung von Gen 6,11–13 mehrfach das »Verderbtsein« der Erde und allen Fleisches bezeichnet. Inhalt dieses »Verderbtseins« ist:

»Die Erde ist angefüllt mit *Gewalt* von den Menschen her.«

Es geht also um Befreiung von der Gewalt, die auch nach der großen Flut auf Erden geblieben ist.

Die verheißene Befreiung von der Gewalt begründet einerseits die Hoffnung, andererseits bildet sie auch die Basis für das, was von uns Menschen in der gegenwärtigen Weltsituation gefordert werden kann. Die außermenschliche Schöpfung wartet nämlich auf die »Freiheit der Herrlichkeit der Kinder Gottes«. Und Kinder Gottes sind die, die den Geist Gottes empfangen haben (8,23). Das muss Folgen haben. Ernst Käsemann sieht es so: »So erschien dem Paulus die Christenheit, welche die Kindschaft bezeugt ..., *als die große Verheißung für alle Kreatur bis in die außermenschlichen Bereiche hinein.*«[22] Diese Konsequenz wird zwar von Paulus nicht explizit gezogen, sie ist aber legitim, wie besonders die Untersuchungen von Walther Bindemann zur Verknüpfung von Hoffnung und Ethik im Römerbrief zeigen.[23]
Gewiss: Nicht die geistbegabten Menschen befreien die Schöpfung. Das tut Gott allein. Aber die Schöpfung blickt auf uns. An der Art, wie wir mit ihrem – und unserem Leben – umgehen, zeigt sich der Schöpfung, wie es um ihre Hoffnung bestellt ist. Wenn wir das Leiden in der Schöpfung vermehren, dann sinkt die Hoffnung der Schöpfung. Wenn wir dagegen in Solidarität mit Natur und Mitmensch Leiden verringern, dann erwacht die Hoffnung der Schöpfung zu neuem Leben. In dieser Weise würdigt uns Gott, an der Befreiung der Schöpfung aktiv teilzuhaben. Verminderung der menschlichen Gewalt gegen die Schöpfung ist demnach die Aufgabe der Christinnen und Christen in der ökologischen Krise. Sie deckt sich sicher zum Teil mit der »Bewahrung der Schöpfung«, geht aber ebenso sicher weit darüber hinaus, ist radikaler.
Dieser Vorschlag einer eschatologischen Begründung der Schöpfungsethik kann wohl kaum der hybriden »Ökosoteriologie« oder der »eschatologischen Überhitzung« bezichtigt werden. Es ist völlig klar,

---

21 *Luise Schottroff*, Schöpfung im Neuen Testament, in: *Günter Altner* (Hg.), Ökologische Theologie, Stuttgart 1989, 130ff, dort 141.
22 *Ernst Käsemann*, An die Römer, Tübingen 1973, 224.
23 *Walther Bindemann*, Die Hoffnung der Schöpfung, Neukirchen-Vluyn 1983, 96ff.

dass Gott das alleinige Subjekt der Befreiung der Schöpfung ist und bleibt. Die schöpfungsethische Aufgabe ist realistisch als *Minimierung der Gewalt* zu beschreiben.[24] Minimierung der Gewalt, das ist eine Handlungsanweisung, die sich ziemlich gut in unsere Lebenswelt hinein deklinieren lässt. Gewaltausübung des Menschen gegen die Natur ist ein Grunddatum in den Programmen der neuzeitlichen Wissenschaft und Technik (Descartes, Francis Bacon). Und: Der vom Menschen verursachte Energieumsatz, vulgo: Energieverbrauch, ist ein gutes Maß für die Gewalt gegenüber der Natur.[25] Technisch formuliert lautet so die praktische Handlungsanweisung einer Schöpfungsethik heute: Minimierung des Energieverbrauchs[26].

Ob sich aus diesen Überlegungen ein neuer radikalerer Impuls ergeben könnte – ein Impuls, der sowohl ein ökologisch verträglich verstandenes dominium terrae als auch das »Bebauen und Bewahren« aufnimmt, gesamtbiblisch verankert und eschatologisch radikalisiert?

---

[24] Über die Vorteile dieser Formel *Bedford-Strohm*, Schöpfung, 203.
[25] *Klaus Michael Meyer-Abich*, Natur und Geschichte, in: Christlicher Glaube in der modernen Gesellschaft 3, 159ff, dort 192; aufgenommen in: *Duchrow/Liedke*, Schalom, 59–80.
[26] »Unter den Problemfeldern Energie, Rohstoffe und Nahrungsmittel kommt der Energie eine klare Schlüsselstellung zu ...«, *Dennis Gabor u.a.*, Das Ende der Verschwendung, Frankfurt 1976, 9. Und unübertroffen *Ernst Ulrich von Weizsäcker, Amory B. Lovins* und *L. Hunter Lovins*, Faktor Vier, München 1995, bes. 31ff.

DIRK EVERS

Intelligent Design

Unter »Intelligent Design« (ID) versteht man eine um 1990 in den Vereinigten Staaten entstandene evolutionskritische Denk- und Argumentationsfigur, die mit Bezug auf Lebewesen und ihre Funktionalität meint, den wissenschaftlichen Nachweis führen zu können, dass deren Entstehung ohne die Annahme des Einwirkens einer nicht-natürlichen, intelligenten Ursache nicht erklärt werden kann. Über Natur und Wesen dieses anzunehmenden intelligenten Designers werden bewusst keine weiteren Behauptungen aufgestellt, weil damit die Grenzen der Wissenschaftlichkeit überschritten würden. Die besondere Betonung liegt darauf, dass der entsprechende Nachweis der Unzulänglichkeit einer rein auf natürliche Ursachen zurückgreifenden Erklärung *wissenschaftlich* geführt werden kann. Die Vertreter des ID behaupten, im Rahmen wissenschaftlicher Methodik zeigen zu können, »daß bestimmte biologische Systeme tatsächlich planvoll entworfen wurden«, zumindest aber, »daß natürliche Ursachen (wie die Darwinistischen Mechanismen der Selektion und der zufälligen Veränderung [...]) grundsätzlich nicht in der Lage sind, solche Systeme hervorzubringen«[1]. Wir werden uns weiter unten mit diesem Anspruch kritisch aus-

[1] *William A. Dembski*, Intelligent Design-Theorie, RGG⁴, 183–184, 183. Es ist unverständlich, warum ein so renommiertes wissenschaftliches Nachschlagewerk wie die RGG (Religion in Geschichte und Gegenwart) in ihrer 4. Auflage den Artikel »Intelligent Design-Theorie« von einem dezidierten Vertreter dieser wissenschaftlich wie theologisch höchst zweifelhaften Denkfigur, dem US-amerikanischen Mathematiker, Philosophen und Theologen William Dembski hat verfassen lassen, während sich ansonsten eher die Beauftragten für Weltanschauungsfragen mit diesem Thema herumschlagen müssen. Dembski ist weder als Theologe noch als Naturwissenschaftler außerhalb der sich auf ID berufenden Intelligent-Design-Bewegung aufgefallen, sondern ausschließlich als einer ihrer Wortführer dieser Bewegung, die politische und ideologische Ziele vertritt. Auf die ID-Bewegung und Dembskis Rolle in ihr werde ich im weiteren Verlauf dieses Beitrags noch zu sprechen kommen. An dieser Stelle sei darauf hingewiesen, dass der von Dembski verfasste Artikel denn auch entsprechend ausgefallen ist. Schon das Lemma suggeriert durch die Erweiterung »Theorie«, es handele sich bei ID um eine wissenschaftlichen Ansprüchen genügende Theoriebildung. Und so wird durchgängig von einer »Theorie der planvollen Gestaltung« (184) o.ä. gesprochen und mit keiner Silbe erwähnt, dass allein schon der Theoriestatus der Denkfigur ID, um es gelinde zu sagen, ausgesprochen zweifelhaft ist. Der ganze Artikel verschweigt die

einanderzusetzen haben. Zunächst einmal aber gilt es, diese sich akademisch gebende Evolutionskritik historisch und begrifflich einzuordnen, weil das Anliegen von ID, die Art und Weise der Argumentation, aber auch die eigentümliche Hartnäckigkeit, mit der sich diese Kritik an der Evolutionstheorie besonders in den USA bis heute hält, nur in diesen Zusammenhängen verständlich wird.

1 Zur Geschichte des Kreationismus

1. Phase: Die Entstehung des »creationism«
Die Denkfigur des ID muss im Zusammenhang der seit dem 19. Jahrhundert in den USA aktiven Bewegung des Kreationismus[2] verstanden werden, auch wenn nicht alle Vertreter eines ID ihrerseits als Kreationisten anzusehen sind. Dass ID weitere Kreise anspricht, hat darin seinen Grund, dass es Argumentationsstrukturen aufnimmt, die schon immer auch außerhalb des Kreationismus vertreten wurden, etwa im Rahmen der natürlichen Theologie katholischer Prägung, der Physikotheologie oder dem teleologisch-physikotheologischen Gottesbeweis (im angelsächsischen Raum zumeist als »argument from design« bezeichnet), den bekanntermaßen selbst der Alleszermalmer Kant »mit Achtung« erwähnt, sei er doch als der »älteste, klärste und der gemeinen Menschenvernunft am meisten angemessene«[3] anzusehen. Von daher erklären sich manche positiven Bezugnahmen, die sich an be-

---

heftige öffentliche Kontroverse um ID und dessen Rolle bei den gerichtlichen Auseinandersetzungen um den Biologieunterricht an amerikanischen Schulen. Man findet in ihm kein einziges Argument der Kritiker, dafür aber am Schluss die kühne und an der Realität der wissenschaftlichen Forschung völlig vorbeigehende Behauptung, der Begriff des Designs verspreche »zu einem leistungsfähigen theoretischen Werkzeug zur Erforschung und zum Verständnis der Natur zu werden« (ebd.). Wie nicht anders zu erwarten, führt die Literaturliste am Ende des Artikels nur Dembskis eigene Werke und die seines Mitstreiters Michael Behe auf.
[2] Zum Kreationismus vgl. z.B. *Ronald L. Numbers*, The creationists. From scientific creationism to intelligent design, Cambridge, Mass. 2006 und die 10-bändige Materialsammlung: *Ronald L. Numbers* (Hg.), Creationism in twentieth century America vol. 1–10, New York 1995. Der Kreationismus spielt vor allem in den USA eine bedeutende Rolle. In einer Umfrage des bekannten amerikanischen Meinungsforschungsinstituts Gallup aus dem Jahr 2007 wurde nach der Zustimmung zu der folgenden Aussage gefragt: »Kreationismus, das ist die Vorstellung, dass Gott die Menschen mehr oder weniger in ihrer jetzigen Form zu einem Zeitpunkt innerhalb der letzten 10.000 Jahre erschaffen hat.« [Creationism, that is, the idea that God created human beings pretty much in their present form at one time within the last 10,000 years.] 39 % der Befragten sahen diese Aussage als unbedingt wahr, 27 % als wahrscheinlich wahr an, nur 15 % lehnten sie als unbedingt falsch ab, vgl. http://www.gallup.com/poll/21814/Evolution-Creationism-Intelligent-Design.aspx [29.07.2009].
[3] *Immanuel Kant*, Kritik der reinen Vernunft (2. Aufl.) 1787, in: Gesammelte Schriften Abt. 1: Werke. Bd. 3, Berlin 1911, B651.

stimmte philosophische und theologische Argumente des ID anschließen, vor allem, wenn diese auf prinzipielle Grenzen rein naturalistischer Erklärungsversuche von Leben und Bewusstsein im Zusammenhang der Evolutionstheorie hinweisen[4]. Dabei wird oft nicht beachtet, dass ID nicht als philosophisch-theologisches Argument daher kommt, das *über* Wissenschaft und die Grenzen erklärender, naturwissenschaftlicher Erkenntnis redet, sondern *als* Naturwissenschaft eine im strengen Sinne alternative wissenschaftliche Theorie aufstellen möchte, die sich der empirischen Überprüfbarkeit stellt. Warum ID aber gerade auf diese Weise zu argumentieren sucht, wird erst verständlich, wenn wir es in den weiteren Zusammenhang des nordamerikanischen Kreationismus stellen.

Unter Kreationismus versteht man die Überzeugung, dass die im Sinne eines zusammenhängenden Berichts gelesene und wörtlich verstandene »Urgeschichte« im 1. Buch Mose eine wahre Darstellung über den Vorgang der Welt- und Lebensentstehung liefert, die zur Grundlage aller Wissenschaft zu machen ist. Der Kreationismus bestreitet im Allgemeinen die Richtigkeit der wissenschaftlichen Evolutionslehre und bestreitet einen gemeinsamen Stammbaum der Lebewesen. Allerdings gibt es verschiedene Spielarten, die das Alter der Erde unterschiedlich beurteilen. So unterscheidet man einen *Junge-Erde-Kreationismus*, demzufolge die Erde vor weniger als 10.000 Jahren von einem Schöpfer aus dem Nichts hergestellt wurde, der auch die Lebewesen je nach ihren Arten auf wunderbare Weise hervorgebracht hat, von verschiedenen Typen eines *Langzeit-Kreationismus*, der zwar die Evolution ablehnt, aber entweder zwischen der Entstehung des Kosmos und der Erschaffung des Lebens viel Zeit vergehen lässt, in der die Erde »wüst und leer« war (so genannter *gap-creationism*), oder die sechs Schöpfungstage von Gen 1 als »Zeitalter« deutet (*day-age-creationism*). Es dominiert aber der Junge-Erde-Kreationismus, der die Schöpfungstage als 24 Stunden Tage auffasst und das Alter der Erde aufgrund der biblischen Stammbäume seit Adam und Eva mit weniger als 10.000 Jahren angibt. Allen Spielarten ist darüber hinaus gemeinsam, dass sie die Geologie der Erde und die Fossilfunde ausgestorbener Tiere durch die Katastrophe einer globalen Sintflut zu erklären suchen.

Es ist deutlich, dass der Kreationismus ein bestimmtes Bibelverständnis voraussetzt, bezieht er doch seine Vorstellungen aus den (allerdings harmonisierend gelesenen) ersten Kapiteln der Bibel. Entspre-

---

4 Vgl. z.B. *Robert Spaemann*, Deszendenz und Intelligent Design, in: *Stephan O. Horn* und *Siegfried Wiedenhofer* (Hg.), Schöpfung und Evolution. Eine Tagung mit Papst Benedikt XVI. in Castel Gandolfo, Augsburg 2007, 57–64, oder die unglücklichen Äußerungen von *Christoph Kardinal Schönborn*, Finding Design in Natur, The New York Times vom 7. Juli 2005, Late Edition – Final, Section A, Page 23, Column 1, der »die überwältigende Evidenz für einen Plan in der Biologie« herausstellt.

chend ist eine seiner Wurzeln im nordamerikanischen biblischen *Fundamentalismus* zu suchen, wie er bald nach dem Bürgerkrieg (1861–65) vor allem in den Südstaaten als Teil der Südstaatenidentität gegen die unmoralischen Städter des Nordens begann[5]. Mit Beginn des 20. Jahrhunderts hatte diese Bewegung erheblich an Einfluss gewonnen, und die Ausweitung der allgemeinen Schulbildung an den öffentlichen Schulen der Vereinigten Staaten führte dazu, dass fundamentalistische Positionen sich formierten und öffentlich artikulierten. 1910 entstand das programmatische Manifest *The Fundamentals. A Testimony to the truth*, in dem in 90 Essays verteilt auf 12 Bücher führende Geistliche und Theologen gegen modernistische Tendenzen in der Auslegung von Bibel und Bekenntnis zu Felde zogen. Diese Bücher wurden im ganzen Land kostenlos an Gemeinden und Sonntagsschulen verteilt, und vom Titel dieser Schriften leitet sich die Bezeichnung Fundamentalismus auch ursprünglich ab. In den *Fundamentals* wurde gegen die historisch-kritische Methode der Bibelauslegung polemisiert, aber auch ganz allgemein gegen die moralische Zersetzung der Jugend durch eine gottlose Wissenschaft. Das Kapitel zum Darwinismus in den *Fundamentals* bestreitet dem entsprechend nicht nur die Wahrheit der darwinistischen Evolutionslehre, sondern auch ihre moralische Integrität und ist überschrieben mit: »The Decadence of Darwinism«. Darin heißt es: »Die natürliche Auslese ist ein Programm des Überlebens des Leidenschaftlichen und Gewalttätigen, der Zerstörung des Schwachen und Wehrlosen. Damit es als wahr erscheint, muss schwarz als weiß, falsch als richtig und Gott als Ivan der Schreckliche ausgegeben werden.«[6] Vor allem die Deutschen galten als Vertreter einer solchen sozialdarwinistisch begründeten Moral, und ihre als besonders skrupellos angesehene Aggression im 1. Weltkrieg erschien als Beleg für die Konsequenzen daraus.

Ein besonderes Anliegen der fundamentalistischen Bewegung war es, die Evolutionstheorie nicht in die allgemeine Schulbildung eindringen zu lassen, um den biblischen Glauben der Kinder und ihre moralische Festigung nicht zu erschüttern. Zwischen 1921 und 1929 gelang es, Gesetze in 31 Staaten durchzusetzen, die es verboten, die Abstammung des Menschen vom Tier zu unterrichten. 1925 kam es in diesem Zusammenhang zum berühmt-berüchtigten »Affenprozess« gegen John Scopes in Dayton, Tennessee. Der Lehrer John Scopes hatte in Ab-

---

[5] Zur Vorgeschichte vgl. das Kapitel 8 »Fundamentalism« in: *Michael Ruse*, The Evolution-Creation Struggle, Cambridge MA 2005, 146–167.
[6] *Henry H. Beach*, The Decadence of Darwinism, in: The Fundamentals. A Testimony of Truth, zitiert nach der Internetausgabe: www.xmission.com/~fidelis/volume4/chapter5/beach.php [09.07.2009]: »Natural selection is a scheme for the survival of the passionate and the violent, the destruction of the weak and defenseless. To be true, black must be white, and wrong must be right, and God an Ivan the terrible.«

sprache mit der *American Civil Liberties Union* begonnen, gegen die Gesetze von Tennessee die evolutionäre Abstammung des Menschen von affenartigen Vorfahren zu unterrichten. Er wurde erwartungsgemäß angeklagt, und zwar von dem dreimaligen Präsidentschaftskandidaten William Jennings Bryan. Verteidigt wurde er von dem Anwalt und bekannten Agnostiker Clarence Darrow. Beide sorgten dafür, dass der Prozess ein öffentlicher Schauprozess wurde und ein entsprechendes Medienecho erhielt. Scopes wurde zu 100 $ Geldstrafe verurteilt, später allerdings wegen Formfehlern freigesprochen. In den Augen der Öffentlichkeit jedoch war dies ein Sieg für die Darwinisten, und der Staat Tennessee sah von einer weiteren Verfolgung des Gesetzes gegen die Evolutionslehre ab, auch wenn es formell noch weitere 40 Jahre in Geltung blieb. Mit dem Scopes-Prozess hatte der Kreationismus, wie der fundamentalistische Anti-Evolutionismus seit 1929 zunehmend bezeichnet wurde[7], seinen Höhepunkt erreicht. In der Folge hielten sich die biologischen Schulbücher der USA in Sachen Evolution bis in die 1960er Jahre hinein eher bedeckt, eine wirklich breite kreationistische Bewegung oder gar der erhoffte Umschwung in den Wissenschaften waren allerdings nicht zu verzeichnen.

2. Phase: Creation Science
Die öffentliche Zurückhaltung änderte sich gegen Ende der 1950er Jahre. Nach dem 2. Weltkrieg und mitten im Kalten Krieg wurde die nordamerikanische Politik durch den erfolgreichen Start des russischen Satelliten Sputnik auf die technologische Überlegenheit der Sowjetunion in der Raketentechnik und auf die eigenen Defizite in der naturwissenschaftlichen Bildung ihrer Schulkinder aufmerksam. Umgehend investierte die Bundesregierung Geldmittel für die Erstellung neuer Schulbücher in den naturwissenschaftlichen Fächern. Das *American Institute of Biological Sciences* initiierte 1958 das *Biological Sciences Curriculum Study*, das Lehrpläne und Lehrmaterial für den Biologieunterricht erstellen sollte. Zum ersten Mal stand die Evolutionstheorie nun ganz prominent im Mittelpunkt der biologischen Lehrbücher, und damit flammte der Streit um den Kreationismus erneut auf.
Die Führung aber übernahm nun nicht ein an traditionellen Werten orientierter Antimodernismus, sondern eine sich als »Schöpfungswissenschaft« inszenierende Bewegung. Wesentlichen Anteil daran hatte der

---

[7] Vgl. *Ronald L. Numbers*, Darwinism comes to America, Cambridge MA 1998, 53. Nach Numbers war der Biologe Harold W. Clark, Mitglied der Sieben-Tage-Adventisten, der erste, der den Begriff im Sinne der heutigen Bedeutung verwendete. Er brachte 1929 im Selbstverlag eine kleine Schrift mit dem Titel *Back to Creationism* heraus, in der er dazu aufforderte, die Evolutionstheorie nicht nur zu bekämpfen, sondern die »wissenschaftliche« Alternative einer jungen, von der Sintflut gezeichneten Erde offensiv zu vertreten. Damit meinte er die geologische Katastrophentheorie von George McCready Price. Seitdem kam die Bezeichnung *creationism* zunehmend in Gebrauch.

baptistische Ingenieur Henry M. Morris, der zusammen mit dem Bibelwissenschaftler John C. Whitcomb 1961 das Buch *Genesis-Flood* herausbrachte. Beide vertraten einen dezidierten Junge-Erde-Kreationismus, der die Fossilien als Belege für die Sintflut ansieht. Diese Vorstellungen suchten Morris und Whitcomb auch wissenschaftlich zu erweisen und bemühten die bis heute von Kreationisten vertretenen Standardargumente, indem sie etwa auf den hypothetischen Charakter der Evolutionstheorie, auf »Lücken« im Fossilbestand (so genannte missing links), auf die Ungerichtetheit der Mutationen verwiesen oder darauf, dass noch nie die Entstehung einer neuen Art tatsächlich beobachtet wurde. Wir können uns in diesem Zusammenhang nicht ausführlich mit diesen Argumenten auseinandersetzen, sondern verweisen auf die einschlägige Literatur[8].

1963 gründeten Morris und neun andere Forscher die *Creation Research Society*, ein christliches Forschungsinstitut, das den nun *Creation Science* genannten Kreationismus wissenschaftlich begründen und propagieren soll. Dieses Institut besteht bis heute[9]. Morris selbst überwarf sich mit seiner Universität, zog nach Kalifornien und gründete dort 1970 das ebenfalls bis heute bestehende *Institute for Creation Research*[10] (ICR, seit 2007 in Dallas, Texas), das eine eigene naturwissenschaftliche Graduate School betreibt und einen Abschluss als Master of Science Education vergeben darf.

Ende der 1960er Jahre verschärfte sich der öffentliche Streit durch ein Urteil des obersten Gerichtshofes, der 1968 in dem Prozess *Epperson gegen Arkansas* das Schulgesetz von Arkansas als verfassungswidrig eingestuft hatte: Es verstößt gegen den ersten Zusatzartikel zur amerikanischen Verfassung, der es dem Staat verbietet, irgendeine religiöse Überzeugung zu bevorzugen. In öffentlichen Schulen durfte der Unterricht der Evolutionstheorie damit jedenfalls nicht mehr untersagt, eine religiöse Schöpfungslehre aber auch nicht unterrichtet werden.

Mit alledem musste ein Strategiewechsel des Kreationismus vollzogen werden, für den sich vor allem Morris' Ansatz des *Creation Research* eignete. War vorher unter Berufung auf die Bibel und die Moral die Evolutionslehre als atheistisch und zersetzend gebrandmarkt worden, so wurde nun eine Alternativtheorie zur Evolutionslehre propagiert, die sich selbst als »Wissenschaft« und nicht mehr als religiös fundierte Überzeugung generierte und Gleichberechtigung im Schulunterricht forderte. Dies war wichtig, um nicht unter Berufung auf den ersten Zusatzartikel der Verfassung als religiöse Auffassung von vornherein aus den öffentlichen Schulen ausgeschlossen zu werden. Manche beriefen

---

[8] Eine ausführliche Replik auf Argumente deutscher Kreationisten hat Andreas Beyer zusammengestellt: www.evolutionsbiologen.de/creation&science.pdf [9.7.2009].
[9] Vgl. die Internetseiten dieser Einrichtung: http://www.creationresearch.org/ [9.7.2009].
[10] www.icr.org/ [9.7.2009].

sich dabei auf die Wissenschaftsphilosophen Karl Popper und Thomas Kuhn, die deutlich gemacht hätten, dass wissenschaftliche Theorien nur hypothetische Deutungen von Fakten im Rahmen von Paradigmen seien. Immer wieder wurde etwa Poppers Bemerkung zum Darwinismus in seiner Autobiographie aus dem Jahr 1976 zitiert: »Ich bin zu dem Schluß gelangt, daß der Darwinismus keine prüfbare wissenschaftliche Theorie ist, sondern ein *metaphysisches Forschungsprogramm* – ein möglicher Rahmen für empirisch prüfbare wissenschaftliche Theorien.«[11] So wie die Evolutionstheorie im Rahmen ihrer »metaphysischen« Vorgaben die »Fakten« (Fossilien, geologische Erscheinungen etc.) mehr schlecht als recht kohärent zu interpretieren versuche, so sei auch die »Schöpfungswissenschaft« als gleichberechtigtes Unternehmen anzusehen, dass die »Fakten« im Rahmen eines anderen Paradigmas, das einen Schöpfer nicht ausschließe, deuten möchte. Eine umfassende wissenschaftliche Bildung aber müsse Schulkindern beide Alternativen vorstellen.

Es ist diese Argumentation, die bis heute in den USA auch unter vielen, die selbst nicht dem Kreationismus anhängen, durchaus Zustimmung findet. Ronald Reagan, der schon in seiner Zeit als Gouverneur von Kalifornien mit dem Kreationismus sympathisierte, äußerte 1980 im Wahlkampf in einem Interview mit dem Magazin Science: Die Evolution »ist nur eine Theorie, und sie ist in den letzten Jahren in den Naturwissenschaften bezweifelt worden und wird jetzt in der wissenschaftlichen Gemeinschaft nicht mehr als so unfehlbar angesehen wie einst. Aber wenn sie in den Schulen unterrichtet wird, dann denke ich, dass die biblische Theorie der Schöpfung, die nicht eine Theorie ist, sondern die biblische Schöpfungserzählung, ebenso unterrichtet werden sollte«[12]. Ähnlich haben sich auch andere Präsidenten und zuletzt George W. Bush im Wahlkampf 2005 geäußert[13]. Jedenfalls gelang es der kreationistischen Bewegung, in den 1980er Jahren in Arkansas und Louisiana entsprechende Gesetze durchzusetzen, die die *gleichberech-*

---

[11] *Karl R. Popper*, Ausgangspunkte. Meine intellektuelle Entwicklung, Hamburg 1979, 244. Schaut man sich den Kontext von Poppers Äußerung an, so geht es bei dieser Bemerkung um die Frage, ob es sich beim Selektionsprinzip der Darwinschen Theorie um eine Tautologie handelt oder nicht, und ob eine sich auf historische Vorgänge beziehende wissenschaftliche Theorie überhaupt falsifiziert werden kann. Popper hat dies nach anfänglicher Skepsis später durchaus bejaht.
[12] Republican candidate picks fight with Darwin, in: *Science* 209 (1980), 1214: Evolution »is a theory only, and it has in recent years been challenged in the world of science and is not yet believed in the scientific community to be as infallible as it once was believed. But if it was going to be taught in the schools, then I think that also the biblical theory of creation, which is not a theory but the biblical story of creation, should also be taught«.
[13] Vgl. die Auflistung entsprechender Äußerungen auf den Seiten des Institute for Creation Research: www.icr.org/article/2942/ [10.7.2009].

tigte Behandlung von *Creation Science* und der Evolutionstheorie im Biologieunterricht verlangten.
1987 allerdings wurden dann solche Schulgesetze vom Obersten Gerichtshof in dem Prozess *Edwards gegen Aguillard* endgültig für verfassungswidrig erklärt. Der Kläger Don Aguillard, der gegen ein Gesetz des Staates Louisiana klagte, das die Gleichbehandlung von *Creation Science* und Evolution verlangte, wurde bei seiner Klage von 72 Nobelpreisträgern, 17 Akademien der Wissenschaften aus verschiedenen Bundesstaaten und 7 weiteren wissenschaftlichen Organisationen öffentlichkeitswirksam unterstützt. Es wurde klar festgestellt, dass staatliche Schulgesetze nur rein säkulare Unterrichtsinhalte festlegen dürfen, der Unterricht von *Creation Science* aber vorrangig religiöse Zwecke verfolge. Ausdrücklich wurde die wissenschaftliche Freiheit betont, auch alternative Theorien im Biologieunterricht zu behandeln, solange sie als wissenschaftlich anzusehen sind und nicht als religiöse Überzeugungen. Damit schien die Niederlage für den Kreationismus in Form der *Creation Science* zunächst besiegelt, auch wenn sein Anliegen durch populär-»wissenschaftliche« Literatur und neue Institute[14] ungebrochen weitergeführt wurde, unter der Bush-Administration an politischem Einfluss eher gewonnen hat und Teile der nordamerikanischen Bevölkerung bis heute tief prägt.

Darüber hinaus gewann seit den 1970er Jahren die Bewegung des Kreationismus auch international an Bedeutung. In Australien ist 1980 die Initiative *Answers in Genesis* gegründet worden, die nach rechtlichen Auseinandersetzungen allerdings nur noch in den USA und in Großbritannien unter diesem Namen tätig ist. In Australien, Kanada, Neuseeland und Süd-Afrika hat sie sich 2006 in *Creation Ministries International* umbenannt. Die nordamerikanische Organisation, der der australische Gründer Ken Ham vorsteht, hat 2007 in Petersburg, Kentucky, direkt neben einem großen internationalen Flughafen ein 27 Millionen Dollar teures Creation Museum eröffnet, das den Besuchern vorführt, wie Dinosaurier und Menschen im Paradies kurz nach der Schöpfung vor 6.000 Jahren friedlich nebeneinander existiert haben. Bis August 2008 haben 500.000 Besucher die Ausstellung besucht. Gerade an der amerikanischen Organisation Answers in Genesis wird deutlich, wie bis heute der Kampf gegen die Evolutionstheorie eigentlich ein Kulturkampf ist, der sich gegen den Verfall der christlichen Grundlagen in der Moderne richtet. In seiner öffentlichen Ansprache »State of the Nation« vom 26. Juni 2009 sagte Ken Ham, der Präsident von Answers in Genesis und des Creation Museums, den »Zusammenbruch des christlichen Amerika« (the Collapse of Christian America) voraus, ein Zusammenbruch, der im säkularisierten Europa schon

---

[14] Es gibt inzwischen ein über die ganzen USA verstreutes Netzwerk von so genannten *Creation Science Associations*.

stattgefunden habe, der sich in Scheidungen, Sterbehilfe, Abtreibungen, Pornographie, Gewalt an Schulen, dem Entfernen von Kreuzen aus öffentlichen Einrichtungen, dem Verbot des Schulgebets an öffentlichen Schulen, der Zulassung homosexueller Gemeinschaften und anderem mehr zeige, der aber eingeleitet werde durch die Evolutionslehre, die die Autorität der Bibel untergrabe.

Auch in Europa haben sich kleinere kreationistische Bewegungen gegründet. 1979 kam es in Deutschland zur Gründung der Studiengemeinschaft *Wort und Wissen*, einem durch Spenden getragenen Verein, der fünf hauptamtliche Mitarbeiter beschäftigt, die ein weites Spektrum von Publikationen herausgeben und evolutionskritische Vorträge halten. Sie bezeichnen ihre Lehre allerdings nicht als Kreationismus, sondern als biblische Schöpfungslehre, sind aber durchaus in der Tradition der Creation Science zu sehen. Aufsehen erregte Wort und Wissen durch die Publikation eines inzwischen in der 6. überarbeiteten Auflage vorliegenden Lehrbuches der Biologie, das als Schulbuch aufgemacht ist und im Jahr 2002 in Gestalt seiner 5. Auflage auch den »Deutschen Schulbuchpreis« des christlichen Vereins »Lernen für die Deutsche und Europäische Zukunft« erhalten hat. Die Laudatio hielt der spätere Thüringische Ministerpräsident Dieter Althaus. Allerdings hat das »Kritische Lehrbuch« keine Zulassung als Schulbuch und darf im Biologieunterricht nicht verwendet werden.

Als weitere Initiative sei noch der Verein *ProGenesis* erwähnt, der 2001 in der Schweiz gegründet wurde und der nach dem Vorbild des Creation Museum in den USA einen biblischen Themenpark GENESIS-LAND ins Leben rufen möchte. Die zunächst ins Auge gefassten Standorte Heidelberg bzw. die angrenzende Metropolregion Rhein-Neckar haben aber ihre Ablehnung signalisiert, und der Verein ist weiter auf der Suche nach einem geeigneten Standort.

Ich habe diese Entwicklung so ausführlich geschildert, um deutlich zu machen, dass es bei der Auseinandersetzung um die Evolutionstheorie, die der Kreationismus führt, nicht eigentlich um wissenschaftliche oder exegetische Fragen geht, sondern um einen antimodernistischen Kulturkampf. Dabei kommt der Frage nach Schöpfung oder Evolution deshalb eine zentrale Rolle zu, weil sich an ihr mehrere Fragen zu entscheiden scheinen: 1. Kann die Bibel die Grundlage eines einheitlichen Weltbildes sein? 2. Welche Ethik gilt, die des Überlebenskampfes und des Rechtes des Stärkeren oder die der Barmherzigkeit? 3. Wenn es sich beim Schöpfungsglauben nur um eine private Meinung, nicht aber um eine auch von der Wissenschaft zu akzeptierende Tatsache handelt, welche öffentliche Verbindlichkeit können dann religiöse Überzeugungen überhaupt noch in Anspruch nehmen? Die schulische Bildung ist dabei von besonderer Bedeutung, weil sie als das Einfallstor für die Auflösung von Verbindlichkeit in der Moderne erscheint und für den Traditionsabbruch der folgenden Generation verantwortlich gemacht wird.

Unsere Darstellung hat gezeigt, dass in den USA das Urteil von 1987 das Aus für die schulische Akzeptanz des Kreationismus und einen Rückschlag seiner öffentlich-politischen Darstellung in Form der *Creation Science* bedeutete. In dieser Situation bildete sich wieder eine neue Bewegung, die noch einmal die Strategie wechselte und auf die Denkfigur des *Intelligent Design* setzte. Ihre Entwicklung stellt der folgende Abschnitt dar.

2 »Intelligent Design« als Strategiewechsel

Ende 1988 griff ein Kreis kreationistisch gesinnter Wissenschaftler den bis dato in der Literatur nur beiläufig zu findenden Begriff des »Intelligent Design« auf, um angesichts der Ablehnung des Kreationismus durch die Gerichte die eigenen Vorstellungen mit einer neuen Bezeichnung zu versehen. Besonders deutlich zeigt sich der Strategiewechsel daran, dass in dem von Charles Thaxton herausgegebenen Entwurf eines kreationistischen Schulbuchs mit dem Titel *Of Pandas and People* 1987 nach dem Prozess *Edwards gegen Aguillard* alle 150 Vorkommen des Begriffs creationism/creationist durch den Begriff »Intelligent Design« oder Äquivalente ersetzt wurden, während die inhaltlichen Bestimmungen unverändert blieben[15]. Einer breiten Öffentlichkeit wurde das Schlagwort dann 1991 vermittelt durch das Buch *Darwin on Trial* des Juraprofessors Philip E. Johnson, das eine neue Runde in der Debatte um Schöpfung und Evolution in Wissenschaft und Schule einleitete. Es handelt sich wieder um eine polemische Streitschrift, die gegen die zersetzenden Tendenzen der gottlosen und materialistischen Evolutionstheorie argumentiert. Wenn die Lebewesen durch eine natürliche Evolution entstanden sind, so die These, dann gibt es keinen Platz für einen Schöpfer, dann sind Leben und Universum sinnlos und moralische Werte ohne Fundament. Nur ein persönlicher Schöpfergott kann für den Sinn der Schöpfung und damit auch den Sinn menschlichen Lebens gut stehen.

Johnson ist allerdings kein Junge-Erde-Kreationist, wie es die Anhänger der *Creation Science* überwiegend waren. Er sieht die Erde als alt, eine Evolution der Lebewesen aber als unmöglich an. Er führt allerdings trotz der neuen Bezeichnung nur altbekannte Argumente an: Der Fossilbefund zeige tiefe Lücken, Mutationen sind vor allen Dingen schädlich, sie können nicht kreativ etwas Neues hervorbringen, die natürliche Selektion ist eine bloße Tautologie, und überhaupt kann der so funktional und komplex angelegte Aufbau der Lebewesen nicht durch

---

[15] Dieser Vorgang war ein wichtiges Argument im Prozess um den Unterricht von ID an der Dover High School in Pennsylvania (Verfahren *Kitzmiller v. Dover Area School District*, 2005), der für das Gericht eindeutig belegte, dass es sich bei ID um ein »Trojanisches Pferd« des Kreationismus handelt.

eine zufällige Entwicklung entstanden sein, sondern muss als »Intelligent Design« begriffen werden. Jede wissenschaftliche Erklärung des Lebens, so lautet deshalb seine Schlussfolgerung, muss so angelegt sein, dass sie Raum lässt für einen vernunftbegabten Designer. An Johnsons Buch schließen sich dann eine Reihe von weiteren Autoren an, die vor allen Dingen ihre Kritik an der Evolutionstheorie verbindet und die sich hinter dem neuen Schlagwort des ID versammeln können. Sie arbeiten neue begriffliche Konzepte aus und sind, anders als der ältere Kreationismus, weniger durch eine gemeinsame christlich-fundamentalistische Ideologie verbunden als durch die Ablehnung der Evolutionstheorie und stammen durchaus aus unterschiedlichen religiösen und kirchlichen Milieus. Besonders prominente Vertreter sind der Biochemiker Michael Behe, seit 1985 Professor für Biochemie an der Lehigh University in Bethlehem, Pennsylvania, und der Mathematiker, Philosoph und Theologe William Dembski, der Behes Thesen erweitert hat und heute Philosophie am Southwestern Baptist Theological Seminary in Fort Worth, Texas lehrt. Politisch wird die Bewegung unterstützt von dem 1990 gegründeten *Discovery Institute*, einem durch konservative Christen geprägten Think Tank, der neben wirtschafts- und finanzpolitischen Initiativen auch die ID-Bewegung maßgeblich unterstützt und finanziert. William Dembski ist im Übrigen *Senior Fellow* des *Center for Science and Culture*, der entsprechenden Unterabteilung des *Discovery Institutes*.

Zunächst aber hat Michael Behe mit seinem Buch *Darwin's Black Box* von 1996 die Denkfigur des ID maßgeblich geprägt. In diesem Werk entfaltet er den Begriff der »irreduziblen Komplexität«, der das Merkmal bezeichnen soll, durch das sich planvoll geschaffene Wesen von zufällig entstandenen unterscheiden sollen. Behe definiert: »Unter ›irreduzibel komplex‹ verstehe ich ein System, das aus mehreren passenden, zusammen gehörigen Teilen besteht, die zu der Grundfunktion des Systems beitragen, während die Entfernung das System funktionsunfähig machen würde. Ein unreduzierbar komplexes System kann nicht direkt erzeugt werden […], indem man an einem Vorgängersystem geringe, aufeinander folgende Veränderungen vornimmt […] es müsste als eine integrierte Einheit erscheinen, auf einen Schlag, damit die natürliche Selektion überhaupt daran angreifen könnte.«[16]

---

[16] *Michael Behe*, Darwins Black Box: The Biochemical Challenge to Evolution, New York 1996, 39: »By irreducibly complex I mean a single system composed of several well-matched, interacting parts that contribute to the basic function, wherein the removal of any one of the parts causes the system to effectively cease functioning. An irreducibly complex system cannot be produced directly […] by slight, successive modifications of a precursor system […] it would have to arise as an integrated unit, in one fell swoop, for natural selection to have anything to act on.«

Als Paradebeispiel für irreduzible Komplexität gilt Behe, Dembski und anderen die Bakterien-Geißel[17], eine haarförmige Organelle vieler Bakterien, die rotieren kann und dann wie ein Propeller das Bakterium fortbewegt. Von solchen Flagellen gibt es viele unterschiedliche Typen, die das Zusammenspiel von bis zu 40 Aminosäuren benötigen, um zu funktionieren. Behe kümmert sich aber nicht um die mitunter sehr verwickelten Details, sondern unterscheidet bei diesen Organellen grob drei wesentliche funktionelle Teile: die eigentliche Geißel, den sich drehenden Rotor und den Stator, der den Rotor antreibt. Alle drei Teile, so seine Behauptung, müssen gleichzeitig gegeben sein, damit eine Bakterien-Geißel ihre Funktion erfüllen kann. Vorstufen, die weniger Teile hätten, wären dysfunktional. Deshalb sei eine Entstehung dieser Organellen durch eine natürliche Selektion nicht denkbar, weil dies eine schrittweise Entstehung aus einfachen Vorstufen voraussetzen würde, die jede für sich fitnesssteigernd sein müsste. Da solche Vorstufen aufgrund der Komplexität der Organelle nicht möglich seien, kann nur eine planende, vernünftige Intelligenz sie erdacht und ins Werk gesetzt haben.

Wir werden weiter unten auf diese argumentative Grundstruktur des ID genauer eingehen und halten an dieser Stelle nur fest: Die Bezeichnung »Intelligent Design« verdankt sich einem Strategiewechsel der Bewegung des Kreationismus in den USA. Dies wird auch bestätigt durch ein 1998 verfasstes und 1999 im Internet publik gewordenes Strategie-Papier des *Discovery Institutes*, das später die Authentizität des Papiers eingestehen musste und es inzwischen auch auf seinen Internetseiten zur Verfügung stellt[18]. Darin wird ID als Teil einer Strategie zur Erneuerung von Wissenschaft und Kultur angesehen, bei der der wissenschaftliche Materialismus mitsamt seiner destruktiven Moral und seinem kulturellen und politischen Erbe überwunden werden soll. Diese Überwindung soll sich in drei Phasen vollziehen: 1. Phase: Scientific Research, Writing & Publicity; 2. Phase: Publicity & Opinion-Making; 3. Phase: Cultural Confrontation & Renewal. ID soll dabei einen »Wedge« (Keil) in die Gesellschaft treiben, um am Ende (Phase 3) die ganze Kultur des wissenschaftlichen Materialismus umstürzen und in einem christlich-theistischen Sinne erneuern zu können. Phase 1 und 2 hoffte das *Discovery Institute* bis 2003 realisieren zu können, um dann in Phase 3 einzutreten. Dies ist vor dem Hintergrund der Bush-Administration (2001–2009) und ihrer Unterstützung durch die religiöse Rechte auch als klare politische Strategie zu verstehen.

---

[17] Weitere Standardbeispiele sind das menschliche Auge, das Immunsystem verschiedener Tiere, der Citratzyklus (auch Krebs-Zyklus genannt) im Stoffwechsel aerober Zellen, die Gerinnungskaskade, die zur Blutstillung führt, und andere ›molekulare Maschinen‹.
[18] www.antievolution.org/features/wedge.pdf [16.7.2009].

Im Sinne der »Keil«-Strategie wurde mit Hilfe des Begriffs ID auch eine erneute Durchsetzung eines entsprechenden Biologieunterrichts in öffentlichen Schulen versucht, die zum vorerst letzten größeren Gerichtsprozess um die Vermittlung der Evolutionstheorie im Schulunterricht führte. Ein von der religiösen Rechten dominiertes School-Board (lokale Schulaufsicht) im Distrikt Dover, Pennsylvania, hatte im Januar 2005 beschlossen, dass in allen Schulen des Distrikts den Schülern der 9. Klasse zu Beginn des Biologieunterrichts eine Erklärung vorzulesen sei, in der es heißt:

»Die akademischen Standards des Staates Pennsylvania sehen es vor, dass Schüler Darwins Theorie der Evolution kennen lernen und schließlich einen standardisierten Test ablegen sollen, zu dem auch Evolution gehört. Weil Darwins Theorie eine Theorie ist, wird sie immer noch überprüft und werden neue Belege entdeckt. Diese Theorie ist keine Tatsache. Es gibt Lücken in der Theorie, für die es keine Belege gibt. Eine Theorie ist definiert als eine gut überprüfte Erklärung, die ein breites Spektrum von Beobachtungen zusammenfasst. Intelligent Design ist eine Erklärung des Ursprungs des Lebens, die von Darwins Sicht abweicht. Das Textbuch *Of Pandas and People*[19] steht Schülern zur Verfügung, die diese Sicht genauer erkunden wollen, um zu verstehen, worum es sich bei Intelligent Design handelt.«[20]

Gegen diese Verlesung hatten 11 Eltern geklagt und Recht bekommen (Prozess *Kitzmiller gegen Dover Area School District*). Im Laufe des Prozesses, der in den USA, aber auch darüber hinaus viel mediale Aufmerksamkeit fand, wurden Wissenschaftler, Philosophen, Theologen, aber auch Vertreter des ID (Behe, Dembski u.a.) als Zeugen vernommen. Am Ende stellte der Richter fest, dass es sich bei der ID-Bewegung um eine religiöse Bewegung handelt, die mit dem Kreationismus in Einklang steht, und nicht um eine wissenschaftliche Theorie. ID kann aus drei Gründen nicht als wissenschaftlich gelten: 1. Es lässt übernatürliche Ursachen zu; 2. Es setzt einen unwissenschaftlichen Dualismus voraus; 3. Es wird von der wissenschaftlichen Gemeinschaft abgelehnt. Deshalb, so schließt das Urteil, sei es gegen die Verfassung, ID als eine Alternative zur Evolution in einer öffentlichen

---

[19] Siehe dazu oben S. 50f.
[20] »The Pennsylvania Academic Standards require students to learn about Darwin's theory of evolution and eventually to take a standardized test of which evolution is a part. Because Darwin's Theory is a theory, it is still being tested as new evidence is discovered. The Theory is not a fact. Gaps in the Theory exist for which there is no evidence. A theory is defined as a well-tested explanation that unifies a broad range of observations. Intelligent design is an explanation of the origin of life that differs from Darwin's view. The reference book, *Of Pandas and People* is available for students to see if they would like to explore this view in an effort to gain an understanding of what intelligent design actually involves« (S. 1f. des Urteils im Prozess *Kitzmiller v. Dover Area School District*, im Internet unter http://en.wikisource.org/wiki/Kitzmiller_v._Dover_Area_School_District/).

Schule zu unterrichten oder auch nur den Streit darum zum Thema zu machen. Auch wenn dies eine herbe Niederlage war und damit ID schon in der ersten Phase der beabsichtigten Wedge-Strategie scheiterte, so dürften die Auseinandersetzungen um den Biologieunterricht in den USA noch lange nicht ausgestanden sein. Noch immer enthalten z.b. die Schulbücher in Kansas, einem der fundamentalistischsten Bundesstaaten, keine Angaben zum Alter der Erde, zu Altersbestimmungen von Gesteinen, Fossilien, vorgeschichtliche Menschenarten etc.[21] Das erklärt auch, warum in manchen Gegenden und Schichten Nordamerikas kreationistische Vorstellungen so hohe Prozentzahlen an Zustimmung haben und die amerikanische Gesellschaft in diesem Punkt tief gespalten ist und bleibt: Während in einer jüngsten Umfrage 87 % aller Naturwissenschaftler der Behauptung zustimmten, alle Lebewesen einschließlich des Menschen seien durch natürliche Evolution entstanden, liegt die Zustimmung zu dieser These in der breiten Öffentlichkeit nur bei 32 %[22]. Präsident Barack Obama will unter seiner Regierung eine neue Bildungsinitiative starten. Es steht zu erwarten, dass damit auch der Streit um den Kreationismus neu aufbricht.

3 Positive Bezugnahmen auf Intelligent Design

Wir haben gesehen, dass ID sich einem politisch motivierten Strategiewechsel des Kreationismus verdankt. Als erfolgreich kann dieser Strategiewechsel unter dem Gesichtspunkt angesehen werden, dass es mit ID gelungen ist, an klassische Konzepte anzuknüpfen, die sich mit dem so genannten physikotheologischen oder teleologischen Argument für die Existenz eines Gottes verbinden und denen gemeinsam ist, dass sie sich gegen einen nicht-teleologisch denkenden, reduktionistischen Naturalismus wenden. Der anti-naturalistische Verweis auf Zwecke und Sinn verbunden mit der Abkehr von einer biblizistisch argumentierenden *Creation Science* hat dazu geführt, dass ID manche Befürworter auch außerhalb kreationistischer Kreise gefunden hat. Vor allen Dingen unter Theologen und Philosophen, die an Argumenten im Zusammenhang einer natürlichen Theologie interessiert sind, musste der Hinweis darauf, dass die Verabschiedung teleologischer Katego-

---

[21] Nach *Hans Hemminger*, Intelligentes Design und Kulturkampf, materialdienst ezw 5/2006, 181–185. In anderen Bundesstaaten gaben ähnlich lautende Sticker, die auf die Biologiebücher geklebt werden mussten, Anlass zu weiteren gerichtlichen Auseinandersetzungen, vgl. die Übersicht des Forschungszentrums *The Pew Forum on Religion & Public Life* auf http://pewforum.org/docs/?DocID=399 [29.7.2009].

[22] Nach einer Umfrage im Juli 2009 des eher konservativen Meinungsforschungsinstitut *Pew Research Center for the People & the Press*, vgl. die Zusammenfassung im Internet unter http://people-press.org/report/528/ [17.7.2009].

rien wissenschaftlich unhaltbar, zumindest aber nicht alternativlos sein könnte, attraktiv erscheinen.
Nur so ist es meiner Ansicht nach zu erklären, dass etwa der Wiener Kardinal Schönborn am 7. Juli 2005 in der *New York Times* sowie in der *International Herald Tribune* einen ID-freundlichen Kommentar mit dem Titel *Finding Design in Nature* veröffentlichen konnte. Kardinal Schönborn verweist in diesem Artikel darauf, dass zwar Papst Johannes Paul II. 1996 die Evolutionstheorie als Abstammungslehre akzeptiert habe, dies aber unter dem Vorbehalt verstanden wissen wollte, dass »die überwältigende Evidenz für einen Plan in der Biologie« nicht geleugnet oder wegerklärt werden darf[23]. Und er zitiert die Aussage einer internationalen katholischen Theologenkommission von 2004, dass »ein zielloser evolutionärer Prozess – der sich außerhalb der Grenzen der göttlichen Vorsehung abspielt – einfach nicht existieren kann«. Dies haben viele als Schulterschluss mit dem ID gesehen, und so hat der Beitrag Schönborns entsprechend heftige Reaktionen ausgelöst. Zwar hat sich der Kardinal daraufhin eindeutig gegen biblizistische und kreationistische Vorstellungen ausgesprochen, zugleich aber seine Grundsatzkritik an einer die göttliche Vorsehung leugnenden Evolutionstheorie erneuert.
Im Übrigen hat Papst Benedikt XVI. selbst den Kardinal nach der Veröffentlichung in der Times beauftragt, die aktuelle Diskussion zwischen »Evolutionismus« und »Kreationismus« zu untersuchen. Der sich jährlich treffende Schülerkreis des Papstes hat sich diesen Fragen auf einer Tagung in der päpstlichen Sommerresidenz Castel Gandolfo im Jahre 2006 zum Thema »Schöpfung und Evolution« gewidmet. Dabei nimmt Kardinal Schönborn an einigen Stellen auf das kreationistische Lehrbuch von Junker und Scherer positiv Bezug[24].
Neben katholischen Theologen ist auch der amerikanische Philosoph Alvin Plantinga, Begründer der so genannten *reformed epistemology*, durch seine positive Stellungnahme zu ID aufgefallen[25]. Zwar erkennt auch er die Evolution im Sinne einer gemeinsamen Abstammung aller Lebewesen und einer allmählichen Entwicklung aus einfacheren Formen an. Doch andererseits versteht er im Rahmen dieses Prozesses die Lebewesen und besonders den Menschen als von einem Schöpfer absichtsvoll gestaltet, und eben dies könne die naturwissenschaftliche Methode auch gar nicht ausschließen.
Man wird deshalb klar unterscheiden müssen zwischen der kreationistische Tendenzen verfolgenden ID-Bewegung, die ID als rein na-

---

[23] *Schönborn*, Finding Design in Nature.
[24] Vgl. *Horn/Wiedenhofer* (Hg.), Schöpfung und Evolution, 18.
[25] Vgl. etwa seine Beiträge in *Michael Ruse* (Hg.), Darwinism and its discontents, New York 2006: When Faith and Reason Clash: Evolution and the Bible, 113–146; Methodological Naturalism, 339–362; Creation and Evolution: A Modest Proposal, 779–792.

turwissenschaftliches Forschungsprojekt propagiert, und einer eher traditionell an Design-Argumenten interessierten Kritik, die philosophisch und erkenntnistheoretisch für Grenzen der Erklärungsleistungen des Evolutionsparadigmas mit dem Verweis auf teleologische Strukturen der Natur argumentiert. Dass von den Vertretern beider Richtungen diese Grenze teils gar nicht wahrgenommen, teils bewusst verschleiert wird, sollte nicht über den unterschiedlichen Status hinwegtäuschen, den der Begriff des Designs jeweils hat. Anhängern eines klassischen Design-Arguments im Sinne von William Paley oder der früh-neuzeitlichen Physikotheologie wird man allerdings entgegenhalten müssen, dass der Schluss von der Organisiertheit der Lebewesen auf einen Organisator durch die Erkenntnisse der neuzeitlichen Naturwissenschaften erledigt ist. Der nicht von einer planenden Vernunft gesteuerte, sondern im Wechselspiel von Variation und Bewährung sich vollziehende Prozess der Evolution ist rein empirisch eine hinreichende Beschreibung der Bildung organisierter Lebewesen auf unserem Planeten. Phänomenologisch wird man auf die Nicht-Reduzierbarkeit teleologischer Phänomene wie die Ungleichgültigkeit der Lebewesen gegenüber ihrer eigenen Existenz oder die intentionale und qualitative Verfasstheit menschlichen Bewusstseins verweisen können, die mit rein empirischen Methoden in ihrem phänomenalen Gehalt nicht eingeholt werden können. Damit begibt man sich aber in einen offenen Diskurs über die Methodik und Tragweite empirischer Wissenschaft, der sich gerade nicht als *Alternative* zur empirischen Naturwissenschaft verstehen sollte. Die Argumentation des eigentlichen, kreationistisch motivierten ID ist dagegen grundsätzlich abzulehnen und vollkommen inakzeptabel.

4 Warum »Intelligent Design« wissenschaftlich Unsinn und theologisch eine Sackgasse ist

Wir können hier nicht ins (biologische) Detail gehen und halten nur einige grundsätzliche Kritikpunkte fest, die sich vornehmlich auf die argumentative Grundstruktur von ID beziehen. Der Verweis von Behe, Dembski und anderen Vertretern des ID auf Systeme irreduzibler Komplexität, die nicht auf »natürliche Ursachen« zurückgeführt werden können, sondern auf irgendeine Form von »Intelligenz« verweisen[26], hat formal die Struktur eines *argumentum ad ignorantiam*, eines Arguments, das aus Nichtwissen etwas folgert und das als logischer Fehlschluss gilt. Ein Vertreter von *Wort und Wissen* stellt die Begründung durch Nichtwissen in aller wünschenswerten Klarheit fest: ID ist »keine biologische Erklärung im eigentlichen Sinne«, vielmehr handelt es sich um »die Behauptung, dass es keine biologische Erklärung für

---

[26] Vgl. *Dembski*, Intelligent Design-Theorie, 183.

ein Phänomen gibt«[27]. Doch dann ist der Verweis auf Intelligenz als Ursache ein klassischer Fehlschluss: Aus Unkenntnis folgt nichts. Auch noch so viele vergebliche Bemühungen, eine Erklärung für ein bestimmtes Phänomen zu finden, können nie den Schluss rechtfertigen, dass es keine Erklärung geben kann. Aus Unerklärbarkeit folgt nichts, außer der Aufforderung, nach Erklärungen zu suchen. Im Übrigen ist an vielen Einzelbeispielen die Behauptung widerlegt worden, es handele sich um eine *grundsätzliche* Unerklärbarkeit. Für nahezu alle vom ID als ›irreduzibel komplex‹ behaupteten Systeme sind zumindest mögliche Szenarien ihrer allmählichen Entwicklung aus einfacheren (oder komplexeren!) Vorstufen vorgelegt worden[28].

Der Verweis auf einen intelligenten Designer wäre außerdem nur dann eine über »natürliche Ursachen« hinausführende Erklärung, wenn er nicht nur als *Bezeichnung* für die bisherige Erklärungslücke, sondern als deren *Füllung* plausibel gemacht würde. Dazu müsste genauer angegeben werden, um wen oder was es sich bei dem Designer handelt: um einen Gott oder mehrere transzendente Götter? Um extraterrestrische vernünftige Wesen? Außerdem wäre zumindest hypothetisch die Frage zu beantworten, wie der Designvorgang abgelaufen ist. Setzt der Designer am Geno- oder am Phänotyp an? Hat er seinen Entwurf direkt in adulte Lebewesen in einer plötzlichen Schöpfung aus dem Nichts umgesetzt, so dass funktional ausgereifte Organismen mit entsprechenden Erbanlagen da waren? Wann hat er dies getan? Hat er dies für Prototypen aller (heutigen?) Arten getan oder für ganze Populationen? Oder handelt es sich doch um eine geheimnisvoll gelenkte Evolution, die aus sukzessiven Design-Vorgängen bestünde, dann aber gerade die biblischen Schöpfungserzählungen widerlegen würde?

ID entwickelt jedenfalls kein empirisch gehaltvolles Szenario, das auch nur annähernd so plausibel wäre wie das Szenario einer allmählichen Entwicklung des Lebens und seiner Formen im Rahmen der biologischen Evolutionstheorie. ID hat vielmehr überhaupt keinen Begriff von dem, was es positiv behaupten möchte. Entsprechend heißt es in einem von Reinhard Junker verfassten Flugblatt von *Wort und Wissen*: »Die Schöpfungslehre versucht nicht, den Schöpfungsakt selbst zu erforschen (Gottes Handeln bleibt ein Geheimnis), sondern sie beschäftigt sich mit der Geschichte der Lebewesen *nach* ihrer Erschaffung, und versucht zu zeigen, daß die Schöpfung nicht durch ›Selbstorganisation‹ entstanden ist.«[29] Damit ist klar, dass ID keine wissenschaftli-

---

[27] So Christoph Heilig auf den Internetseiten von *Wort und Wissen*: www.wort-und-wissen.de/index2.php?artikel=info/rezens/b30.html [14.7.2009].
[28] Vgl. z.B. *Ulrich Kutschera*, Streitpunkt Evolution. Darwinismus und intelligentes Design (Science and religion – Naturwissenschaft und Glaube), Berlin/Münster ²2007.
[29] *Reinhard Junker*, Evolution: Schöpfungsmethode Gottes? *Wort und Wissen*: Diskussionsbeiträge 4/92.

che Alternative zu bieten hat, weil es nur um den Nachweis eines »so nicht« geht, an dessen Stelle ein »Geheimnis« gesetzt werden soll (wobei Junker an der angeführten Stelle allerdings das Geheimnis Gottes mit etwas Irrationalem verwechselt[30]).

ID ist deshalb nicht eigentlich am wissenschaftlichen Erkenntnisfortschritt interessiert, sondern kapriziert sich auf das Feststellen von prinzipiellen Erkenntnislücken aufgrund eines durch nichts zu rechtfertigenden Schlusses von bestimmten Eigenschaften (eine Form von Komplexität) auf Erklärungslosigkeit. Das ist aber nichts anderes als der Verweis auf ein unableitbares Wunder, und eben das ist das Gegenteil eines Erkenntnisgewinns. Oder um es mit Kant zu sagen: »Hier wird nun die Vernunft wie gelähmt, indem sie dadurch in ihrem Geschäfte nach bekannten Gesetzen aufgehalten, durch kein neues aber belehrt wird, auch nie in der Welt davon belehrt zu werden hoffen kann.«[31] Deshalb kann aus dem Ansatz von ID auch kein echtes Forschungsprogramm hervorgehen, das zu einer Vermehrung von Wissen und Erkenntnis führen könnte. Michael Ruse hat deshalb zu Recht wiederholt davon gesprochen, dass es sich bei ID um einen »science stopper«[32] handelt.

In der Tat gibt es auch so gut wie keine irgendwie ausweisbaren, von der wissenschaftlichen community akzeptierten Erkenntnisfortschritte, das in ID nahe stehenden Institutionen verfolgt würde oder zu denen ID inspiriert hätte: ID ist wissenschaftlich steril! Und während das Paradigma der Evolution mit den Erkenntnissen der Geologie, der Biochemie, der Medizin, der Kosmologie und mancher anderer Wissensbereiche in Kongruenz steht und zur Beschreibung des eigentlichen Vorgangs der Evolution, der zur Bildung neuer Arten führt, ein ganzes Bündel von zusammen wirkenden Mechanismen angeben kann (Spontanmutationen, Rekombination der elterlichen Gene, Gendrift, Isolation von Populationen u.a.m.), kann ID immer nur auf »Unerklärbarkei-

---

[30] Gerhard Ebeling hat das Geheimnis gegen das Rätsel ebenso wie gegen das Irrationale abgegrenzt (vgl. *Gerhard Ebeling*, Profanität und Geheimnis, in: Wort und Glaube Bd. II. Beiträge zur Fundamentaltheologie und zur Lehre von Gott, Tübingen 1969, 184–208, 200). Ein Rätsel verlangt nach Auflösung und verliert dann seine Rätselhaftigkeit. Das Irrationale wiederum verweigert sich jedem Zugang mit Hilfe der Vernunft und bleibt schlechthin unverständlich. Das Geheimnis Gottes hingegen verliert seinen Geheimnischarakter nicht, wenn es *als* Geheimnis erfasst wird, es verlangt geradezu nach Ausdruck und Darstellung. Doch eben dadurch verliert es seinen Geheimnischarakter nicht, der dem Menschen einen letzten, es auflösenden und beherrschenden Zugriff verweigert. Vgl. zum Begriff des Geheimnisses im Anschluss an Ebeling auch *Eberhard Jüngel*, Gott als Geheimnis der Welt. Zur Begründung der Theologie des Gekreuzigten im Streit zwischen Theismus und Atheismus, Tübingen ^{7}2001, 340ff.
[31] *Immanuel Kant*, Die Religion innerhalb der Grenzen der bloßen Vernunft, in: Gesammelte Schriften Abt. 1: Werke. Bd. 6, Berlin 1907, 1–202, 86f.
[32] Vgl. z.B. *Ruse*, Darwinism, 49f.

ten« verweisen und handelt sich immer, wenn es wirklich daran geht, eine alternative Erklärung auszuarbeiten, einen unabsehbaren Rattenschwanz von Folgeproblemen (etwa mit Bezug auf die Geologie und Kosmologie) ein[33]. Damit zeigt ID in seiner Hilflosigkeit geradezu die Alternativlosigkeit der Evolution als *des* grundlegenden wissenschaftlichen Erklärungsrahmens für die Entwicklung des Lebens auf unserem Planeten.

Doch ID ist nicht nur, kurz gesagt, wissenschaftlicher Unsinn, es führt auch theologisch in eine Sackgasse, weil es *Schöpfung mit Herstellung verwechselt.* Und aufgrund eben dieser Verwechslung des Schöpfers mit einem Hersteller scheitert ID theologisch an der Theodizeeproblematik. Denn ein Schöpfer als herstellender Designer wäre nicht nur direkt verantwortlich für das Wunderwerk des Auges oder der Bakteriengeißel, sondern auch für das mitunter geradezu teuflische Design, das Viren und andere Krankheitserreger aufweisen. ID impliziert auch, dass der Schöpfer als der Designer der Cholera- und Pesterreger zu verstehen ist – ein ganz und gar nicht biblisches Schöpfungsverständnis, wo doch der Schöpfer in Gen 1 alle seine Werke betrachtete und sie für »sehr gut« befand.

Eine angesichts eines naturwissenschaftlich geprägten Wahrheits- und Wirklichkeitsverständnisses auskunftsfähige Theologie hätte vielmehr in hermeneutisch aufgeklärter Auseinandersetzung mit den biblischen Texten differenzierte Schöpfungsvorstellungen zu entwickeln, die die schlichte Alternative von naturalistischem Reduktionismus einerseits und wunderbarem Herstellerdesign andererseits überwinden. Der sich in den ungeheuren Räumen und Zeiten des Kosmos vollziehende Entwicklungsprozess der Entstehung der Arten unterscheidet sich jedenfalls signifikant von Vorgängen, die wir als die Implementierung eines geplanten Designs verstehen würden. Doch auch die biblischen Schöpfungsvorstellungen haben wenig Interesse daran, den Herstellungsvorgang der Schöpfung zu beschreiben. Es geht ihnen vielmehr primär um Aufklärung der Struktur des Kosmos, um die Entmächtigung, die Entmythologisierung der Natur und ihrer Gestalten. Entgegen anderer weit verbreiteter Vorstellungen im Alten Orient muss sich der biblische Schöpfergott nicht gegen andere Mächte durchsetzen, und sind Sonne, Mond und Sterne bloße Lampen und keine Gottheiten. Und die Lebewesen und die Menschen sind um ihrer selbst willen da, nicht als Diener Gottes oder der Götter. Die Schöpfung ist durchgängig Gnade und Geschenk, durch die der Schöpfer anderen Wesen als sich selbst Zeit, Raum und Lebensmöglichkeiten gewährt. Das schließt eine sukzessive

---

[33] So finden sich in den Publikationen von *Wort und Wissen* auch Abhandlungen über Geologie und Sintflut, die Baryonenasymmetrie im Urknallmodell, die Rotverschiebung des Lichtes von Galaxien oder die menschliche Embryonalentwicklung, die mühsam versuchen, diese in Übereinstimmung mit ihrer »biblischen« Schöpfungslehre zu bringen.

Entfaltung der Schöpfung nicht aus, sondern gerade ein. Die Menschen werden dabei in besonderer Weise als Gegenüber Gottes gesehen, die zwar auf ihren Schöpfer ausgerichtet sind und von ihm ihr *Leben* empfangen haben, aber eben nicht als von ihrem Hersteller abhängige *Konstrukte* verstanden werden. Den Menschen geht ihre Geschöpflichkeit dadurch auf, dass der Schöpfer sie auf sich selbst und ihr Menschsein inmitten der Ordnungen der Schöpfung anspricht, nicht aber dadurch, dass sie die Welt als übernatürliches »Design« erfahren.

Eben dies hat die Theologie geradezu von der Evolutionstheorie zu lernen, dass im Blick auf das menschliche Dasein und das Dasein der übrigen Geschöpfe Gott nicht als Hersteller oder Konstrukteur zu preisen ist, sondern als die Quelle, der Grund und der Antrieb der Möglichkeiten der Schöpfung. Darin bejaht der Schöpfer uns als entstehende und vergehende Geschöpfe, und darin ruft er den Menschen in die Eigentlichkeit einer menschlichen Existenz. Wenn in einer besonders ausgezeichneten Nische aus überaus verhaltenen Anfängen und aus einer überschwänglichen Fülle von Gestalten inmitten der Schöpfung der Mensch als ein Wesen entsteht, das nach der Wahrheit, das nach sich selbst und seinem Woher und Wohin in dieser Welt fragt, dann ist er ebensowenig wie alle anderen Kreaturen das Machwerk eines göttlichen Konstrukteurs. Teleologisch orientierte *Lebe*-Wesen, die sich ungleichgültig gegenüber ihrer eigenen Existenz verhalten, können nicht wie bloße Maschinen hergestellt werden, sondern müssen sich offensichtlich durch einen komplexen Entstehungsprozess aus einfachen Anfängen heraus *entwickeln*.

Es ist deshalb zu unterscheiden zwischen einer für jede christliche Theologie (ebenso übrigens wie für alle phänomenologisch orientierten, philosophischen Konzepte) unverzichtbaren Naturalismuskritik, und einer falschen, sich als Über-Wissenschaft generierenden Apologetik eines »Intelligent Design«. Über die Frage der Tragweite evolutionsbiologischer Erklärungen für das Selbstverständnis und die Lebensgewissheit des Menschen kann und muss man sich unterhalten und kontrovers diskutieren. Das Paradigma der Evolution als eines biologischen Zusammenhangs aller Lebewesen, die sich durch natürliche Vorgänge aus einfachen Anfängen heraus gebildet haben, ist dagegen angesichts der ungeheuren Belege dafür als alternativlos anzusehen. Theologische Erörterungen über die Bedeutung der Evolution für den christlichen Schöpfungsglauben müssen wissenschaftstheoretisch und theologisch aufgeklärte Diskurse sein, die nicht in Konkurrenz zu solider empirischer Forschung und ihren Erklärungsmodellen treten, sondern auf diese im Licht des Evangeliums reflektieren. Dann aber muss und kann die Theologie auch mit guten Gründen gegen ideologische Interpretationen der Evolution argumentieren, die deren naturwissenschaftliche Rekonstruktion für einen Nachweis der Unsinnigkeit des Schöpfungsglaubens ausgeben.

Sozialethische Reflexionen

UDO KUCKARTZ

Leben im Einklang mit der Natur

Einsichten aus der Sozialwissenschaft

1 Einleitung

Wie ist es um das heutige Bewusstsein von Natur und Umwelt bestellt? Wie begegnet man den großen Herausforderungen, vor die man sich durch den globalen Klimawandel gestellt sieht? Welche Zusammenhänge gibt es zwischen Religion bzw. Religiosität und dem Naturbewusstsein? Seit Mitte der 1990er Jahre haben wir zahlreiche bundesweite Studien zum Umweltbewusstsein und Umweltverhalten durchgeführt[1] und zudem die internationalen Studien, die es in diesem Forschungsfeld gibt, rezipiert und einer Sekundäranalyse unterzogen. Der folgende Beitrag greift auf die Ergebnisse dieser Studien sowie auf die Resultate der Naturbewusstseinsstudien meines Marburger Kollegen Rainer Brämer[2] zurück.
Zunächst wird unter der Überschrift »Geliebte Natur« ein kurzer Überblick über die Einstellungen der Deutschen zur Natur gegeben. Im zweiten Abschnitt geht es um den Naturbegriff: Welche Natur ist es eigentlich, die die Bevölkerung im Hinterkopf hat, wenn sie an Natur denkt? Welche Assoziationen werden mit Natur verknüpft? Welche Naturbilder existieren? Im Anschluss an die Arbeiten der amerikanischen Kulturanthropologie werden in diesem Kapitel vier verschiedene Basisvorstellungen von Natur vorgestellt und die diesbezüglichen Befunde der empirischen Sozialforschung präsentiert. Im dritten Teil des Beitrags werden die Zusammenhänge von Naturbewusstsein und Religion fokussiert. Hier geht es u.a. um die Frage, welche Ergebnisse die großen Studien zum Umwelt- und Naturbewusstsein zeigen, wenn man nach Religiosität differenziert.

---

[1] *Udo Kuckartz, Stefan Rädiker* und *Anke Rheingans-Heintze*, Umweltbewusstsein in Deutschland, Ergebnisse einer repräsentativen Bevölkerungsumfrage, Berlin 2006.
[2] *Rainer Brämer*, Natur obskur: wie Jugendliche heute Natur erfahren. München 2006; *Rainer Brämer*, Jugendreport Natur '06: Natur obskur, Marburg 2006.

2 Geliebte Natur

2.1 Positive Einstellungen allerorts

Wer möchte nicht gerne im Einklang mit der Natur leben? Wenn in den Fragen, die wir in der empirischen Sozialforschung stellen, das Wort *Natur* auftaucht, dann können wir uns der allergrößten Zustimmung der Befragten sicher sein. Die Natur ist den Deutschen außerordentlich wichtig, man will sie schützen und bewahren: Allgemein hält man den Schutz von Flora und Fauna für eine der vordringlichsten Aufgaben, und fast ausnahmslos liebt man die Schönheit der Heimat. Nur konsequent ist deshalb, dass 93 % dem Statement »Die landschaftliche Schönheit und Eigenart unserer Heimat sollte erhalten und geschützt werden« zustimmen.[3]

Auch Biodiversität, ein Thema, das bei der Diskussion um die Folgen des Klimawandels eine zentrale Bedeutung hat, ist inzwischen in vielen Köpfen angekommen: 92 % stimmen zu, dass der Erhalt der Biologischen Vielfalt für Natur und Mensch lebenswichtig ist, und auch das Statement »Wir sollten alles tun, um die Biologische Vielfalt zu erhalten« stößt bei 91 % auf Zustimmung.[4]

Kein Zweifel, Naturschutz gilt als sehr wichtig, und Veränderungen der Natur sieht man mit großer Skepsis. Deshalb verwundert es auch nicht, dass die große Mehrheit gegenüber der Gentechnik eher kritisch eingestellt ist. So glaubt die Mehrheit, dass gentechnisch veränderte Pflanzen gefährlich für die Natur sein können, und würde auch keine entsprechenden Produkte kaufen.

Abbildung 1: Gefahr durch den Anbau gentechnisch veränderter Pflanzen für Natur und Umwelt

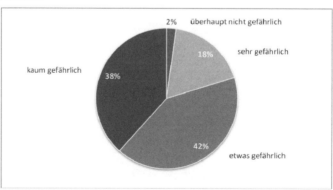

Frage: Wie gefährlich ist Ihrer Meinung nach der Anbau von gentechnisch veränderten Pflanzen für Natur und Umwelt? Quelle: UBA-Studie 2006

---

[3] *Kuckartz/Rädiker/Rheingans-Heintze*, Umweltbewusstsein in Deutschland 2006.
[4] Ebd.

Auf den ersten Blick scheinen nahezu alle Resultate in punkto Einstellungen zur Natur positiv zu sein, schaut man aber etwas genauer hin, wird das Bild etwas getrübt. Wenn es um das eigene Handeln geht, dann verflüchtigen sich die hohen Prozentsätze recht schnell. Beispielsweise sind im internationalen Vergleich nur relativ wenig Deutsche Mitglied in einer Natur- und Umweltschutzgruppe, und immer dann, wenn eigene Interessen ins Spiel kommen, zeigt sich, dass die allgemein vorhandene Naturliebe durchaus ihre Grenzen besitzt. Hierzu noch einige empirische Ergebnisse.

2.2 Naturschutz, aber bitte in Grenzen

Man liebt die Natur, aber wenn es um politische oder umweltpolitische Prioritäten geht, dann sind Belange des Naturschutzes keineswegs auf den ersten Rangplätzen zu finden. Prioritäre Aufgaben im Umweltschutz, das sind in den Augen der Bevölkerung in erster Linie der Umstieg auf erneuerbare Energien (59 %) und der sparsamere Umgang mit Energievorräten. Der bessere Schutz der heimischen Natur endet auf dem vorletzten Platz der Relevanztabelle, nur 18 % nennen ihn unter den drei wichtigsten Aufgaben.

Tabelle 1: Bedeutsamkeit umweltpolitischer Ziele und Aufgaben

	Erhebung 2006
Angaben in % (Dreifachnennung)	
für eine Unabhängigkeit von Öl und Gas durch erneuerbare Energien sorgen	59
für einen sparsameren Umgang mit Energievorräten sorgen	45
für eine deutliche Verringerung von klimaschädlichen Gasen sorgen, z.B. den Ausstoß von Kohlendioxid (CO_2)	45
die Entwicklung von sparsamen Antrieben und Motoren fördern	36
für einen sparsameren Rohstoffverbrauch sorgen	31
das Aussterben von Tier- und Pflanzenarten verhindern	23
mehr informieren über gesundheits- und umweltgefährdende Produkte und Zusätze	21
für einen verbesserten Naturschutz sorgen	18
für eine umweltfreundliche Stadtentwicklung sorgen	14

Frage: Ich habe hier jetzt Karten mit verschiedenen Aufgabenbereichen im Umweltschutz. Welchen Aufgaben sollte sich die Bundesregierung Ihrer Meinung nach in der Zukunft verstärkt zuwenden? Bitte suchen Sie die drei Aufgaben aus, die Ihnen am wichtigsten erscheinen. Quelle: UBA-Studie 2006

Das Bild einer naturliebenden Bevölkerung trübt sich noch mehr ein, wenn persönliche Interessen ins Spiel kommen. Der Aussage »Wenn es noch mehr Vorschriften für den Naturschutz gibt, kann man bald überhaupt nichts mehr machen« stimmt eine knappe Mehrheit zu (Abb. 1) –

angesichts der positiven Natureinstellungen von mehr als 90 % der Bürger ein durchaus erstaunlich hoher Prozentsatz. Offenbar fürchten viele, dass das eigene Freizeitvergnügen Einschränkungen unterliegen könnte. In der Tat ist es ja so, dass die Outdoor-Sportarten in den letzten Jahren einen ungeahnten Aufschwung erlebt haben. Montainbiken, Canyoning und Rafting sind Freizeitbeschäftigungen, denen immer mehr Menschen in den entlegensten Gegenden nachgehen. Diese Trendsportarten haben unmittelbar Auswirkungen auf Flora und Fauna, und gerade hier gerät ein strikter Naturschutz in Interessenskonflikt mit den Selbstverwirklichungsbedürfnissen vor allem jüngerer Leute.

Abbildung 2 Naturschutz als Einschränkung

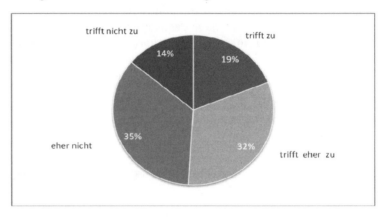

Frage:»Wenn es noch mehr Vorschriften für den Naturschutz gibt, kann man bald überhaupt nichts mehr machen.« Quelle: UBA-Studie 2006

Außerordentlich stark klaffen die Einstellungen zum persönlichen Engagement und das tatsächliche eigene Engagement für den Naturschutz auseinander: 75 % finden, dass Bürgerinnen und Bürger durch ihr Engagement in Umwelt- und Naturschutzgruppen etwas bewirken können, aber nur 4 % sind im Naturschutz wirklich engagiert. Schlüsselt man die Befragten nach ihrer Schulbildung auf, so sind es sogar nur 1 % im Segment mit niedrigem Bildungsstatus, die persönlich aktiv sind. Die Diskrepanz ist umso verwunderlicher, wenn man weiß, dass das Engagement in einer Natur- und Umweltschutzgruppe durchaus eine sozial erwünschte und positiv bewertete Aktivität ist. Annähernd die Hälfte der Befragten glaubt nämlich, dass ihre Freunde und Bekannten ein solches Engagement begrüßen würden (47 % sagen, dass ihre Freunde und Bekannten dies gut oder eher gut finden würden).

Leben im Einklang mit der Natur

3 Natur, aber welche?

3.1 Basisvorstellungen von Natur

Die Wahrnehmung von Natur basiert auf tief verwurzelten, langlebigen, zumeist nicht reflektierten Grundstimmungen und Annahmen, die sich über lange Zeit in einer Kultur und beim Einzelnen herausgebildet haben. Man kann auch von Denkstilen sprechen, welche die Aufnahme und Verarbeitung von Informationen beeinflussen. Wie Menschen Natur wahrnehmen und interpretieren, dafür liefert die amerikanische Kulturtheorie[5] ein interessantes Modell, in dem zwischen vier grundlegenden Denkstilen unterschieden wird:
- die strapazierfähige Natur
- die empfindliche Natur
- die in Grenzen tolerante Natur
- die unberechenbare Natur

In der folgenden Abbildung werden diese vier Denkstile dargestellt und kurz charakterisiert. In den Grafiken wird die Natur jeweils durch einen Ball symbolisiert.

1		Die »strapazierfähige Natur«
	∪	Im Grunde ist die Natur so eingerichtet, dass sie immer wieder ins Lot kommt. Gleichgültig, was man macht, der Ball kehrt immer wieder in die Ausgangslage zurück.
2		Die »empfindliche Natur«
	∩	Die Natur ist sehr empfindlich gegenüber jeder Art von Eingriff. Schon kleine Eingriffe können dazu führen, dass der Ball außer Kontrolle gerät.
3		Die »in Grenzen tolerante Natur«
	∩∩	In gewissem Maße können Eingriffe in die Natur erfolgen. Erst wenn ein gewisser Punkt überschritten wird, gerät der Ball außer Kontrolle.
4		Die »unberechenbare Natur«
	―○―	Wenn man Eingriffe in die Natur vornimmt, weiß man nicht, ob das gute oder schlechte Folgen haben wird. Es ist nicht vorhersehbar, wie sich der Ball bewegen wird.

In der deutschen Bevölkerung ist das Bild einer in Grenzen toleranten Natur bei weitem am häufigsten vertreten (53 %). Mit 22 % schätzt der zweitstärkste Anteil der Deutschen die Natur als *unberechenbar* ein. Nur ein geringer Anteil von 6 % hat die Vorstellung einer *strapazierfähigen Natur*, die unabhängig von Eingriffen immer wieder ins Lot kommt. Dass die Natur *sehr empfindlich* gegenüber jeder Art von Eingriff sei, davon geht ein Fünftel der Bundesbürger aus.

---

[5] Vgl. *Michael Thompson, Richard Ellis* und *Aaron Wildavsky*, Cultural Theory, Colorado/Oxford 1990.

Interessant ist, dass die Verteilung auf die vier verschiedenen Denkstile über die Jahre sehr konstant ist. Wie die in Tabelle 2 dargestellte Zeitreihe zeigt, gibt es nur geringfügige Verschiebungen seit dem Jahr 2000.

Tabelle 2: Zustimmung zu den Naturbildern der »Cultural Theory« (Zeitreihe)

Angaben in %	Erhebung			
	2000	2002	2004	2006
Die Natur ist in Grenzen belastbar.	53	50	51	52
Die Natur ist in ihrem Verhalten nicht kalkulierbar.	20	19	24	22
Die Natur vergibt nichts.	23	24	20	20
Die Natur ist gutmütig.	4	7	5	6

Frage: Ich zeige Ihnen jetzt eine Liste mit vier Bildern, die verschiedene Vorstellungen von der Natur ausdrücken. Die Natur ist dabei immer als Ball dargestellt. Bitte zeigen Sie mir von den vier Bildern das Bild, das Ihrer Vorstellung von der Natur am ehesten entspricht. Bitte lesen Sie sich auch die kurzen Erläuterungen neben den Bildern dazu durch.

Man könnte vermuten, dass die Naturvorstellungen abhängig vom Geschlecht sind. Diese Annahme erweist sich aber bei näherem Hinsehen als nicht zutreffend. Einfluss haben stattdessen das Alter, die Bildung und der Wohnort. Das Bild einer gutmütigen Natur ist überdurchschnittlich bei älteren Befragten ab 70 Jahren (14 %) und bei Befragten mit niedrigem Bildungsabschluss anzutreffen. Wer einen hohen Bildungsabschluss aufweisen kann, bevorzugt hingegen das Bild einer in Grenzen belastbaren Natur (60 %), das bei niedrigem Bildungsabschluss unterrepräsentiert ist. Schließlich sind es die Großstädter, die seltener das Bild einer sensiblen Natur haben.

Plausibel ist, dass die Naturvorstellungen die Wahrnehmung von Umweltrisiken beeinflussen. Das erkennbare Muster ist immer ein ähnliches, und die Vorstellungen sind für verlässliche Vorhersagen geeignet: Je gutmütiger jemand die Natur einschätzt, desto geringer schätzt er auch die Umweltrisiken ein. Das heißt im Umkehrschluss, wer die grundlegende Vorstellung einer sehr empfindlichen Natur besitzt, schätzt Risiken am höchsten ein. Am zweithöchsten werden Umweltrisiken von denjenigen eingestuft, die die Natur als unkalkulierbar sehen. Dieser Zusammenhang gilt gleichermaßen für alle in unseren Studien abgefragten Risiken, von der Klimaveränderung durch den Treibhauseffekt bis hin zur Verwendung von gentechnisch veränderten Organismen.

3.2 Jugend und Naturbewusstsein

Was die Jugend heute mit Natur assoziiert, hat Brämer in zahlreichen Studien untersucht, zuletzt 2006 im Jugendreport Natur.[6] Wollte man

---

[6] Vgl. dazu *Brämer*, Natur obskur; *Brämer*, Jugendreport Natur '06.

Leben im Einklang mit der Natur 69

die Antworten in einem Bild darstellen, so käme das Naturbild der Jugendlichen dem in der folgenden Photographie dargestellten Szenario recht nahe.

Hohe Bäume, leuchtende Grüntöne, eine idyllische Wiese, die zum Verweilen einlädt – fehlt nur noch ein kleiner Bach, der sich durch die Landschaft schlängelt, und ein Bambi auf der Lichtung. Vor allem der Wald gilt bei Jugendlichen als der Inbegriff von Natur. Gleichzeitig ist denselben Jugendlichen aber nur wenig über den Wald und seine Bewohner bekannt. Es fehlt tatsächlich an den elementarsten Kenntnissen. Nur 21 % der von Brämer befragten Jugendlichen wissen, wie die Früchte der Rose – ihrer Lieblingsblume – heißen. Überhaupt interessiert sich nur jeder sechste Jugendliche für Pflanzen, wobei generell das Interesse an der Natur mit fortschreitendem Alter abnimmt. Mit den Wissenslücken korrespondiert eine Zurückhaltung gegenüber dem eigenen Engagement in herkömmlichen Organisationen des Naturschutzes: Die Jugendabteilungen der traditionellen Wald- und Naturschutzverbände suchen händeringend nach Mitgliedern.
Die jungen Menschen bringen sich, folgt man den Studien Brämers, selbst kaum mit Natur in Verbindung. Tiere, Pflanzen, aber auch Landschaft und Wetter und sogar Umweltprobleme werden in den Assoziationen mit Natur angesprochen, nicht aber die eigene Natürlichkeit und der elementare Umstand, dass sich die gesamte körperliche Existenz auf die Nutzung natürlicher Ressourcen gründet. Dass jeder von uns letztlich auch nur ein Stück Natur darstellt, scheint den befragten Jugendlichen zu entgehen.

Wir leben von der Natur, und ohne eine Nutzung der Natur kann kein menschliches Leben existieren. Brämer führt den Tatbestand, dass die junge Generation den elementaren Zwang zur Naturnutzung so leichthändig übergeht, auf die vorherrschende Arbeitsteilung in der modernen Gesellschaft zurück. Vielfach zergliedert, ist die Produktion von Verbrauchsgütern so weit aus dem alltäglichen Blickfeld der Gesellschaftsmitglieder gerückt, dass von ihr nur noch die schöne Welt von qua perfekter Werbung präsentierten Konsumprodukten übrigbleibt. Dass das Ganze etwas mit Natur zu tun hat, ja dass alle Dinge, die wir verbrauchen, letztlich aus der Natur kommen und als billige Massenprodukte auch eine massenhafte Ausbeutung von Natur voraussetzen, ist kaum noch erfahrbar.

Natur wird so im jugendlichen Bewusstsein nicht als etwas zur physischen Existenz Notwendiges und durch Menschen Anzueignendes – durchaus auch Schützenswertes – angesehen, sondern als etwas Sakrosanktes, bei dem sich jeder suspekt macht, der sich Teile der Natur aneignen und sie nutzen will. Natur gilt als an sich harmonisch, und der Mensch als ihr größter Feind. Es ist eine Natur, in der die Ente gelb ist, die Kuh lila, eine Natur, die ohne den Menschen in Frieden und Eintracht existieren würde.

Es wäre hoch interessant, das Naturbewusstsein der deutschen Jugendlichen mit dem von Jugendlichen in anderen Ländern zu vergleichen. Entsprechende Daten liegen aber leider derzeit nicht vor. Möglicherweise handelt es sich bei dem beschriebenen jugendlichen Naturbewusstsein um eine deutsche Besonderheit, denn seit der Romantik haben die Deutschen ein ganz besonderes Verhältnis zur Natur, insbesondere zum heimatlichen Wald. Durch Wald und Flur zu schweifen, das wird seit Goethe bedichtet und von Schubert und anderen Komponisten vertont (»So sehnend klang im Wald das Lied. So sehnend klang es durch die Nacht«). Da passt es ins Bild, dass »Le Waldsterben« zum begrifflichen Exportartikel wurde. In Frankreich wie auch andernorts lebt der Wald nicht, sondern ist Ort der Produktion von Holz. Auch der Begriff »Waldspaziergang« ist unbekannt und ließe sich allenfalls mit »se promener dans la forêt« übersetzen. Forêt, auf Deutsch »Forst«, klingt dabei weit unromantischer als »Wald. »So sehnend klang im Forst das Lied« – mit diesem Text würde das Schubertlied dann wohl gar nicht mehr so romantisch klingen.

4 Naturbewusstsein und Religiosität

Die Frage des Zusammenhangs von Religiosität und Natur-/Umweltbewusstsein ist bislang nur äußerst spärlich erforscht worden. Eine Ursache kann darin gesehen werden, dass viele Studien lediglich die Effekte der Variable »Religionszugehörigkeit« untersucht haben und dabei regelmäßig zu dem Ergebnis kamen, dass keine signifikanten Zusammenhänge festzustellen seien. Auch in den Studien des Umweltbundesamtes zum Umweltbewusstsein haben wir jahrelang statistische Analysen mit der »Religionszugehörigkeit« durchgeführt, welche fast ausnahmslos den Befund »kein Zusammenhang« erbrachten. Wir sind dann auf die Idee gekommen, nicht nach der formalen Zugehörigkeit zu einer Glaubensgemeinschaft zu differenzieren, sondern nach der subjektiven Einschätzung der eigenen Religiosität. Wir haben die Frage gestellt:

»Wenn jemand, der Ihnen nahe steht, von Ihnen sagen würde, Sie sind ein religiöser Mensch, hätte er eher recht, oder hätte er eher nicht recht?«

Die Antworten in der letzten Studie, deren Daten vorliegen, nämlich der von 2006, waren folgendermaßen:

Abb. 3 Selbsteinschätzung als religiöser Mensch

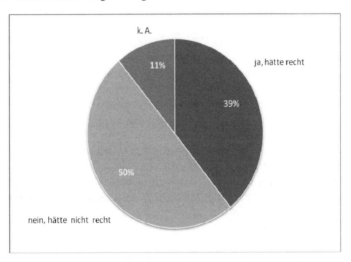

Es sind also immerhin fast 40 %, die sich selbst als religiöse Menschen beschreiben würden. Erwartungsgemäß fällt der Prozentsatz bei den Frauen mit 51,1 % deutlich höher aus als bei den Männern (36,3 %). Vergleicht man religiöse mit nicht-religiösen Befragten, stellt man fest, dass religiöse Menschen:
– älter sind, und zwar durchschnittlich acht Jahre älter als die Nicht-Religiösen
– mehr Kinder haben
– seltener hedonistische Wertorientierungen besitzen und
– eher Frauen sind.

Es soll nun gefragt werden, ob sich die religiös eingestellten Menschen in ihrer Natursicht von denjenigen unterscheiden, die sich selbst als

nicht religiös bezeichnen. Sind sie vielleicht umweltbewusster, besitzen sie eine andere Naturwahrnehmung?
Erster Befund: Religiosität hat einen Einfluss auf das Umweltbewusstsein, und zwar sind Menschen, die sich selbst als religiös bezeichnen, tatsächlich etwas umweltbewusster. Der Unterschied ist statistisch signifikant, allerdings nicht sonderlich groß. Es zeigt sich jedoch auf den zweiten Blick, dass der Unterschied fast völlig verschwindet, wenn man andere Drittvariablen gleichzeitig berücksichtigt. Bezieht man das Geschlecht simultan mit in die Analyse ein, erweist sich dieses als klar einflussreicher als Religiosität: Am umweltbewusstesten sind die religiösen Frauen, aber auch die nicht-religiösen Frauen sind immer noch umweltbewusster als die religiösen Männer.
Wenn man noch etwas mehr ins Detail geht und stärker die Einstellung zur Natur fokussiert, zeigen sich aber doch noch einige erhebliche Differenzen.
Religiöse Menschen
- haben ein ausgeprägteres Bewusstsein vom globalen Klimawandel und seinen Folgen
- setzen sich stärker für die Erhaltung und den Schutz unserer Heimat ein
- finden signifikant seltener, dass Umweltprobleme übertrieben dargestellt werden
- zeigen ein größeres freiwilliges Engagement
- neigen eher zum Naturbild »Empfindliche Natur«, aber auch zur »Strapazierfähigen Natur«
- vertrauen stärker der umweltpolitischen Kompetenz von Kirchen, NGO's und staatlichen Organisationen.

Schlussendlich ist es religiösen Menschen auch wichtiger, im Einklang mit der Natur zu leben. Während 30,6 % dies äußerst wichtig und 36,5 % sehr wichtig finden, sind es bei den Nicht-Religiösen nur 18,9 % bzw. 31,6 %.

5 Fazit

Die Natur nimmt in der Wertehierarchie der Deutschen – auch der Jugendlichen – einen hochrangigen Platz ein. Kaum ein Thema ist so positiv besetzt und kann auf derart positive Einstellungen rechnen wie das Thema »Natur« und die darauf aufbauenden Forderungen nach ihrer Erhaltung und ihrem Schutz. Die Daten der empirischen Sozialforschung zeigen allerdings, dass die allgemeine Wertschätzung schnell abnimmt, wenn eigene (Freizeit-)Interessen berührt sind oder Konsequenzen für das eigene Verhalten drohen. Natur in der Wahrnehmung der Bevölkerung, das ist immer eine bereits kultivierte Natur, eine Natur nach eigenem Gusto und nach eigener Phantasie. Es herrscht die

Leben im Einklang mit der Natur

Vorstellung einer friedlichen und harmonischen Natur vor, deren größter Feind der Mensch ist. Insofern steht jeder, der für die Nutzung der Natur (»Macht euch die Erde untertan«) eintritt, immer schon unter Tatverdacht. Zwischen Religiosität und Umwelt-/Naturschutz bestehen vielfältige Zusammenhänge. Offenkundig sind religiöse Menschen nicht nur positiver eingestellt, sie wissen auch mehr über Natur und sind persönlich stärker engagiert.

Weitere Literatur

Thomas Gensicke, Sibylle Picot und *Sabine Geiss*, Freiwilliges Engagement in Deutschland 1999–2004. Ergebnisse der repräsentativen Trenderhebung zu Ehrenamt, Freiwilligenarbeit und bürgerschaftlichem Engagement, hg. vom Bundesministerium für Familie, Senioren, Frauen und Jugend, Wiesbaden 2006
Heiko Grunenberg und *Udo Kuckartz*, Umweltbewusstsein im Wandel. Ergebnisse der UBA-Studie Umweltbewusstsein in Deutschland 2002, Opladen 2003
Udo Kuckartz, Stefan Rädiker und *Anke Rheingans-Heintze* Das Spannungsfeld Umwelt und Gerechtigkeit in der öffentlichen Wahrnehmung. Vertiefungsstudie im Rahmen des Projektes »Repräsentativumfrage zu Umweltbewusstsein und Umweltverhalten im Jahr 2006«. Berlin, 2007 (Internet-Download: www.umweltdaten.de/publikationen/fpdf-l/3441.pdf 30.7.2009)
Udo Kuckartz, Ist die Jugend noch für Umweltfragen sensibilisiert? Eine kritische Betrachtung der Ergebnisse der Shell Jugendstudie 2002, in: Zeitschrift für Umweltpolitik & Umweltrecht 4/2004
– Umweltbewusstsein in Deutschland 2004. Ergebnisse einer repräsentativen Bevölkerungsumfrage, in: Bundesministerium für Umwelt, Naturschutz und Reaktorsicherheit (Hg.), Umweltpolitik, Berlin 2004
– Umweltbewusstsein und Umweltverhalten, in: Informationen zur politischen Bildung: Umweltpolitik, Bundeszentrale für politische Bildung, Band 287/2005

DIETER GERTEN

Zum aktuellen Stand der Klimafolgenforschung

1 Hintergrund: Der anthropogene globale Klimawandel

Die Abmilderung (»mitigation«) des anthropogenen globalen Klimawandels bzw. die Anpassung an seine Folgen (»adaptation«) erweist sich als eine der größten Herausforderungen für die Menschheit im 21. Jahrhundert. Im Wesentlichen durch den kontinuierlichen und immer schnelleren Anstieg von Treibhausgasemissionen (unter anderem Kohlendioxid und Methan) und den damit einhergehenden, immer rascheren Anstieg der Konzentration dieser Gase in der Atmosphäre verursacht, ist die mittlere Temperatur der Erdoberfläche über Land im vergangenen Jahrhundert um knapp 0.8 °C gestiegen.[1]

Dieser Wert erscheint zunächst gering, doch muss man sich zu seiner Einordnung folgende Sachverhalte vergegenwärtigen: Zum einen war die zweite Hälfte des 20. Jahrhunderts zumindest auf der Nordhalbkugel die nach jüngsten Erkenntnissen wahrscheinlich wärmste 50-Jahres-Periode mindestens der letzten 1.300 Jahre, während die momentane Kohlendioxid-Konzentration der Atmosphäre mit über 380 ppm (0,038 %) die höchste seit mindestens 650.000 Jahren ist.[2] Die Geschwindigkeit der jüngsten Erwärmung und die Häufung von Rekordjahren ist in diesem Zusammenhang besonders bemerkenswert: Acht der zehn global wärmsten Jahre seit Aufzeichnungsbeginn sind in der Dekade 1998–2007 aufgetreten. Zum anderen verläuft der Klimawandel regional sehr unterschiedlich: So betrug der Erwärmungstrend in einigen Regionen, etwa im nördlichen Kanada, über das vergangene Jahrhundert bereits mehr als zwei Grad, während andere Regionen bislang kaum davon betroffen sind. Dabei ist zu betonen, dass diese Trends sich nicht linear vollziehen, sondern vor allem die Extremereignisse (beispielsweise Hitzewellen bzw. Dürren) häufiger werden

---

[1] *IPCC*, Summary for Policymakers, in: *Susan Solomon, Dahe Qin, Martin Manning, Zhenlin Chen, Melinda Marquis, Kirsten Averyt, Melinda Tignor* und *Henry Miller Jr.* (Hg.), Climate Change 2007: The Physical Science Basis (Contribution of Working Group I to the Fourth Assessment Report of the Intergovernmental Panel on Climate Change), Cambridge, 1–18.
[2] Ebd., 9; *Stefan Rahmstorf* und *Hans Joachim Schellnhuber*, Der Klimawandel, München 2006, 33.

und sich intensivieren, wie es sich in den außerordentlich milden Wintern und heißen Sommern im Wechsel mit eher durchschnittlichen Wintern/Sommern während der vergangenen zwei Jahrzehnte in Mitteleuropa beispielhaft gezeigt hat. Ferner ändern sich nicht nur das globale und regionale Temperaturniveau, sondern auch die Wind-, Bewölkungs- und vor allem die Niederschlagsverhältnisse: Zum Beispiel sind in Teilen Nordafrikas die Niederschläge im Laufe des vergangenen Jahrhunderts gebietsweise um mehr als 50 % zurückgegangen, und auch in West- und Nordeuropa ist ein Trend hin zu höheren Winterniederschlägen (verbunden mit häufigeren Sturm- und Hochwasserereignissen) und geringeren Niederschlägen im Sommer zu registrieren.[3] Schließlich ist der aktuelle Erwärmungstrend mit sehr hoher Wahrscheinlichkeit durch menschliche Aktivitäten verursacht, anders als frühere Warmphasen in der Erdgeschichte.[4]

Diese aktuellen Klimaänderungen sind allerdings nur erste Indizien für das, was bereits in der näheren Zukunft zu erwarten ist, sollten die Emissionen an Treibhausgasen nicht schnell und in erheblichem Maße reduziert werden: Die führenden Klimamodelle, deren Projektionen in die letzten Sachstandsberichte des IPCC eingegangen sind, signalisieren, dass die Mitteltemperatur der Erdoberfläche bis zum Ende dieses Jahrhunderts um zusätzliche 1,1°C bis 6,4 °C (im Vergleich zum Zeitraum 1980–1999) ansteigen wird, und zwar weiterhin in regional unterschiedlicher Stärke mit den höchsten Erwärmungsraten in arktisnahen Gebieten. Die Niederschlagsmuster werden sich nach diesen Simulationen ebenfalls drastisch verändern, wobei sich als generelles Muster herauskristallisiert, dass die polnahen Regionen mehr Niederschlag erhalten werden, während heute schon recht trockene Gebiete wie Südeuropa, Nord- und Südafrika, der Nahe Osten, Zentralasien und der Südwesten der USA in Zukunft noch trockener werden dürften. Die relativ große Spannbreite der Temperatur- und Niederschlagsprojektionen resultiert einerseits aus Modellunterschieden[5], andererseits aus unterschiedlichen Annahmen über die derzeit noch weitgehend unbekannten gesamtgesellschaftlichen Entwicklungen – darunter die regionalen Muster von Bevölkerungsentwicklung, Lebensstilen, Energieverbrauch, Landnutzung, technologischer Entwicklung – und

---

[3] Siehe etwa *European Environment Agency*, Impacts of Europe's Changing Climate, Kopenhagen 2004.
[4] *Rahmstorf/Schellnhuber*, Klimawandel, 38–42.
[5] Es kommen verschiedene Klimamodelle zum Einsatz, die sich hinsichtlich der Berechnung der Klimadynamik, insbesondere der Niederschlagsverteilung, und dessen Zusammenspiel mit der Erdoberfläche (Land und Meer) zum Teil erheblich unterscheiden und damit die bestehenden Unsicherheiten in der Klimamodellierung bzw. die Klimasensitivität der verschiedenen Modelle repräsentieren (*Rahmstorf/Schellnhuber*, Klimawandel, 42–46). Diese Unsicherheiten sind aber geringer als die Ungewissheiten bzgl. der zugrunde liegenden gesellschaftlichen Entwicklungen in der Zukunft.

die daraus resultierenden unterschiedlichen Annahmen über die für die Klimaentwicklung entscheidenden Emissionen. Die (nach derzeitigen Trends nicht unwahrscheinlichen) »Business-as-usual«-Szenarien liegen dabei am oberen Ende der Skala.

Im Folgenden werden einige der sich im Rahmen des begonnenen anthropogenen Klimawandels bereits vollziehenden Veränderungen für Mensch und Natur zusammengefasst, wesentliche für die Zukunft projizierten Folgen der Klimaänderung für Mensch und Natur beschrieben und die Verzahnung des Klimawandels mit weiteren weltweiten (Umwelt-)Problemfeldern dargestellt, wobei hier keineswegs eine vollständige Übersicht gegeben werden kann. Ein abschließender kurzer Ausblick zeigt die im Kontext dieses Buches relevante mögliche Rolle von Religion(en) zur Vermeidung von Klimawandel und zur Anpassung an dessen unvermeidliche Folgen auf.

2 Bereits zu beobachtende Folgen des Klimawandels

Im Zuge der oben skizzierten, in vielen Gebieten über die natürlichen Schwankungen hinausgehenden Temperatur- und Niederschlagsänderungen der vergangenen zirka drei Jahrzehnte sind bereits zahllose signifikante Änderungen der Umweltbedingungen eingetreten und empirisch nachgewiesen.[6] Auffällige Veränderungen ergeben sich insbesondere für den Wasserhaushalt und die Süßwasservorräte, die in ihrer direkten Abhängigkeit von Niederschlag und Verdunstung unmittelbar auf klimatische Änderungen reagieren: Während aufgrund der höheren Temperaturen die Schnee- und Eisbedeckung besonders im Frühjahr in vielen Regionen rückläufig ist (Vergleiche mit historischen Postkarten zeigen dies eindringlich für die meisten Gletschergebiete der Erde), haben die Niederschläge über Land in den letzten 30 Jahren etwa nördlich des 30. Breitengrades zugenommen. So war weltweit die Anzahl der binnenländischen Überschwemmungskatastrophen, darunter das Oder-Hochwasser 1997 und das Elbe-Hochwasser 2002, vor allem wegen häufigerer und heftigerer Starkregenereignisse im Zeitraum 1996–2005 doppelt so hoch (und die monetären Schäden fünfmal so hoch) wie im dreimal längeren Zeitraum 1950–1980. Jedoch weisen die Änderungen der Wassermengen, die in den Flüssen der Erde zum Ozean transportiert werden, ein sehr komplexes räumliches und zeitli-

---

[6] Im Folgenden beziehe ich mich im Wesentlichen auf die im Zweiten Sachstandsbericht und im Bericht zu Klimaänderungen und Wasser des IPCC zusammengetragenen Befunde: *Martin Parry, Osvaldo Canziani, Jean Palutikof, Paul van der Linden* und *Clair Hanson* (Hg.), Climate Change 2007: Impacts, Adaption and Vulnerability (Contribution of Working Group II to the Fourth Assessment Report of the Intergovernmental Panel on Climate Change), Cambridge University Press 2007.

ches Muster auf, das überdies nicht allein durch Klimaänderungen erklärt werden kann.[7] Auch für die terrestrischen, aquatischen und marinen Ökosysteme der Erde zeitigt der bisherige Klimawandel bereits signifikante Änderungen: Im Laufe der vergangenen beiden Jahrzehnte hat sich das Verhaltensmuster vieler Pflanzen- und Tierarten graduell verändert, was insbesondere auf die steigenden Temperaturen zurückgeführt werden kann. Diese ökologischen Veränderungen umfassen beispielsweise eine Vorverschiebung typischer Ereignisse im Jahresverlauf (z.b. frühere Laubentwicklung oder frühere Beendigung des Winterschlafs), die Ausbreitung in andere (wärmere) Gegenden oder veränderte Vegetationsproduktivität.[8] So wurde als genereller Trend in weiten Teilen der Welt und auch in Mitteleuropa schon vor 10 Jahren festgestellt, dass das Frühjahr zeitiger einsetzt.[9] Ähnliche Beispiele sind, dass einige Planktonorganismen in Seen, Küstengewässern und im offenen Meer um Wochen früher schlüpfen, Vögel and Amphibien früher brüten, Zugvögel ihren Flugzeitpunkt und ggf. ihre Flugroute ändern sowie die räumliche Ausbreitung und Biomasseproduktion von Pflanzen in Gebieten zunimmt, wo die Vegetation bisher wärmelimitiert war.

Wichtig ist die Feststellung, dass sich solche Ökosystem-Änderungen in sehr unterschiedlicher Weise von Art zu Art und von Region zu Region äußern können, je nach Zeitpunkt und Ausprägung der regionalen Klimaänderung, den Toleranzbereichen der jeweiligen Arten gegenüber Klimaänderungen und den vielfältigen Verflechtungen, über die sie im Gesamtökosystem mit anderen Arten verbunden sind. Dennoch sind auch großflächige Änderungen bereits eingetreten, die in Zusammenhang mit dem anthropogenen Klimawandel gebracht werden können: In Hitzesommern (wie in Mitteleuropa im Jahre 2003[10]) zeigte sich, dass die Vegetation inklusive der landwirtschaftlichen Flächen hinsichtlich ihrer Produktivität stark beeinträchtigt, die Sterberate von Fischen in Flüssen aufgrund höherer Wassertemperatur und verringerten Sauerstoffgehalts drastisch erhöht und die Anzahl ausgedehnter

---

[7] *Dieter Gerten, Stefanie Rost, Werner von Bloh* und *Wolfgang Lucht*, Causes of change in 20th century global river discharge. Geophysical Research Letters 35 (2008), L20405.
[8] *Andreas Fischlin, Guy Midgley, Jeff Price, Rik Leemans, Brij Gopal, Carol Turley, Mark Rounsvell, O. Pauline Dube, Juan Tarazona* und *Andrei Velichko*, Ecosystems, their properties, goods, and services, in: *IPCC*, Climate Change, 211–272.
[9] *Annette Menzel & Peter Fabian*, Growing season extended in Europe, Nature 397 (1999) 659.
[10] Die Auswirkungen der ungewöhnlich heißen und trockenen Bedingungen im mitteleuropäischen Sommer 2003 eignen sich als Indikatoren für zukünftige Veränderungen, da vergleichbare Bedingungen (gemäß dem emissionsstarken A2-Szenario des IPCC) in der zweiten Hälfte dieses Jahrhunderts zum Regelfall werden könnten.

Lauffeuer erhöht sein kann. Das durch solche Feuer freigesetzte Kohlendioxid kann wiederum zu einer positiven Rückkoppelung mit der Klimaerwärmung führen, was ein Beispiel dafür ist, wie eng Prozesse auf der Landoberfläche mit dem Klima gekoppelt sind und welche noch unentdeckten oder kaum vorhersagbaren Überraschungen und Selbstläufer der Klimawandel möglicherweise birgt.[11]

3 Folgen des Klimawandels bis zum Ende dieses Jahrhunderts

Je stärker (und schneller) die weltweiten Temperaturen in Zukunft steigen werden, umso drastischer werden die Auswirkungen sein. In jedem Falle werden die arktisnahen Regionen die markanteste Erwärmung erfahren, was schwerwiegende Konsequenzen für die dortige Tier- und Pflanzenwelt und die davon abhängige lokale Bevölkerung haben wird: Das oft diskutierte mögliche Aussterben des von Meereis abhängigen Eisbären ist ein besonders illustratives Beispiel; andere Konsequenzen sind die Nordwärtsverlagerung der Baumgrenze und das großflächige Auftauen der Dauerfrostböden, was zum Einsinken von Landflächen mitsamt der darauf befindlichen menschlichen Siedlungen und zur Freisetzung großer Mengen von im Boden gespeichertem Kohlenstoff und Methan führen kann, was wiederum zu einer weiteren Erderwärmung beitrüge. Überhaupt kann von großflächigen Änderungen der natürlichen Pflanzendecke der Erde ausgegangen werden, da Vegetationsverbreitung und -zusammensetzung in hohem Maße von den Klimabedingungen gesteuert werden. Beispielsweise deutet sich für einige zentralasiatische Regionen infolge stärkerer Wasserlimitierung eine Zurückdrängung der jetzt noch vorherrschenden Nadelwälder zugunsten von Laubwäldern an, während mit einer gewissen Wahrscheinlichkeit die dortigen Wälder ihre jetzige Funktion als Netto-Senke von Kohlenstoff verlieren und in der zweiten Hälfte des Jahrhunderts (wegen erhöhter Zersetzung abgestorbenen organischen Materials bei höherer Temperatur) in eine Netto-Quelle übergehen könnten, was zusätzlich zu den oben erwähnten Konsequenzen der auftauenden Dauerfrostböden und der häufigeren Feuer die Erderwärmung noch verstärken würde.[12] Für die Tropen zeigen einzelne Modellstudien sogar einen Kollaps von größeren Teilen des Amazonas-Regenwaldes, also einen Übergang zu Savannenvegetation mit enormen Folgen nicht nur für die dortige Tier- und Pflanzenwelt und die menschli-

---

[11] *Timothy Lenton, Hermann Held, Elmar Kriegler, Jim Hall, Wolfgang Lucht, Stefan Rahmstorf* und *Hans Joachim Schellnhuber*, Tipping elements in the Earth's climate system, PNAS 105 (2008), 1786–1793.
[12] *Sibyll Schaphoff, Wolfgang Lucht, Dieter Gerten, Stephen Sitch, Wolfgang Cramer* und *Ian Colin Prentice*, Terrestrial biosphere carbon storage under alternative climate projections, Climatic Change 74 (2006), 97–122.

che Bevölkerung, sondern auch für das gesamte Weltklima.[13] Insgesamt sind in einzelnen Gebieten der Erde schon bei einer moderaten Erderwärmung von »nur« zwei Grad gegenüber dem vorindustriellen Niveau – 0.8 Grad davon haben wir, wie oben bemerkt, bereits erreicht – Artenverluste in einer Größenordnung von 20–30 % denkbar.[14] Nach weitergehenden Berechnungen wären katastrophale Folgen jenseits einer globalen Temperaturerhöhung von vier Grad – die zum Ende des 21. Jahrhunderts durchaus noch im Bereich des Möglichen liegt – zu erwarten: Dann sind Veränderungen (unter anderem Aussterben) bei etwa 25–40 Prozent aller Tier- und Pflanzenarten wahrscheinlich.

Auch die für Bewässerung sowie industrielle und private Nutzung verfügbare Wassermenge wird sich unter den Bedingungen des Klimawandels in einigen Regionen deutlich verändern, indem sich der Abfluss in Flüssen in den höheren Breitenlagen bis zum Ende des Jahrhunderts um 10–40 % erhöht, während aufgrund des oben dargestellten Rückgangs der Niederschläge in den heutigen Trockengebieten die Wassermenge zum Teil deutlich zurückgehen wird.[15] Noch nicht in diesen Projektionen berücksichtigt sind längerfristige Abnahmen der Wasserverfügbarkeit durch zunehmende Gletscherschmelze, die in den davon abhängigen Regionen – etwa entlang des Himalaya und der Anden – massive Konsequenzen vor allem für die bewässerte Landwirtschaft haben dürften und die Nahrungsmittelproduktion für hunderte Millionen Menschen gefährden. Die steigende Variabilität von Niederschlag und somit Wasserverfügbarkeit zusammen mit dem häufigeren Auftreten von Extremereignissen – sowohl Dürren als auch Hochwassern – fordert weltweit die wasserwirtschaftlichen Planungen heraus.[16]

Eine weitere Bedrohung für menschliche Siedlungen, landwirtschaftliche genutzte Flächen und natürliche Ökosysteme stellt der zu erwartende Anstieg des Meeresspiegels dar. Schon im Laufe des 20. Jahrhunderts ist dieser um 15–20 cm gestiegen, derzeit mit einer Rate von 3.3 cm pro Jahrzehnt. Ein zusätzlicher Anstieg um mindestens 60 cm bis zum Ende des 21. Jahrhunderts (und um mehrere Meter in folgenden Jahrhunderten) ist durchaus möglich[17], wobei die Modelle dazu neigen, den gegenwärtigen Trend noch zu unterschätzen.

---

[13] *Richard Betts, Yadvinder Malhi* und *J. Timmons Roberts*, The future of the Amazon: new perspectives from climate, ecosystem and social sciences, Philosophical Transactions of the Royal Society of London B 363 (2008), 1729–1735.
[14] *Fischlin* u.a., Ecosystems, 213.
[15] *Kundzewicz* u.a., Freshwater, 173–210.
[16] *P. Chris Milly, Julio Betancourt, Malin Falkenmark, Robert Hirsch, Zbigniew Kundzewicz, Dennis Lettenmaier* und *Ronald Stouffer*, Stationarity is dead: Whither water management?, Science 319 (2008), 573–574.
[17] *IPCC*, Summary, 13–14; *Stefan Rahmstorf*, A semi-empirical approach to projecting future sea-level rise, Science 315 (2007), 268–370.

4 Wege zu einer Beschränkung des Klimawandels auf zwei Grad

Bereits diese Auswahl an möglichen Auswirkungen des weltweiten Klimawandels verdeutlicht, dass uns schwerwiegende Veränderungen ins Haus stehen, die potentiell unsere natürlichen Lebensgrundlagen – mithin die menschlichen Gesellschaften selbst – tiefgreifend verändern dürften. Basierend auf umfangreichen Analysen von Beobachtungs- und Modellergebnissen ist es inzwischen erklärtes Ziel der internationalen Klimapolitik[18], die mittlere globale Erwärmung auf 2 Grad gegenüber dem vorindustriellen Niveau zu begrenzen, da jenseits dieses Schwellenwertes besonders schwerwiegende Veränderungen zu erwarten sind. Allerdings ist dieses bereits ein fauler Kompromiss, denn auch unterhalb dieser Marke sind, zumindest regional, unvertretbare Auswirkungen zu erwarten, wie es ja bereits heute teilweise der Fall ist[19], so dass die Definition des oft zitierten »gefährlichen Klimawandels« nur bedingt an die 2-Grad-›Leitplanke‹ geknüpft ist. Aber auch schon die Einhaltung dieses moderaten Ziels erfordert unverzügliche markante Reduzierungen des Ausstoßes an Treibhausgasen,[20] wobei es angesichts der derzeitigen Emissionstrends auch und vor allem von Schwellenländern wie China und Indien fraglich bleibt, ob rechtzeitige und genügende Emissionsreduktionen umgesetzt werden.[21]

Die derzeitige normative Diskussion um die maximal tolerable Erwärmung der Erde – so wünschenswert es wäre, dass diese Diskussion noch vehementer geführt und sich daraus verbindliche Handlungsanweisungen ergeben würden – verdeutlicht, dass das genaue Ausmaß der Klimaänderung und ihrer Folgen wesentlich von gesellschaftlichen Entscheidungen abhängt. Die gefährlichsten Varianten – wie sie von

---

[18] Siehe den entsprechenden Beschluss des G8-Gipfels im Juli 2009.

[19] Systematische und in sich konsistente Abschätzungen der Auswirkungen einer mittleren Erderwärmung um zwei Grad oder mehr unter Einbezug der Unterschiede in den Niederschlagsprojektionen stehen noch weitgehend aus (vgl. aber insbesondere *Nigel Arnell*, Climate change and water resources: a global perspective, in: *Hans Joachim Schellnhuber, Wolfgang Cramer, Nebojsa Nakicenovic, Tom Wigley* und *Gary Yohe* (Hg.), Avoiding Dangerous Climate Change, Cambridge 2006, 167–176; *Marko Scholze, Wolfgang Knorr, Nigel Arnell* und *Ian Colin Prentice*, A climate-change risk analysis for world ecosystems, PNAS 103 (2006), 13116–13120.

[20] *Veerabhadran Ramanathan* und *Yan Feng*, On avoiding dangerous anthropogenic interference with the climate system: Formidable challenges ahead, PNAS 105 (2008), 14245–14250; *Malte Meinshausen, Nicolai Meinshausen, William Hare, Sarah Raper, Katja Frieler, Reto Knutti, David Frame* und *Myles Allen*, Greenhouse-gas emission targets for limiting global warming to 2 °C, Nature 458 (2009), 1158–1162.

[21] Siehe für eine aktuelle Diskussion *Detlef van Vuuren* und *Keywan Riahi*, Do recent emission trends imply higher emissions forever?, Climatic Change (2008), 237–248.

einigen Klima- und Emissionsszenarien gezeichnet werden[22] – sind also noch abwendbar: In diesem Sinne dienen die Szenarien des Klimawandels und seiner Folgen hoffentlich auch zur Prävention wenigstens der schlimmstmöglichen durch sie gezeigten Zukünfte.

5 Zur Verschachtelung des anthropogenen Klimawandels mit weiteren globalen Problemfeldern

So bedrohlich manche Klimawandelszenarien und die Anstrengungen zu deren Prävention auch sind – der durch steigende Treibhausgasemissionen angetriebene anthropogene Klimawandel ist nur die Spitze eines Eisbergs, wie er sich seit etwa 50 Jahren[23] aus weiteren globalen Problemfeldern formiert, darunter die weitflächigen Landnutzungsänderungen, die steigende Wasserknappheit und am Grunde des Eisbergs die nach wie vor steigende Weltbevölkerung mitsamt der nicht nachhaltigen Lebensstile und Weltsichten vieler dieser Menschen und Gesellschaften. Beispielsweise haben heute noch immer 1,2 Milliarden Menschen keinen Zugang zu sauberem Trinkwasser und über 2 Milliarden Menschen keine ausreichende sanitäre Grundversorgung, während gleichzeitig in vielen Ländern die Wasserknappheit durch steigende Bevölkerung, wasserintensive Lebensstile und Klimawandeleffekte steigt, was gesonderter Anstrengungen neben der Lösung des Klimaproblems bedarf.[24] Wie oben bereits angedeutet, bestehen zudem enge Rückkopplungen zwischen der Landoberfläche und dem Klimasystem als solchem, was zu der Feststellung führt, dass die großflächigen anthropogenen Landnutzungsänderungen (insbesondere Waldrodungen und andere Flächenumwidmungen zur Gewinnung von Holz und Bioenergie, zum Anbau von Nahrungsmitteln und zur Besiedelung) der letzten Jahrzehnte und Jahrhunderte ebenfalls einen Einfluss auf das regionale

---

[22] Die Differenzierung zwischen »Szenario« und »Prognose« ist nicht trivial: Die Klimamodelle liefern keine Vorhersagen zukünftiger Bedingungen, sondern ›Wenn-Dann‹-Szenarien bzw. -Projektionen möglicher Zukünfte, die sich unter bestimmten Annahmen mit einer bestimmten Wahrscheinlichkeit einstellen.
[23] Die 1950er Jahre werden oft als Beginn des »Anthropozäns« markiert, da spätestens dann das Erdsystem durch exponentiell gestiegenen Ressourcenverbrauch in den industrialisierten Ländern in eine neue, durch menschliche Aktivitäten dominierte quasi-geologische Epoche eingetreten ist, welche durch massive Flächenänderungen für verschiedene Zwecke, steigende und sich intensivierende Wassernutzung, kommerzielle Hochseefischerei, verschwenderische Lebensstile (einschließlich steigenden Fleischkonsums), hohes Verkehrsaufkommen, internationalen Handel usw. charakterisiert ist, vgl. *Paul Crutzen*, Geology of mankind, Nature 415 (2002), 23.
[24] Vgl. etwa *Wolfram Mauser*, Wie lange reicht die Ressource Wasser?, Frankfurt a.M. 2007.

und globale Klima ausüben. Global stehen heute schon fast 40 Prozent der eisfreien Landflächen unter menschlicher Nutzung; dies betrifft weite Teile Europas, West- und Südasiens und der USA sowie kleinere Areale in Afrika und Australien. Dieser Umstand führte neben der Beeinflussung des Klimas zu einer zumindest regional relevanten Veränderung des natürlichen Kohlenstoff- und Wasserkreislaufs.[25] Darüber hinaus haben diese direkten menschlichen Eingriffe in die Biosphäre die Struktur und Artenvielfalt der Ökosysteme in der jüngeren Vergangenheit erheblich stärker beeinflusst, als jede klimatische Änderung dies vermocht hätte. Besonders in Afrika, Südamerika und Südostasien werden auch in Zukunft Landnutzungs- bzw. Landbedeckungsänderungen die Hauptantriebskraft des zu erwartenden globalen Rückgangs der Biodiversität terrestrischer Ökosysteme sein (ebenso wie die Biodiversität aquatischer Ökosysteme durch direkte menschliche Eingriffe wie Flussbegradigungen, Staudämme, Schadstoffeinleitungen und Wasserentnahmen gefährdet bleibt): Schätzungen liegen bei etwa 10–20 Prozent Artenverlust durch Landnutzungsänderungen im Laufe dieses Jahrhunderts[26], also in einer Größenordnung, die mit der der Auswirkungen des Klimawandels vergleichbar ist. Nur in wenig von direktem menschlichem Eingriff betroffenen Gebieten bzw. in Regionen mit besonders ausgeprägten klimatischen Änderungen (etwa in der arktischen Tundra und in einigen Savannengebieten) wird aus jetziger Sicht die erwartete Klimaänderung einen stärkeren Einfluss als Landnutzungsänderungen auf die Biodiversität und andere Ökosystemeigenschaften haben.[27]

6 Vermeidung von und Anpassung an Klima- und Umweltwandel: Funktionen von Religion

Die oben zusammengefassten Klima- und Umweltszenarien bezeichnen eindeutig eine der größten Herausforderungen des 21. Jahrhunderts: die Milderung bzw. Abwendung eines (wie auch immer definierten) gefährlichen Klimawandels und die Anpassung an unvermeidlich eintretende Folgen *bei gleichzeitiger Sicherstellung einer nachhaltigen Versorgung der wahrscheinlich weiter steigenden Weltbevölkerung*

---

[25] *Alberte Bondeau, Pascalle Smith, Sönke Zaehle, Sibyll Schaphoff, Wolfgang Lucht, Wolfgang Cramer, Dieter Gerten, Hermann Lotze-Campen, Christoph Müller, Markus Reichstein* und *Benjamin Smith*, Modelling the role of agriculture for the 20th century global terrestrial carbon balance, Global Change Biology 13 (2007), 679–706.
[26] *Joseph Alcamo, Detlef van Vuuren, Claudia Ringler, Wolfgang Cramer, Toshihiko Masui, Jacqueline Adler* und *Kerstin Schulze*, Changes in nature's balance sheet: model-based estimates of future worldwide ecosystem services, Ecology and Society 10 (2) (2005), www.ecologyandsociety.org/vol10/iss2/art19/.
[27] *Fischlin* u.a., Ecosystems, 237–239.

mit Nahrungsmitteln, Wasser und weiteren Ökosystem-›Dienstleistungen‹. Konzepte zur Minderung des Klimawandels gibt es genügend – darunter vordringlich die Drosselung der Emission von Kohlendioxid aus der Verbrennung fossiler Energieträger und der Emissionen anderer Treibhausgase, die u.a. durch den Ausbau der Versorgung mit erneuerbaren Energien vorangetrieben werden kann. Jedoch verläuft die großskalige bzw. international koordinierte Umsetzung dieser Konzepte mehr als schleppend (siehe Andreas Lienkamps ausführlichen Beitrag zu den aktuellsten klimapolitischen Verhandlungen in diesem Band[28]). Weiterhin verstellt die Fixierung auf die Erreichung bestimmter »Klimaziele« zuweilen den Blick auf die Lösung weiterer, mehr oder minder eng mit der Klimawandelproblematik verknüpfter Problemfelder, wie sie etwa in den Millenniums-Entwicklungszielen der UNO dargelegt sind.[29]

Appelle und politische Maßnahmen sind zwar notwendig, alleine aber offenbar nicht ausreichend, um eine Umkehr hin zu nachhaltigeren Gesellschaften zu bewirken. Die derzeitigen (sehr auf technologisch-ökonomische Lösungsmöglichkeiten bedachten) politischen Diskurse bedürfen daher einer breiten Einbettung in langfristige ethische und moralische Denkweisen, die unter anderem von verschiedenen geistigen und religiösen Nachhaltigkeitsvorstellungen getragen werden könnten.[30] Zum Beispiel können die moralischen Handlungs- und ethischen Denkweisen der verschiedenen Religionen maßgeblich dazu beitragen, Klimaschutz- oder andere Nachhaltigkeitsziele durch theologisch und ethisch fundierte Bewertungen von menschlichem Leiden und von Ökosystemschädigungen (etwa Artenverlusten) argumentativ zu untermauern oder auch zu hinterfragen. So bleiben Fragen der Art offen, ob nicht bereits das Zwei-Grad-Ziel nach anderen als den bisher im Vordergrund stehenden naturwissenschaftlichen und ökonomischen Definitionen schwerwiegende Leiden impliziert, und wie Leiden überhaupt definiert werden kann/muss unter Einbezug verschiedener kultureller und religiöser Vorstellungen. Diese Fragen werden an Dringlichkeit zunehmen, je weiter die Klimaänderung voranschreitet, und sie berühren gleichermaßen die weiteren, mit dem Klimawandel verzahnten Prozesse des Globalen Wandels wie die steigende Weltbevölkerung, Lebensstiländerungen sowie Konkurrenzsituationen um knapper werdende Land- und Wasserressourcen.

---

[28] *Andreas Lienkamp*, Klimapolitik als Prüfstein globaler, intergenerationeller und ökologischer Gerechtigkeit, in: *Heinrich Bedford-Strohm* (Hg.), Und Gott sah, dass es gut war – Schöpfung und Endlichkeit im Zeitalter der Klimakatastrophe, Neukirchen-Vluyn 2009, 81–101.
[29] Siehe www.un.org/millenniumgoals/.
[30] Siehe u.a. *Center for the Study of World Religions*, Religions of the World and Ecology. 10 Bände, Cambridge (MA), 1997–2003; *Sigurd Bergmann*, Der Geist unserer Zeit. Zur Verwandlung von Schöpfung, Wissenschaft und Religion im Klimawandel, Salzburger Theologische Zeitschrift 12 (2008), 27–47.

Darüber hinaus sind – wie durch theoretische und empirische Untersuchungen gezeigt[31] – religiöse Weltsichten und Praktiken jeglicher Provenienz ein entscheidender Faktor für umweltrelevantes Verhalten, wobei dieser Einfluss von Religion durchaus ambivalent, also sowohl positiver als auch negativer Natur sein kann.[32] Zu den derzeitigen positiven Entwicklungen ist etwa das zunehmende Engagement kirchlicher Institutionen für nachhaltigere (z. B. weniger klimaschädliche) Verhaltensweisen unter Berufung auf Schöpfungstheologien und damit verbundene Moralvorstellungen zu nennen.[33] Desgleichen bieten fast alle religiösen Traditionen, Institutionen und Glaubensgemeinschaften theoretische und praktische Anreize zum nachhaltigeren Umgang mit den Süßwasservorkommen der Erde.[34]

Welche Welt wir und die nachfolgenden Generationen in Zukunft haben werden und haben wollen, ist nach wie vor – obgleich das Zeitfenster für durchgreifende, global wirksame Veränderungen immer kürzer wird – eine Frage der Wahl und auch der Definition »guten Lebens«. Wenn die Wahl zugunsten einer lebenswerten und gerechteren Welt ausfallen soll, muss auf allen politischen und privaten Ebenen, weltweit und intensiver als bisher, ein Spektrum an Maßnahmen zur Erreichung nachhaltiger Entwicklungspfade angestrengt werden.

---

[31] *Chris Park*, Sacred Worlds: Introduction to Geography and Religion, London 2004; *Bron Taylor* (Hg.), Encyclopedia of Religion and Nature, 2 Bände, Conundrum 2006.
[32] *Dieter Gerten*, Adapting to climatic and hydrologic change: Variegated functions of religion, in: *Sigurd Bergmann* und *Dieter Gerten* (Hg.), Religion in Dangerous Environmental and Climate Change, Berlin (im Druck).
[33] *Anne Primavesi*, What's in a name? Gaia and the reality of being alive in a relational world, in: *Bergmann/Gerten* (im Druck). Vgl. auch den Beitrag von *Hans Diefenbacher* in diesem Band.
[34] *Gary Chamberlain*, Troubled Waters: Religion, Ethics, and the Global Water Crisis, Lanham 2007.

ANDREAS LIENKAMP

Klimapolitik als Bewährungsort globaler, intergenerationeller und ökologischer Gerechtigkeit

1 Notwendigkeit und Hindernisse einer gerechten Klimapolitik

Die den folgenden Überlegungen zugrunde liegende These lautet: Der gegenwärtig beobachtbare Klimawandel, der gefährliche Ausmaße anzunehmen beginnt, ist keine Naturkatastrophe, kein unabwendbares Schicksal, sondern menschengemacht und als solcher eine massive Ungerechtigkeit, die bestehendes Unrecht noch verschärft und die – aus Gründen globaler, intergenerationeller und ökologischer Gerechtigkeit – in Solidarität mit den (potenziellen) Opfern unverzügliche und wirkungsvolle Maßnahmen des Klimaschutzes sowie der Anpassung an die Folgen der globalen Erwärmung verlangt[1].
Wie aber hätte eine *gerechte* Klimapolitik auszusehen, und welche Hindernisse stehen ihr entgegen? Stefan Rahmstorf und Hans Joachim Schellnhuber vom »Potsdam-Institut für Klimafolgenforschung« (PIK) gehen bei ihrer Suche nach einer Lösung des Problems der globalen Erwärmung[2] von folgender Formel aus: Klimaschaden = Klimaanfälligkeit x Klimaänderung[3]. Der Klimaschaden ist also je kleiner, desto geringer die beiden – gesellschaftlich beeinflussbaren – Faktoren auf der anderen Seite der Gleichung gehalten werden. Die ideale Lösung, die darin besteht, einen Faktor und damit zugleich das mathematische Produkt auf Null zu setzen, ist allerdings aufgrund der damit verbundenen Kosten sowie des bereits eingetretenen Klimawandels nicht zu erreichen. Deshalb muss die Klimapolitik, will sie die möglichen zukünftigen Schäden minimieren, vernünftigerweise an beiden Faktoren ansetzen und einerseits die Verwundbarkeit (Vulnerabilität) sowie andererseits die anthropogene Klimaänderung tunlichst gering halten.

---

1 Vgl. dazu ausführlicher meine Habilitationsschrift: *Andreas Lienkamp*, Klimawandel und Gerechtigkeit. Eine Ethik der Nachhaltigkeit in christlicher Perspektive, Paderborn/München/Wien/Zürich 2009.
2 »Globale Erwärmung« meint den Anstieg der durchschnittlichen globalen Erdoberflächentemperatur und besagt nicht, dass in *allen* Weltregionen eine Erwärmung stattgefunden hat oder stattfindet. Vgl. *Christian-Dietrich Schönwiese*, Klimatologie, Stuttgart ³2008, 310.
3 Vgl. *Stefan Rahmstorf* und *Hans Joachim Schellnhuber*, Der Klimawandel. Diagnose, Prognose, Therapie, München 2006, 92.

Mitigation, also die größtmögliche Begrenzung des Klimawandels, sowie *adaptation*, also die größtmögliche Verringerung der Klimaanfälligkeit, sind entsprechend die beiden im buchstäblichen Sinn notwendigen Strategien.

Eine dritte Taktik, Rahmstorf und Schellnhuber nennen sie die »Laissez-Faire-Strategie«, bestehe darin, weder Vermeidungs- noch Anpassungsmaßnahmen zu ergreifen, die Schäden zu ignorieren und der Entwicklung tatenlos zuzusehen[4]. Diesen Weg, Klaus Töpfer nennt ihn treffend die Drei-D-Methode – *deny, delay, do nothing*[5] – setzen die beiden Potsdamer Klimaforscher mit der Abwesenheit von Moral gleich: und sprechen von einer »amoralischen Krönung« der Ausbeutung der »Dritten Welt« durch die Industrienationen: »Denn eine internationale Politik, welche den ungebremsten Klimawandel billigend in Kauf nähme, würde fast alle Lasten der kostenlosen Nutzung der Atmosphäre als Müllkippe den kommenden Generationen in den besonders klimasensiblen Entwicklungsländern aufbürden«[6] – ganz zu schweigen von den zum Teil irreversiblen Schäden an Ökosystemen sowie dem Leid, das schon jetzt vielen Menschen und anderen Lebewesen durch die globale Erwärmung widerfährt. »But there is hopeful news as well«, so Al Gore in seiner Nobel Lecture am 10. Dezember 2007: »we have the ability to solve this crisis and avoid the worst – though not all – of its consequences, if we act boldly, decisively and quickly«[7], womit er das erforderliche Gegenstück zur verhängnisvollen Drei-D-Methode formuliert.

Eine deutliche Entschärfung oder gar Lösung des Klimaproblems kann allerdings nicht durch *einen* Staat oder *eine* Staatengruppe allein erreicht werden. Selbst die wirtschaftlich stärkste Gruppe der OECD-Staaten ist dazu inzwischen nicht mehr in der Lage. Das heißt, nicht nur die USA, auch China und Indien sowie die *emerging economies* insgesamt müssen mit ins Boot genommen werden, soll zumindest das inzwischen weitgehend anerkannte (aber unzureichende) 2° C-Limit nicht überschritten und eine »gefährliche anthropogene Störung des Klimasystems verhindert« werden[8]. Eine rasche und effektive weltwei-

---

[4] Ebd.
[5] Vgl. *Klaus Töpfer,* Fünfzehn Jahre nach Rio und fünf Wochen vor Bali: Umwelt und Entwicklung als Referenzrahmen für einen globalen Klimaschutz (Vortragsmitschrift), Fachtagung »Klimaschutz weltweit: 15 Jahre nach Rio und 5 Wochen vor Bali«, veranstaltet von der Konrad-Adenauer-Stiftung, Inforadio rbb und der Vattenfall AG am 30.10.2007 in der Akademie der KAS, Berlin 2007, o.S.
[6] *Rahmstorf* und *Schellnhuber,* Klimawandel, 92f.
[7] *Al Gore,* Nobel Lecture, Oslo, 10 December 2007, http://nobelprize.org/nobel _prizes/peace/laureates/2007/gore-lecture_en.html.
[8] Rahmenübereinkommen der Vereinten Nationen über Klimaänderungen (Klimakonvention), in: Konferenz der Vereinten Nationen für Umwelt und Entwicklung im Juni 1992 in Rio de Janeiro – Dokumente. Klimakonvention, Konvention über die Biologische Vielfalt, Rio-Deklaration, Walderklärung, hg. vom Bundes-

te Kooperation für den Klimaschutz ist deshalb unerlässlich. Dazu braucht es völkerrechtlich verbindliche bilaterale, internationale oder noch besser globale Abkommen. Was Karl Homann angesichts des Allmende-Dilemmas öffentlicher Güter allgemein feststellt, gilt auch hier: »Für diese Problemkomplexe kommt nur eine Lösungsstrategie in Frage: Die Betroffenen müssen in kollektiven Selbstbindungen sich gemeinsam die nur parasitär vorteilhaften Trittbrettfahreroptionen verbieten und dies dann auch durchsetzen.«[9]

Frühere Generationen waren bei *free rider* Verhalten nicht gerade zimperlich, wenn es um die Gemeinschaftsaufgabe der Sicherung des Überlebens ging. »Wer den Deich nicht perfekt instand hielt, musste – wie überall an der Küste – weichen (›Wer nich will diken, der muss wiken‹) und wurde in einer rituellen Zeremonie, der Verspatung, enteignet.«[10] Auch wenn dies kein praktikables Vorbild für internationale Aushandlungsprozesse zum Klimaschutz sein kann, so ging doch die mit starkem Applaus bedachte Aufforderung Kevin Conrads, Delegierter Papua Neuguineas, an die Adresse der Vereinigten Staaten bei der Abschlusssitzung der »United Nations Climate Change Conference«[11]

minister für Umwelt, Naturschutz und Reaktorsicherheit, Bonn 1992, 3–19, Art. 2. Oft etwas unpräzise als 2 °C-»*Ziel*« deklariert. Auch die Europäische Union hat sich am 25. Juni 1996 auf ihrem 1939. Ratstreffen der Position des 2 °C-Limit angeschlossen. Vgl. auch *EU,* Ratsbeschluss vom 8./9. März 2007: Schlussfolgerungen des Vorsitzes. Rat der Europäischen Union, Brüssel, 2. Mai 2007, 7224/1/07, Rev 1, www.consilium.europa.eu/ueDocs/cms_Data/docs/pressData/de/ec/93139.pdf, Nr. 27: »Der Europäische Rat betont, dass das strategische Ziel, den Anstieg der globalen Durchschnittstemperatur auf höchstens 2 °C gegenüber dem vorindustriellen Niveau zu begrenzen, unbedingt erreicht werden muss.« Nach neuesten Erkenntnissen ist das 2 °C-Limit zu hoch angesetzt. Eine gefährliche Klimaänderung ist demnach schon bei einer geringer ausfallenden durchschnittlichen globalen Erwärmung zu erwarten, so IPCC Vice-Chair Jean-Pascal van Ypersele beim Dialogseminar »Towards an ethical debate – climate change as a challenge for lifestyles, solidarity and global justice«, veranstaltet von der Europäischen Kommission, der COMECE und der CEC, am 17.6.2009 in Brüssel. Zwei seiner Schlussfolgerungen lauteten: »Significant risks are assessed to be occurring for lower temperature increase than assessed earlier«, and: »Time to revise the (old: 1996!) EU 2°C target in the light of AR4«.

[9] *Karl Homann,* Art. Wirtschaftsethik, in: Lexikon der Wirtschaftsethik, Freiburg/Basel/Wien 1993, 1286–1296, hier: 1294.

[10] *Emanuel Eckardt,* Der Obstkorb der Nation. Erntedank im Alten Land: Wie oft wird es das noch geben? Deutschlands größtes Obstanbaugebiet droht unter Hamburgs Airbus-Ausbau und neuen Straßentrassen zu verschwinden. Seine einzigartige Geschichte scheint zu Ende zu gehen, in: Die Zeit Nr. 40 vom 23.9.2004, o.S., http://zeus.zeit.de/text/2004/40/A-Altes_Land. Vgl. *Stefan Rahmstorf* und *Katherine Richardson,* Wie bedroht sind die Ozeane? Biologische und physikalische Aspekte, Frankfurt/M. 2007, 129.

[11] Als 13. Tagung der Konferenz der Vertragsparteien (COP 13) des Rahmenübereinkommens der Vereinten Nationen über Klimaänderungen (UNFCCC) sowie als dritte Tagung der Konferenz der Vertragsparteien des Protokolls von Kyoto (CMP 3).

auf der indonesischen Insel Bali am 15. Dezember 2007 in eine ganz ähnliche Richtung: »There is an old saying: If you're not willing to lead, than get out of the way. And I would ask the United States: We ask for your leadership, we seek your leadership. But, if for some reason, you're not willing to lead, leave it to the rest of us. Please, get out of the way.«[12] Überraschenderweise vollzog die Verhandlungsführerin der USA, Paula Dobriansky, kurz darauf eine Kehrtwende mit den Worten: »We came here to Bali because we want to go forward as part of a new framework, we believe we have a shared vision and we want a roadmap forward, we want a success here in Bali. And we want to be part of a roadmap, and also to do our part as part of that effort forward ... we are very committed to developing a long-term global greenhouse gas emission reduction goal ... to lead to a halving of global emissions by 2050 as well as those of our developing country partners as we enter this discussion ... We will go forward and join consensus«[13]. Man wird sehen, welche Taten dem folgen werden.

Die Erwartungen – besonders nach dem Amtswechsel von George W. Bush zu Barack H. Obama – sind hoch. Kurz nach seiner Wahl zum neuen US-Präsidenten kündigte er in einer viel beachteten Rede vor dem Governors Global Climate Summit am 18. November 2008 an, strenge jährliche Reduktionsziele festzulegen, die die Vereinigten Staaten bis 2020 zurück auf die Emissionen von 1990 bringen sollen. Bis 2050 soll dann eine weitere Reduktion um zusätzliche 80 Prozent erfolgen[14]. Diese Zusagen – so erfreulich sie sind – entbehren jedoch einer hinreichenden innenpolitischen Zustimmung, vor allem aber jeder völkerrechtlichen Verbindlichkeit. Sie bleiben darüber hinaus deutlich hinter dem zurück, was die USA im Falle eines Beitritts zum Kyoto-Protokoll kurzfristig zu leisten hätten. Nach Anlage B des Protokolls müssten sie nämlich ihre Treibhausgas-Emissionen bis 2012 um 7 Prozent gegenüber dem Basisjahr 1990 zurückfahren. Tatsächlich ist im Zeitraum 1990 bis 2006 der Ausstoß um 14,4 Prozent gestiegen[15].

[12] *Kevin Conrad,* »Please, get out of the way«. Statement, United Nations Climate Change Conference – Bali, 15 December 2007, rtsp://webcast.un.org/ondemand/conferences/unfccc/2007/cop/unfccc071215am3-cop13-orig.rm [1:05:00-1:05:45].
[13] *Paula J. Dobriansky,* »We will go forward and join consensus«, Statement, United Nations Climate Change Conference – Bali, 15 December 2007, rtsp://webcast.un.org/ondemand/conferences/unfccc/2007/cop/unfccc071215am3-cop13-orig.rm [1:07:40-1:10:45]. Vgl. *Richard Brand,* Dramatisches Finale beim Weltklimagipfel, in: eed – Evangelischer Entwicklungsdienst vom 16.12.2007, www.eed.de/de/de.col/de.col.d/de.sub.42/de. sub.news/de.news.649/index.html.
[14] *Barack Obama,* Zögern ist keine Option mehr, in: KlimaKompakt Nr. 62, November 2008, 2. Wörtlich: »We will establish strong annual targets that set us on a course to reduce emissions to their 1990 levels by 2020 and reduce them an additional 80 % by 2050.« (www.klima-der-gerechtigkeit.de/obama-ein-neues-kapitel-in-sachen-klimaschutz)
[15] Vgl. *UNFCCC,* National greenhouse gas inventory data for the period 1990–2006 (FCCC/SBI/2008/12), http://unfccc.int/resource/docs/2008/sbi/eng/12.pdf, 9.

Angesichts der fälligen Senkung von deutlich über 20 Prozent und der Kürze der verbleibenden Zeit verwundert es nicht, dass Obama keinerlei Beitrittswillen verlauten lässt. Wie nun ist aber das seinerseits nicht unumstrittene Kyoto-Protokoll, insbesondere hinsichtlich seines Beitrags zu mehr intergenerationeller Gerechtigkeit, zu bewerten?

2 Das Kyoto-Protokoll – ein Anfang

Das »Protokoll von Kyoto vom 11. Dezember 1997 zum Rahmenübereinkommen der Vereinten Nationen über Klimaänderungen«, so der vollständige Titel, ist trotz aller Kritik ein wichtiger Schritt in Richtung kollektiver Selbstbindung und globaler Kooperation zugunsten der jetzt Lebenden, aber auch der nachrückenden Generationen. Obwohl durch umfangreiche (ökologisch fragwürdige) Konzessionen bereits »zustimmungsfähig« gemacht, konnte das Protokoll erst am 16. Februar 2005 in Kraft treten – (wie gesagt) ohne Beteiligung der USA, die mit nur 4,6 % der Weltbevölkerung gegenwärtig allein für über 20 % der weltweiten energiebedingten CO_2-Emissionen verantwortlich sind[16]. Australien, dessen konservative Regierung unter Premier John Howard eine entschiedene Gegnerin des Protokolls war, hat das Klimaschutzabkommen hingegen am 3. Dezember 2007 ratifiziert[17]; es war die erste Amtshandlung des neuen Premiers Kevin Rudd von der Labour Party. Damit sind die USA nun das einzige Industrieland, das die Ratifizierung nach wie vor ablehnt, obwohl sie die Klimakonvention 1992 unterzeichnet und an der Aushandlung des Protokolls einflussreich mitgewirkt haben. Ohne die Beteiligung der Vereinigten Staaten aber wird der globale Klimaschutz nur Teilerfolge erzielen können, wie die Bischöfe des Landes verdeutlichen: »No strategy to confront global climate change will succeed without ... participation of the United States«[18]. Darum fordern sie ihre Landsleute und ihre Regierung dazu auf, »to recognize the seriousness of the global warming threat and to develop effective policies that will diminish the possible consequences of global climate change«[19].

---

[16] Vgl. *Jan Burck, Christoph Bals* und *Simone Ackermann,* Der Klimaschutz-Index. Ergebnisse 2009, hg. von Germanwatch und Climate Action Network Europe, Bonn/Berlin/Brüssel 2008, www.germanwatch.org/klima/ksi09.pdf, 13.
[17] Damit ist auch eine Forderung der katholischen Kirche in Australien erfüllt worden. Vgl. *Catholic Earthcare Australia,* Climate Change. Our Responsibility to Sustain God's Earth, o.O. 2005, 17: »... ratifying the Kyoto Protocol seems but minimal«.
[18] *United States Conference of Catholic Bishops,* Global Climate Change: A Plea for Dialogue, Prudence, and the Common Good, Washington, D.C., 2001, www.usccb.org/sdwp/international/globalclimate.shtml.
[19] Ebd. Im Gegensatz zu ihren australischen Amtsbrüdern (vgl. *Catholic Earthcare Australia,* Climate Change, 17), die ihre vormalige Regierung zur Unterzeichnung

Obschon das Vertragswerk die bislang einzige internationale Übereinkunft mit verbindlichen Reduktionszielen für die wichtigsten Treibhausgase darstellt, so ist Kyoto dennoch nicht mehr als ein bescheidener Anfang[20], zumal die erste Verpflichtungsperiode schon 2012 endet. Bis dahin sollen die gesamten Treibhausgasemissionen um fünf Prozent gegenüber dem Basisjahr 1990 gesenkt werden, wobei auf die Europäische Union eine Senkung um acht Prozent entfällt[21]. Im Rahmen des *burden sharing agreement*[22] hat Deutschland sich zu einer Emissionsminderung von 21 % gegenüber dem Basisjahr verpflichtet.

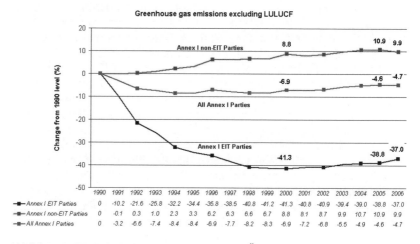

Abbildung 1: THG-Emissionen (aggregierte CO_2-Äquivalente) ohne Landnutzung, Landnutzungsänderungen und Forstwirtschaft (EIT = economies in transition, LULUCF = Land Use, Land-Use Change and Forestry)[23]

Während Deutschland – vom »*wall-fall profit*«, d.h. dem Niedergang der ostdeutschen Industrie, begünstigt[24] – trotz einer Beinahe-Stagna-

---

drängten, konnten sich die US-amerikanischen Bischöfe jedoch nicht dazu durchringen, ihre Regierung zur Ratifizierung des Kyoto-Protokolls aufzufordern.

[20] Die meisten Fachwissenschaftler seien der Ansicht, dass das Kyoto-Protokoll »nur ein erster Einstieg in die erforderlichen Klimaschutzmaßnahmen sein kann.« (Christian-Dietrich Schönwiese, Klimatologie, Stuttgart ²2003, 365; vgl. *Rahmstorf* und *Schellnhuber,* Klimawandel, 106)

[21] Vgl. Art. 3 des Protokolls.

[22] Beschlossen mit der Ratsentscheidung Nr. 2002/358/EG.

[23] Quelle: UNFCCC, http://unfccc.int/files/inc/graphics/image/gif/trends_excluding_2008.gif.

[24] »Zwischen 1990 und 1992 fielen die gesamtdeutschen Emissionen um 9 % ... Nur rund die Hälfte der Emissionsminderung wäre demnach auf Klimaschutzanstrengungen zurückzuführen.« (vgl. *Rahmstorf* und *Schellnhuber,* Klimawandel, 107) Zwischen 1990 und 1995 betrug der Rückgang 12,3 % (vgl. *Statistisches Bundesamt,* Nachhaltige Entwicklung in Deutschland. Indikatorenbericht 2006, Wiesbaden 2007, 8f).

tion in den letzten fünf Jahren insgesamt auf einem guten Weg ist, das Ziel zu erreichen[25], so sieht es weltweit eher düster aus. Zwar ist die Gesamtemission aller Kyoto-Gase (ohne Landnutzung, Landnutzungsänderungen und Forstwirtschaft) – wie Abbildung 1 zeigt – bis 2006 um 4,7 Prozentpunkte (gegenüber dem Basisjahr) gesunken, aber nur weil dieser Gesamtwert durch die Transformationsländer (EIT) aufgrund des Zusammenbruchs bzw. Umbaus ihrer (Energie-) Wirtschaft nach unten gedrückt wurde. Nimmt man nur die Annex I non-EIT Länder (also z.b. Deutschland, Spanien, Italien), so zeigt sich ein Anstieg ihrer aggregierten THG-Emissionen im gleichen Zeitraum um 9,9 %. Die Lage stellt sich noch schlechter dar, wenn man bedenkt, dass die Emissionen »seit 2005 schneller gestiegen sind als jemals zuvor in der Weltwirtschaftsgeschichte«[26]. Allerdings wird die globale Finanz- und Wirtschaftskrise mit ihrem Einbruch bei Produktion und Handel diese Negativentwicklung vorübergehend etwas abbremsen. Auch wenn die Vereinbarungen im japanischen Kyoto bei den Emissionen noch keinen wirklichen Erfolg gebracht haben, so ist das dort verabschiedete Protokoll als erster international verbindlicher Vertrag zum Klimaschutz dennoch ein wichtiger Startpunkt für weitergehende vertragliche Vereinbarungen für die Zeit ab 2012 und ein echter Qualitätssprung in der globalen Umweltpolitik und im Sinne intergenerationeller Gerechtigkeit.

3 Weltklimapolitik nach 2012

Bliebe man allerdings bei Kyoto stehen, wäre wohl bis etwa 2050 »keinerlei Veränderung gegenüber dem ›business-as-usual‹-Szenarium zu erkennen.«[27] Weitere Verhandlungen mit dem Ziel deutlich substanziellerer Reduktionen und der Einbeziehung möglichst aller relevanten Staaten, vor allem der USA, Chinas und Indiens, aber auch an-

---

[25] Bezogen auf das Basisjahr 1990 sanken die in CO_2-Äquivalente umgerechneten Gesamtemissionen in Deutschland bis zum Jahr 2006 um rund 226 Mio. t oder 18,4 %. Zur Erreichung des Kyoto-Ziels bis zur Periode 2008–2012 fehlen also noch 2,6 Prozentpunkte (vgl. *Bundesregierung,* Für ein nachhaltiges Deutschland. Fortschrittsbericht 2008 zur nationalen Nachhaltigkeitsstrategie, Berlin 2008, 43). Es soll nicht verschwiegen werden, dass Deutschland ein anderes großes Reduktionsziel, nämlich die 1995 bekundete Absicht, die CO_2-Emissionen gegenüber 1990 bis 2005 um 25 % zu senken, »grandios verfehlt« hat (*Rahmstorf* und *Schellnhuber,* Klimawandel, 108).
[26] *Ottmar Edenhofer* und *Christian Flachsland,* Ein Global Deal für den Klimaschutz – Herausforderungen an die Energie- und Klimapolitik, in: Amosinternational 2 (2008) Nr. 1, 24–33; hier: 24. Diese Entwicklung zeichnet sich schon seit 2002 ab.
[27] *Bundesministerium für Bildung und Forschung* (Hg.), Herausforderung Klimawandel. Bestandsaufnahme und Perspektiven der Klimaforschung, Berlin 2003, 51. Es handelt sich um eine Studie des Sachverständigenkreises »Globale Umweltaspekte« (SV GUA) des BMBF-Arbeitskreises »Klimadiskussion«.

derer Schwellenländer (wie z.B. Mexiko, Südafrika, Brasilien), müssen also folgen. Dafür wurde beim Klimagipfel in Montreal 2005 mit dem Einstieg in formale Post-2012-Verhandlungen der Weg bereitet. Zu begrüßen ist, dass dort neben dem Umsetzungspaket (den so genannten Marrakesh Accords) erstmals ein Organ zur Erfolgskontrolle mit weitreichenden Anreiz- und Sanktionsmöglichkeiten völkerrechtlich bindend beschlossen wurde. Dies gilt es im Sinne von verbindlichen internationalen Rahmenbedingungen auszubauen, »durch welche gewährleistet wird, daß kurzfristige nationale Egoismen nicht mehr in der Lage sind, den Weg für Konzeptionen zur Lösung bzw. Beseitigung internationaler kollektiver Übel« – wie es der Klimawandel darstellt – »zu versperren«[28].

4 Die Notwendigkeit hinreichender und klarer globaler Reduktionsziele

In Bali wurde mit dem »Bali Action Plan« zwar im Dezember 2007 eine Roadmap verabschiedet, ohne jedoch verpflichtende Reduktionsziele explizit festzulegen. Immerhin bezieht man sich darin affirmativ auf den Vierten Wissensstandsbericht (AR4) des Weltklimarates IPCC und bestätigt die darin niedergelegten Erkenntnisse, »that warming of the climate system is unequivocal, and that delay in reducing emissions significantly constrains opportunities to achieve lower stabilization levels and increases the risk of more severe climate change impacts«[29]. Noch entscheidender ist, dass – ebenfalls mit Bezugnahme auf den AR4 – die Vertragsparteien der Klimakonvention anerkennen, »that *deep cuts* in global emissions will be required to achieve the ultimate objective[30] of

---

[28] *Martin Leschke*, Ökonomische Verfassungstheorie und Demokratie. Das Forschungsprogramm der Constitutional Economics und seine Anwendung auf die Grundordnung der Bundesrepublik Deutschland (Schriften zur wirtschaftswissenschaftlichen Analyse des Rechts 17), Berlin 1993, 250. *Leschke* verweist auf die CO_2-Emissionen, an denen man die angesprochene Problematik besonders deutlich erkennen könne. Vgl. ebd., 250, Anm. 2.
[29] *UNFCCC-COP 13*, Bali Action Plan. Decision, 2007, http://unfccc.int/files/meetings/cop_13/application/ pdf/cp_bali_action.pdf, Preamble.
[30] Gemeint ist das in dem bereits zitierten Artikel 2 der UNFCCC niedergelegte »Endziel« (»ultimate objective«) der Konvention und aller damit verbundenen Rechtsinstrumente, »die Stabilisierung der Treibhausgaskonzentrationen in der Atmosphäre auf einem Niveau zu erreichen, auf dem eine gefährliche anthropogene Störung des Klimasystems verhindert wird. Ein solches Niveau sollte innerhalb eines Zeitraums erreicht werden, der ausreicht, damit sich die Ökosysteme auf natürliche Weise den Klimaänderungen anpassen können, die Nahrungsmittelerzeugung nicht bedroht wird und die wirtschaftliche Entwicklung auf nachhaltige Weise fortgeführt werden kann.«

Klimapolitik als Bewährungsort 93

the Convention and emphasizing the urgency to address climate change«[31].
Noch bedeutsamer ist allerdings, dass in der (nach dem Wort »urgency«) eingefügten Fußnote dann doch auf recht unmissverständliche Zielvorgaben zur THG-Reduktion hingewiesen wird. Diese finden sich in der »Technical Summary« der IPCC-Arbeitsgruppe 3 »Mitigation« sowie in Kapitel 13 des Berichts derselben Gruppe. Zunächst einmal wird dort auf die besondere Bedeutung und die Vorteile klarer Reduktionsziele hingewiesen. Dann werden solche benannt: Wenn man eine mittlere, aber schon nicht mehr ungefährliche Stabilisierung der THG-Konzentration bei 450 bis 550 ppm CO_2-eq[32] erreichen wolle, müssten die entwickelten Länder (als Gruppe betrachtet) ihre Emissionen erheblich absenken, und zwar bis 2020 um 10 bis 40 % und bis 2050 um 40 bis 95 % (jeweils unter dem Niveau von 1990). Die Entwicklungsländer müssten gemäß der meisten Regimes für solche Stabilisierungsniveaus ebenfalls von ihrem Emissionspfad abweichen und in den unmittelbar bevorstehenden Jahrzehnten *unter* die projizierten Basisannahmen für ihre Emissionen gelangen[33]. Genauer zeigt dies die zweite Quelle (Tabelle 2), auf die sich der »Bali Action Plan« beruft:

Scenario category	Region	2020	2050
A-450 ppm CO_2-eq[b]	Annex I	−25% to −40%	−80% to −95%
	Non-Annex I	Substantial deviation from baseline in Latin America, Middle East, East Asia and Centrally-Planned Asia	Substantial deviation from baseline in all regions
B-550 ppm CO_2-eq	Annex I	−10% to −30%	−40% to −90%
	Non-Annex I	Deviation from baseline in Latin America, Middle East, East Asia	Deviation from baseline in most regions, especially in Latin America and Middle East
C-650 ppm CO_2-eq	Annex I	0% to −25%	−30% to −80%
	Non-Annex I	Baseline	Deviation from baseline in Latin America and Middle East, East Asia

Notes:
[a] The aggregate range is based on multiple approaches to apportion emissions between regions (contraction and convergence, multistage, Triptych and intensity targets, among others). Each approach makes different assumptions about the pathway, specific national efforts and other variables. Additional extreme cases – in which Annex I undertakes all reductions, or non-Annex I undertakes all reductions – are not included. The ranges presented here do not imply political feasibility, nor do the results reflect cost variances.
[b] Only the studies aiming at stabilization at 450 ppm CO_2-eq assume a (temporary) overshoot of about 50 ppm (See Den Elzen and Meinshausen, 2006).

Tabelle 1: The range of the difference between emissions in 1990 and emission allowances in 2020/2050 for various GHG concentration levels for Annex I and non-Annex I countries as a group[a34]

---

[31] *UNFCCC-COP 13*, Bali Action Plan, Preamble (Hervorhebung von mir; A.L.).
[32] Das Global Warming Potential der Nicht-CO_2-Treibhausgase wird in Relation zu dem des Kohlendioxid in Äquivalenten angegeben: CO_2-Äq. bzw. engl. CO_2-eq oder CO_2e.
[33] Vgl. IPCC, Climate Change 2007: Mitigation. Contribution of Working Group III to the Fourth Assessment Report of the Intergovernmental Panel on Climate Change, ed. by Bert Metz, Ogunlade Davidson, Peter Bosch, Rutu Dave and Leo Meyer, Cambridge, UK / New York 2007, 90.
[34] Ebd., 776. Hier ist zu beachten, dass nicht nur die CO_2-Konzentration, sondern die Konzentration aller Treibhausgase in CO_2-Äquivalenten angegeben ist.

Ob dies allen Staaten, die sich hinter den »Bali Action Plan« gestellt haben, bewusst war? Dies gilt sicher für die Ad-hoc-Arbeitsgruppe der Industriestaaten, die im Rahmen des Kyoto Protokolls künftige Reduktionsziele erarbeiten soll. Ihr gehören zwar nicht die USA, ansonsten aber alle relevanten Staaten an. Diese Gruppe hat in Bali bestätigt, dass ein Anstieg der globalen THG-Emissionen in den nächsten 10 bis 15 Jahren gestoppt werden müsse. Anschließend seien weitere deutliche Reduktionen nötig, »well below half of levels in 2000 by the middle of the twenty-first century«[35]. Dazu müssten die Annex I Staaten[36] ihre Emissionen bis zum Jahr 2020 gegenüber 1990 um 25 bis 40 % senken[37]. Damit schließt sich die Ad-hoc-Arbeitsgruppe dem weitgehendsten IPCC-Szenario »A-450 ppm CO_2-eq« an, das am ehesten »garantieren« kann, dass das 2 °C-Limit nicht überschritten wird[38]. Die Arbeitsgruppe weist allerdings darauf hin, dass die Reduktionspflichten der entwickelten Staaten noch höher ausfallen müssten, wenn nur die Annex I Staaten Anstrengungen zur Stabilisierung der THG-Konzentrationen unternehmen würden[39].

Immerhin tendiert auch der Europäische Rat in diese Richtung. So hat er bei seiner Frühjahrstagung vom 8./9. März 2007 in Brüssel betont, dass die EU entschlossen sei, »Europa zu einer Volkswirtschaft mit hoher Energieeffizienz und geringen Treibhausgasemissionen umzugestalten«[40]. Dazu hat der Rat beschlossen, »dass die EU bis zum Abschluss einer globalen und umfassenden Vereinbarung für die Zeit nach 2012 ... die feste und unabhängige Verpflichtung eingeht, die Treibhausgasemissionen bis 2020 um mindestens 20 % gegenüber

---

[35] *Kyoto AWG,* Conclusions adopted by the Ad Hoc Working Group on Further Commitments for Annex I Parties under the Kyoto Protocol at its resumed fourth session held in Bali, 3–11 December 2007. Review of work programme, methods of work and schedule of future sessions, http://unfccc.int/files/meetings/cop_13/application/pdf/awg_work_p.pdf, 1.
[36] Gemeint sind die in Anlage I der UNFCCC aufgelisteten Länder. Dazu zählen neben der EU und den OECD-Mitgliedern die Transformationsländer Bulgarien, Estland, Lettland, Litauen, Rumänien, Russische Föderation, Ukraine und Weißrussland sowie die 1997 bei der COP 3 neu hinzugekommenen Länder Kroatien, Liechtenstein, Monaco und Slowenien.
[37] Vgl. *Kyoto AWG,* Conclusions, 1, sowie *Edenhofer* und *Flachsland,* Global Deal, 27.
[38] Das ist auch in etwa die im Stern Review vertretene Position. Steige die THG-Konzentration auf bis zu 550 ppm CO_2-Äq., seien nur noch die *schlimmsten* Auswirkungen zu verhindern: »The risks of the worst impacts of climate change can be substantially reduced if greenhouse gas levels in the atmosphere can be stabilised between 450 and 550 ppm CO_2 equivalent (CO_2e). The current level is 430 ppm CO_2e today, and it is rising at more than 2 ppm each year.« *Nicholas Stern,* Stern Review on the economics of climate change 2006, www. hm-treasury. gov.uk/sternreview_index.htm, vii.
[39] Vgl. *Kyoto AWG,* Conclusions, 1.
[40] *EU,* Ratsbeschluss 2007, Nr. 32.

1990 zu reduzieren«[41]. Damit liegt der Rat jedoch unter den oben genannten Empfehlungen der Kyoto-Arbeitsgruppe. Sofern aber »sich andere Industrieländer zu vergleichbaren Emissionsreduzierungen und die wirtschaftlich weiter fortgeschrittenen Entwicklungsländer zu einem ihren Verantwortlichkeiten und jeweiligen Fähigkeiten angemessenen Beitrag verpflichten«, will die EU ihre Treibhausgasemissionen bis 2020 um 30 % (gegenüber 1990) reduzieren[42], womit sie sich immer noch an der unteren Grenze des Erforderlichen bewegt. Dies scheint auch dem Europäischen Rat bewusst gewesen zu sein, denn er empfiehlt den entwickelten Ländern, das Ziel im Auge zu behalten, ihre Emissionen bis 2050 gemeinsam um 60 bis 80 % gegenüber 1990 zu verringern. Das liegt zwar immer noch unter den Empfehlungen des IPCC sowie den impliziten Aussagen des »Bali Action Plans«, kommt diesen aber schon relativ nahe. Am 5. Dezember 2007 hat die Bundesregierung einen über die EU-Entscheidung hinausreichenden Entschluss gefasst, als deutschen Beitrag für ein internationales Klimaschutzabkommen nach 2012 anzubieten, »die Emissionen bis 2020 um 40 % unter das Niveau von 1990 zu reduzieren ... unter der Voraussetzung, dass die Europäische Union im selben Zeitraum ihre Emissionen um 30 % gegenüber 1990 reduziert und andere Staaten vergleichbar ehrgeizige Ziele übernehmen«[43].

Damit verglichen ist das Kyoto-Reduktionsziel von 8 % seitens der EU und 5,2 % seitens der Industrieländer deutlich zu kurz gegriffen. Aber selbst die Verwirklichung dieses bescheidenen Zieles ist noch keineswegs gesichert, wenn man bedenkt, dass die EU bis Ende August 2007, nach Aussage der Bundeskanzlerin, erst 2 % Emissionsminderung erreicht hat[44]. Und dabei verschweigt sie noch, dass die Emissionen in der EU im Jahr 2006 nicht gesunken, sondern gestiegen sind[45].

[41] Ebd.
[42] *EU*, Ratsbeschluss 2007, Nr. 31.
[43] *CDU/CSU/SPD*, Bericht zur Umsetzung der in der Kabinettsklausur am 23./24.8.2007 in Meseberg beschlossenen Eckpunkte für ein Integriertes Energie- und Klimaprogramm vom 5.12.2007, Berlin 2007, www.bmwi.de/Dateien/BMWi/PDF/gesamtbericht-iekp,property=pdf,bereich=bmwi,sprache=de,rwb=true.pdf, 2.
[44] Vgl. *Angela Merkel*, Rede anlässlich des Wirtschaftssymposiums der japanischen Tageszeitung »Nikkei« am 30. August 2007 in Tokyo, www.bundeskanzlerin.de/Content/DE/Rede/2007/08/2007-08-30-rede-merkel-wirtschaftssymposium-nikkei.html. Vgl. *European Environment Agency*, Greenhouse gas emission trends and projections in Europe 2007. Tracking progress towards Kyoto targets (EEA Report 5/2007), Copenhagen 2007, http://reports.eea.europa.eu/eea_report_2007_5/en/Greenhouse_gas_emission_trends_and_projections_in_Europe_2007.pdf, 6: »In 2005, a 2 % reduction of EU-15 greenhouse gas emissions compared to base-year levels had been achieved.« Aber: »Past trends between 1990 and 2005 show that the EU-15 is not on track to meet its Kyoto target« (ebd.).
[45] Vgl. *Sunita Narain*, Wenn nicht ihr – wer dann? Was die reichen Länder tun müssen, damit auch Staaten wie China und Indien für den Klimaschutz sorgen, in: SZ vom 10.5.2007, 2: Die jüngsten Daten für die Europäischen Union »deuten

Ob schließlich 2 oder 8 % Reduktion erreicht werden – solche geringfügigen Änderungen gegenüber dem Basisjahr 1990 werden »nicht ausreichen, um klimapolitisch relevante Ziele zu erreichen. Es bedarf also einer beträchtlichen Kraftanstrengung, um die Weltwirtschaft zu dekarbonisieren.«[46]

Abbildung 2 veranschaulicht die Richtung, in die es um der nachrückenden Generationen willen gehen muss. Je länger die Völkergemeinschaft beim *business-as-usual* verharrt und auf einen Klimaschutz, der den Namen verdient, verzichtet, auch dies macht das Schaubild deutlich, desto größer werden die zu erzielenden Emissionsminderungen künftig sein und desto schwieriger wird die Aufgabe, schon allein aus Kostengründen, zu schultern sein. Um Investitionen und Technologie voranzutreiben »and to minimize the need for greater action later«[47], sollte möglichst eine Reihe konsistenter kurz- und mittelfristiger Reduktionsziele aufgestellt, operationalisiert und angegangen werden.

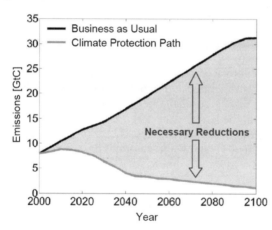

Abbildung 2: Notwendige CO_2-Reduktionen in GtC gegenüber dem BAU-Szenario – der untere Pfad entspricht dem 2° C-Limit[48]

darauf hin, dass sich im vergangenen Jahr [2006; A.L.] die Gesamtemission von Treibhausgasen vergrößert statt verringert hat.«
[46] *Edenhofer* und *Flachsland,* Global Deal, 24.
[47] *Potsdam Memorandum,* Main Conclusions from the Symposium »Global Sustainability: A Nobel Cause«, Potsdam, Germany, 8–10 October 2007, www.nobel-cause.de/Potsdam%20Memorandum_eng.pdf, 2.
[48] Vgl. *Ottmar Edenhofer* und *Christian Flachsland,* Kosten und Optionen für den Klimaschutz, in: *Michael Müller, Ursula Fuentes* und *Harald Kohl* (Hg.), Der UN-Weltklimareport – Bericht über eine aufhaltsame Katastrophe, Köln 2007, 268–280, hier: 270, sowie *Hans Joachim Schellnhuber,* What Is Dangerous Climate Change? CLIM Hearing, European Parliament, Brussels, 10 Sep 2007, www.europarl.europa.eu/comparl/tempcom/clim/sessions/20070910/schellnhuber_en.pdf, 32.

Die größeren und unausweichlichen globalen Reduktionsziele können also nur erreicht werden, wenn die entwickelten Gesellschaften, insbesondere auch die europäische und darin die deutsche Gesellschaft, eine weitreichende sozio-ökonomische Neuorientierung und Strukturreform hin zu einer nachhaltigen Ökologisch-Sozialen Marktwirtschaft vornehmen[49] – und wenn die übrige Welt die Fehler der Industrieländer nicht wiederholt. Dabei ist es ethisch geboten, dass auch Deutschland und die EU nicht nur ihre Treibhausgasemissionen drastisch senken, nicht nur massiv in die Entwicklung von *low-* oder besser noch *nocarbon-*Technologien investieren, sondern auch den (bislang) unvermeidlichen Ausstoß kompensieren, »in order to give poor developing countries room for urgently needed economic growth within the boundaries of a global carbon regime«[50]. Damit (künftige) Menschen in ärmeren Ländern überhaupt Entwicklungschancen haben, brauchen sie einen Zugang zu Energie, ohne die Entwicklung nicht denkbar ist[51]. »Werden die Reichen ihre Emissionen reduzieren, damit die Armen Platz für Wachstum erhalten?«, fragt Sunita Narain, Direktorin des »Centre for Science and Environment« in Neu Delhi[52]. Dieses auch um der Armutsbekämpfung willen notwendige Wachstum wird jedoch nicht von heute auf morgen »klimaneutral« zu haben sein.

Der Energieversorgung kommt somit eine Schlüsselbedeutung zu, die in den Industrie-, aber auch in den Schwellen- und Entwicklungsländern Schritt für Schritt von fossilen Energieträgern unabhängig werden kann und muss. Die gegenwärtigen, *nicht* nachhaltigen Produktions- und Konsummuster, so heißt es zutreffend in der »United Nations Millennium Declaration 2000«, müssen geändert werden – im Interesse unseres zukünftigen Wohlergehens und im Interesse des Wohlergehens unserer Nachkommen[53], aber auch im Interesse der außermensch-

---

[49] Vgl. Für eine Zukunft in Solidarität und Gerechtigkeit. Wort des Rates der Evangelischen Kirche in Deutschland und der Deutschen Bischofskonferenz zur wirtschaftlichen und sozialen Lage in Deutschland. Eingeleitet und kommentiert von *Marianne Heimbach-Steins* und *Andreas Lienkamp* (Hg.), unter Mitarbeit von *Gerhard Kruip* und *Stefan Lunte*, München 1997, Nr. 142ff.
[50] *Potsdam Memorandum,* Main Conclusions, 2.
[51] Vgl. *Misereor,* Energie für die Armen. Ein Positionspapier, erarbeitet von der Projektgruppe »Zugang der Armen zu Energie« (Mai 2004), www.misereor.de/fileadmin/user_upload/pflege_thema/Diskussionspapier_mso3BE.pdf, sowie *Joachim Ostheimer* und *Markus Vogt,* Energie für die Armen. Entwicklungsstrategien angesichts des Klimawandels, in: Amosinternational 2 (2008) Nr. 1, 10–16.
[52] *Narain,* Wenn nicht ihr – wer dann?, 2.
[53] Vgl. United Nations Millennium Declaration 2000. Resolution adopted by the General Assembly, www.un.org/millennium/declaration/ares552e.htm, I.6. Wörtlich: »The current unsustainable patterns of production and consumption must be changed in the interest of our future welfare and that of our descendants.« Es handelt sich um ein sinngemäßes Zitat aus der Rio-Deklaration: »To achieve sustainable development and a higher quality of life for all people, States should reduce

lichen Natur. Der ehemalige UN-Generalsekretär Kofi Annan sieht eine reale Gefahr »that climate change could undermine efforts to achieve the Millennium Development Goals. We must not let that happen. Nor, on the other hand, should we pursue the goals in a way that exacerbates climate change«[54].
Um diese Gefahr abzuwenden, bedarf es nicht nur staatlicher Vereinbarungen, sondern der aktiven Mitverantwortung aller Bürgerinnen und Bürger, der Einrichtungen und Organisationen, der Unternehmen und Verbände, von Wissenschaft und Technik, es bedarf gesetzlicher Rahmenbedingungen, gezielter Forschungsförderung, einer sensibilisierenden, informierenden und motivierenden Umweltbildung sowie einer globalen und integrierten Politik, die den Prinzipien der Gerechtigkeit und Retinität sowie der wechselseitigen Abhängigkeit sozialer, ökonomischer und ökologischer Probleme gerecht wird. Die bisherige Umwelt- und Klimapolitik muss aus ihrem Sparten- und Schattendasein heraustreten. Klimapolitik ist auch Wirtschafts-, Verkehrs-, Raumplanungs-, Wasserwirtschafts-, Landwirtschafts- und Außenhandelspolitik und muss darum in eine umfassende Politik der Nachhaltigkeit eingebettet werden, die alle Politikbereiche umgreift und so erst die Bedingungen einer *vor*sorgenden, Erfolg versprechenden Klimapolitik zu schaffen vermag. Das, was Frank Biermann über die Umweltpolitik im Allgemeinen gesagt hat, gilt auch für die Klimapolitik im Besonderen: Sie »ist kein peripheres Gebiet, kein Randthema der internationalen Politik, keine *soft politics:* Die globalen Umweltveränderungen sind Kernaufgaben der Weltpolitik des einundzwanzigsten, des ›Globalen‹ Jahrhunderts«[55]. Aus Solidarität mit den gegenwärtigen und künftigen Opfern hoher Treibhausgas-Konzentrationen und daraus resultierender globaler Erwärmung muss in diesem Sinne mit größeren Anstrengungen als bisher versucht werden, den Klimawandel zu bremsen und seine negativen Auswirkungen durch Anpassungsmaßnahmen abzufedern.
Für die internationalen Verhandlungen, die in Bali angestoßen wurden und die ein Klimaregime für die Zeit nach 2012 erarbeiten sollen – hier richtet sich der Blick vor allem auf die United Nations Climate Change Conference vom 7. bis 18. Dezember 2009 in Kopenhagen –, muss die schon in der Klimakonvention eingeforderte Gerechtigkeit die steuernde, regulative Idee werden. Danach sollen die Vertragsparteien »auf der Grundlage der Gerechtigkeit und entsprechend ihren gemeinsamen,

---

and eliminate unsustainable patterns of production and consumption« (Grundsatz 8).
[54] *Kofi A. Annan,* Issue Development, in: NorthSouthEastWest. A 360° view of climate change, published by the Climate Group, Edenbridge 2005, 32–33, hier: 33.
[55] *Frank Biermann,* Umweltflüchtlinge. Ursachen und Lösungsansätze, in: Aus Politik und Zeitgeschichte. Beilage zur Wochenzeitung Das Parlament, B 12/2001, 24–29, hier: 29.

aber unterschiedlichen Verantwortlichkeiten und ihren jeweiligen Fähigkeiten das Klimasystem zum Wohl heutiger und künftiger Generationen schützen.«[56] Eine entscheidende Frage der internationalen Klimapolitik ist dabei die nach einer gerechten Lasten- und Kostenverteilung in intra- und intergenerationeller Perspektive. »Ausgehend von einem globalen Zielpfad für Emissionen, der ›gefährliche‹ Klimaveränderungen vermeidet, können und müssen Zielpfade für Emissionen so auf Länder- und regionale Ebene heruntergebrochen werden, dass der globale Emissionspfad eingehalten werden kann. Länderspezifische Emissionsrechte dürfen also zusammen genommen die globalen Emissionsvorgaben nicht überschreiten.«[57] Wie aber kann hier eine gerechte und praktikable Lösung aussehen? Anhand welcher Kriterien sollen die Emissions-»*Rechte*« und die sich hieraus ergebenden Reduktions*verpflichtungen* zugeteilt werden?[58] Pro BIP-Einheit, pro Land, wie es in Kyoto gemacht wurde, oder pro Kopf? Fest steht, dass anders als in Kyoto, wo »die essentielle Frage nach den künftigen Verpflichtungen der *Entwicklungsländer* erfolgreich verdrängt« worden war, nun nicht mehr zu übersehen ist, dass es ohne die Beteiligung der größeren Emittenten unter ihnen nicht geht, besonders wenn man in den Blick nimmt, dass sich nach Schätzungen der Energy Information Administration deren CO_2-Ausstoß bis 2025 um 200 % gegenüber dem Basisjahr 1990 erhöhen wird[59].

»Ein Klimaschutz-Regime, das diesen Trend nicht umzubiegen vermag, indem es die Entwicklungsländer auf nachhaltige und gerechte Weise ins Boot holt, ist zum Scheitern verurteilt – selbst wenn die reichen Staaten ihrer Pflicht nachkommen sollten«[60], was nicht nur bezüglich der USA eine noch offene Frage ist[61]. So sind etwa – um nur die zehn stärksten »Abweichler« zu nennen – Finnland (+13,1 %), Island (+15,7 %), Italien (+16,4 %), Dänemark (+22,7 %), Neuseeland (+25,8 %), Liechtenstein (+27,0 %), Kanada (+27,3 %), Österreich (+28,2 %), Luxemburg (+29,2 %) und Spanien (+34,5 %) jeweils um die in Klammern genannte Differenz von ihren Verpflichtungen im

---

[56] Klimakonvention, Art. 3, Nr. 1.
[57] *Wissenschaftlicher Beirat der Bundesregierung Globale Umweltveränderungen (WBGU)*, Über Kyoto hinaus denken – Klimaschutzstrategien für das 21. Jahrhundert. Sondergutachten, Berlin 2003, 26.
[58] Vgl. ebd. Der übliche Begriff der »Emissions-« oder »Verschmutzungs*rechte*« ist irreführend, da es kein Menschenrecht auf THG-Emissionen geben kann. Denn es wäre gleichbedeutend mit einem »Menschenrecht« auf Schädigung Dritter.
[59] Vgl. *Rahmstorf* und *Schellnhuber*, Klimawandel, 106.
[60] Ebd.
[61] Vgl. *Stern*, Stern Review, vii: »Even if the rich world takes on responsibility for absolute cuts in emissions of 60–80 % by 2050, developing countries must take significant action too. But developing countries should not be required to bear the full costs of this action alone«.

Rahmen des Kyoto-Protokolls bzw. des EU *burden sharing* abgewichen (2006)[62]. Für viele überraschend haben sich die *developing country Parties* in Bali tatsächlich auf »nationally appropriate mitigation actions« verpflichtet – »in the context of sustainable development, supported and enabled by technology, financing and capacity-building, in a measurable, reportable and verifiable manner«[63].

5 Gleiche Emissions-»Rechte« für alle?

Nach einem viel beachteten Vorschlag der deutschen Bundeskanzlerin »würde der CO_2-Ausstoß pro Kopf errechnet. Der maximale CO_2-Ausstoß eines Landes orientiert sich damit an der Bevölkerungszahl. Das heißt: je größer die Bevölkerungszahl eines Landes, desto mehr CO_2 kann dieses Land ausstoßen. Jeder Mensch auf dieser Welt darf damit die gleiche Menge an Kohlendioxid produzieren.«[64] Die Idee klingt gut und gerecht. Nur hat sie einen Haken. Sie kann zwar ein Türöffner sein, um die großen, um ihre Entwicklungschancen fürchtenden Emittenten China und Indien mit ihren relativ niedrigen Pro-Kopf-Emissionen ins Verhandlungsboot zu holen. Aber die Situation für die Nichtbeteiligten – für die nachfolgenden Generationen wie für die außermenschliche Natur – wird dadurch nicht schon per se besser. Im Gegenteil wäre basierend auf diesem Vorschlag auch eine Verschlechterung möglich, auch eine deutliche, wenn der zulässige Betrag in Kilogramm CO_2 pro Kopf und Jahr zu nah an dem jetzigen Ausstoß in Industrieländern und damit für einen effektiven Klimaschutz *viel* zu hoch angesetzt würde. Allerdings unterstützt auch die Kanzlerin das 2 °C-Limit der EU. Dennoch scheint es, als sollten letztlich die wirtschaftlich aufstrebenden Schwellenländer daran gehindert werden, ein Land wie Deutschland beim Pro-Kopf-Ausstoß zu überflügeln, wie die Kanzlerin auf ihrer Japan-Reise im August 2007 deutlich machte: »Ich kann mir nicht vorstellen, wenn wir zu einem gerechten Abkommen kommen wollen, dass die Schwellenländer eines Tages mehr CO_2 pro Kopf emittieren dürfen, als wir in den Industrieländern.«[65]

Der Vorschlag wäre eher brauchbar, wenn die Perspektive umgedreht und der – mit Blick auf die nachrückenden Generationen und die Biosphäre – *global noch zulässige Gesamtausstoß* an Treibhausgasen explizit benannt und mit *gleichen* Pro-Kopf-Anteilen auf die Staaten der

---

[62] Es handelt sich um die Ende 2008 verfügbaren, aktuellsten offiziellen Zahlen. Vgl. *UNFCCC,* National greenhouse gas inventory data, 2.
[63] *UNFCCC-COP 13,* Bali Action Plan, Nr. 1 b ii.
[64] Bundeskanzlerin Merkel startet eine neue Klima-Initiative, 30.8.2007, www.bundeskanzlerin.de/Content/DE/Artikel/2007/08/2007-08-30-bundeskanzlerin-in-japan.html.
[65] *Merkel,* Wirtschaftssymposium, o.S.

Erde aufgeteilt würde. Dies wäre geradezu revolutionär, wo doch »heute ein Nordamerikaner durchschnittlich hundertmal so viele CO_2-Emissionen verursacht wie die Bewohner südindischer oder westafrikanischer Regionen«[66]. Eine Egalität bei den Pro-Kopf-Emissionen ließe sich mit der Gleichheit aller Menschen (Art. 1 AEMR), dem Diskriminierungsverbot (Art. 2 AEMR) sowie dem Gerechtigkeitsprinzip der Klimakonvention begründen[67]. Zur Umsetzung dieser Idee hat sich eine internationale Bewegung für »Contraction and Convergence« (C & C) gebildet. Sie schlägt vor, bei einer vorgängig festzulegenden atmosphärischen THG-Konzentration unterhalb der gefährlichen Schwelle (also etwa maximal 450 ppm CO_2-eq) das noch zulässige globale Emissionsbudget zunächst auf die Länder bzw. Regionen aufzuschlüsseln. Dann sollen sich die Pro-Kopf-Emissionen von entwickelten und Entwicklungsländern (bzw. Regionen) – entsprechend einer zu vereinbarenden linearen (oder nicht-linearen) Konvergenzrate – bis zu einem festgelegten Zieljahr (z.B. 2050) schrittweise bis zur Übereinstimmung annähern[68]. Die eingebaute zeitliche Verzögerung dient dazu, sozio-ökonomische Verwerfungen zu vermeiden und den Industrieländern Gelegenheit zu geben, ihre hohen Pro-Kopf-Emissionen bis zur Jahrhundertmitte auf 2 t CO_2-Äq. pro Jahr abzusenken. Immerhin müssen die Deutschen ihren Ausstoß um gut 10 t und die US-Amerikaner/-innen den ihren um rund 22 t CO_2-Äq. pro Kopf und Jahr zurückfahren[69]. Die Entwicklungsländer könnten hingegen ihre niedrigen Pro-Kopf-Werte nutzen, um, so Rahmstorf und Schellnhuber, »einstweilen einen florierenden Emissionshandel mit den hochentwickelten Staaten zu betreiben«[70]. Zu diesem Modell gehört, dass die Industrieländer als Gruppe die größeren Reduktionsleistungen erbringen müssen. »In Bezug auf den CO_2-Emissionspfad besitzt der Ansatz ... eine

---

[66] *Rahmstorf* und *Schellnhuber*, Klimawandel, 118.
[67] Klimakonvention, Art. 3, Nr. 1: »equity«. Auch für Rahmstorf und Schellnhuber ist es ein Ausdruck sozialer Gerechtigkeit, dass jede Erdenbürgerin und jeder Erdenbürger »exakt den gleichen Anspruch auf die Belastung der Atmosphäre hat, die zu den wenigen ›globalen Allmenden‹ zählt.« *(Rahmstorf* und *Schellnhuber,* Klimawandel, 118) Denn: »Jeder Mensch ist nicht nur vor dem Gesetz, sondern auch vor der Natur gleich.« (ebd.)
[68] Stern geht für das Jahr 2050 (bei einer prognostizierten Weltbevölkerung von rd. 9 Mrd. Menschen) von einer maximal zulässigen globalen Durchschnittsemission von 2 t CO_2-Äq. pro Kopf und Jahr aus, von der keine wesentliche Gruppe signifikant abweichen dürfe. Vgl. *Nicholas Stern,* Key Elements of a Global Deal on Climate Change, London 2008, www.lse.ac.uk/collections/granthamInstitute/publications/KeyElementsOfAGlobalDeal_30Apr08.pdf, 5, 10.
[69] Wenn man von dem von Stern angesetzten Limit von 2 t CO_2-Äq. pro Kopf und Jahr für das Jahr 2050 ausgeht und die gegenwärtigen Emissionen und Bevölkerungszahlen in Rechnung stellt (vgl. http://unfccc.int/ghg_data/ghg_data_unfccc/time_series_annex_i/items/3841.php sowie www.weltbevoelkerung.de/infoservice/laenderdatenbank.php).
[70] *Rahmstorf* und *Schellnhuber,* Klimawandel, 119.

hohe Zielgenauigkeit, da die Emissionsbudgets langfristig vorgegeben sind und keinerlei Schwankungen unterliegen.«[71] Um keine falschen Anreize in Richtung eines zusätzlichen Bevölkerungswachstums zu setzen, könnte ein Basisjahr als Berechnungsgrundlage festgelegt werden.

Der Grundsatz *unterschiedlicher* Verantwortlichkeiten, so der WBGU, komme hier zwar insoweit zum Tragen, als die Reduktionslast der Länder pro Kopf umso höher ausfalle, je größer ihr *gegenwärtiger* Anteil an den Treibhausgasemissionen pro Kopf sei. »Unterschiede in den historischen Verantwortlichkeiten bleiben dabei aber im Wesentlichen unberücksichtigt.«[72] Das heißt, auch dieses gegenüber dem Merkel-Vorschlag deutlich differenziertere Modell ist alles andere als gerecht. Darauf weisen auch Edenhofer und Flachsland hin. Es vernachlässige nämlich die Tatsache, so die beiden Potsdamer Forscher, dass vor allem Europa und die USA die Atmosphäre seit Beginn ihrer Industrialisierung kostenlos genutzt haben. Lediglich die *künftigen* Nutzungsmöglichkeiten würden hier zwischen allen gleich verteilt. Die bereits *angehäufte* »Kohlenstoffschuld« bleibe unberücksichtigt. »Auf den zweiten Blick erkennt man schnell, dass diese Verteilungsregel in etwa folgender Situation entspricht: Zehn Personen dürsten in der Wüste. Zwei von ihnen trinken, ohne Rücksicht auf die anderen, ein Glas Wasser halb leer. Nach Verhandlungen um die Verteilung der zweiten Hälfte des Glasinhalts bescheiden sich alle zehn mit dem verbliebenen Rest zu gleichen Teilen. Würde man dies als gerecht empfinden? Es scheint hier eher so, als repräsentiere der Ansatz der *Contraction and Convergence* das absolute Minimum an Gerechtigkeit.«[73]

Bei den weiteren, im Rahmen der internationalen Klimaverhandlungen anzustellenden Überlegungen ist allerdings zweierlei zu berücksichtigen, denn das Gerechtigkeitsprinzip fordert keine absolute Gleichbehandlung. Vielmehr ist Gleiches gleich und Ungleiches ungleich zu behandeln. Das heißt *zum einen,* dass »geografisch-klimatisch bedingten Unterschieden im Emissionsbedarf« Rechnung zu tragen ist[74]. Insofern wäre es ungerecht, Menschen in Extremklimaten mit solchen in gemäßigten Zonen hinsichtlich zulässiger Pro-Kopf-Emissionen gleich zu stellen. Es heißt *zum anderen,* dass – wie es auch die Rio-Dokumente festschreiben – die unterschiedliche ökonomische und technologische Leistungsfähigkeit der einzelnen Länder berücksichtigt

---

[71] *WBGU,* Über Kyoto hinaus denken, 27.
[72] Ebd.
[73] *Edenhofer* und *Flachsland,* Global Deal, 32. Dies sieht auch Stern so: »All major groups getting to 2T/capita [gemeint sind 2 t CO_2-Äq. pro Kopf; A.L.] is a pragmatic approach and not a strongly equitable one. It takes little account of the greater per capita contributions of the developed countries to the historical and future contributions to the stock of GHG emissions.« *(Stern,* Global Deal, 10)
[74] *WBGU,* Über Kyoto hinaus denken, 27.

werden muss[75]. So fordert auch das Potsdam Memorandum a »principle of carbon justice, i.e. striving for a long-term convergence to equal-per-capita emissions rights accomplished through a medium-term multi-stage approach accounting for differentiated national capacities.«[76] Wer über größere Fähigkeiten verfügt, trägt somit auch eine größere Verantwortung. Zumal das hohe ökonomisch-technologische Potenzial der Industrieländer (ebenso wie ihr Wohlstand) zu nicht unerheblichen Teilen auf einer kostenlosen Übernutzung der Allmende »Klimasystem« beruht[77]. »Ziel einer gerechten Klimaschutzpolitik muss es sein«, so der Hamburger Erzbischof Werner Thissen, zugleich Vorsitzender der Unterkommission Misereor bei der Deutschen Bischofskonferenz, »allen Menschen auf dieser Welt das gleiche Recht zur Nutzung der Atmosphäre zu gewähren. Wir haben unseren Reichtum nicht nur auf Kosten der sogenannten Dritten Welt, sondern auch auf Kosten des Klimawandels angehäuft. Insofern ist der Klimawandel auch der Gipfel oder das Symbol schlechthin für viele bestehende Ungerechtigkeiten in der Welt.«[78]

6 Resümee

Die internationale Klimapolitik der vergangenen Jahrzehnte macht – wie auch die letzten Konferenzen von Bali und Poznań – deutlich, wie schwierig und schwerfällig die Einigungsprozesse auf dem Weg zu mehr Klimagerechtigkeit und engagierterem Klimaschutz sind. Die in Potsdam im Oktober 2007 zusammengekommenen Nobelpreisträger haben vor diesem Hintergrund mit allem Nachdruck auf die Dringlichkeit und die Größe der Aufgabe hingewiesen: We need, »rapidley and ubiquitously, a thorough re-invention of our industrial metabolism – the Great Transformation«[79]. Wenn dies nicht gelingt, werden die

---

[75] Vgl. ebd., 26.
[76] *Potsdam Memorandum,* Main Conclusions, 2.
[77] Vgl. die Aufforderung der Bischofskonferenzen der G8-Staaten an die in Toyako (Japan) versammelten Staats- und Regierungschefs *(Bischofskonferenzen der G-8-Länder,* Gemeinsamer Brief der Bischofskonferenzen an die Staats- und Regierungschefs der G8-Staaten vom 18. Juni 2008, www. dbk.de/aktuell/meldungen/ 01680/index.html, o.S.
[78] Zit. nach *Misereor,* Erzbischof [Werner] Thissen: Maßnahmen gegen Klimawandel ist eine Frage der Gerechtigkeit. Bischöfliche Kommission berät über Entwicklungsfragen, 12.12.2007, Aachen, www.misereor.de/presse/detailansicht-presse/ article/erzbischof-thissen-massnahmen-gegen-klimawandel-ist-eine-frage-der-gerechtigkeit.html.
[79] *Potsdam Memorandum,* Main Conclusions, 1. Rahmstorf und Schellnhuber sprechen von der Notwendigkeit eines »großen Strukturwandels vom Kaliber einer zweiten Industriellen Revolution« und zeigen sich hoffnungsvoll: »Die Wirtschaftsgeschichte lehrt, dass unter besonderen Bedingungen sehr wohl Fortschritts-

Probleme wachsen, je länger die Industrieländer nahezu tatenlos abwarten. Sunita Narain hat es in ihrer Potsdamer Präsentation prägnant formuliert. Ihr Resümee mit Blick auf die Verhandlungsergebnisse und die »Erfolge« der Industrieländer bei der Emissionsminderung ist ernüchternd: »High on rhetoric. Low on action.«[80] Wir brauchen stattdessen, so Narain, einen »global deal« für effektives Handeln[81]. Wir benötigen eine globale oder zumindest multinationale Kooperation unter Beteiligung von Politik, Wirtschaft, Wissenschaft, Technik und Zivilgesellschaft, eine Art »Manhattan-Projekt«, das der Menschheit und Natur (anders als in den 1940er Jahren) nicht Zerstörung, sondern die Bekämpfung des Klimawandels und den Schutz vor seinen Folgen bringt; eine Art »Apollo-Programm«, das unsere Spezies (im Unterschied zu den 1960er Jahren) nicht von den Aufgaben auf diesem Planeten ablenkt, sondern mit gleicher Zielstrebigkeit das unbeabsichtigte »Menschheitsexperiment ungewissen Ausgangs«, das der Klimawandel darstellt, geordnet abfedert und beendet, indem eine »gefährliche anthropogene Störung des Klimasystems verhindert wird«[82]. In kleineren Dimensionen darf man sich die erforderlichen konzertierten Anstrengungen gar nicht erst vorstellen[83]. Im Gegenteil heißt es im Potsdam Memorandum, dass das geforderte Innovationsprogramm sogar noch in vielerlei Hinsicht die genannten nationalen *crash programs* der Vergangenheit übersteige[84]. Die gebündelte *woman-and-man-power*, die das IPCC zur Erforschung der Klimaveränderungen auf die Beine stellt, muss eine Entsprechung auf der technischen und politischen Seite finden, sonst wird die Menschheit die wohl größte Herausforderung des 21. Jahrhunderts kaum bewältigen.

Der von Johann Baptist Metz geprägte Satz – »Schließlich macht auch kein Glück der Enkel das Leid der Väter wieder gut, und kein sozialer Fortschritt versöhnt die Ungerechtigkeit, die den Toten widerfahren ist«[85] – muss angesichts des Klimawandels umgeschrieben, zumindest aber wie folgt ergänzt werden: Schließlich macht auch kein Glück der

---

schübe entstehen können, welche unsere Gesellschaft dramatisch verändern« (*Rahmstorf* und *Schellnhuber*, Klimawandel, 113).

[80] *Sunita Narain*, Global Warming in an (even more) unequal world: A global deal for effective action. Präsentation beim Symposium »Global Sustainability: A Nobel Cause«, Potsdam, Germany, 8–10 October 2007, www.nobel-cause.de/presentations/session-iii-iv/Narain.pdf, 8. Der »Collins« übersetzt *rhetoric* mit »Rhetorik«, aber auch mit »Phrasendrescherei«.

[81] *Narain*, Global Warming, 1.

[82] Klimakonvention, Art. 2.

[83] Vgl. *Narain*, Global Warming, 10: »No more kindergarten approach«.

[84] Vgl. *Potsdam Memorandum*, Main Conclusions, 3.

[85] Unsere Hoffnung – Ein Bekenntnis zum Glauben in dieser Zeit, in: Gemeinsame Synode der Bistümer in der Bundesrepublik Deutschland. Beschlüsse der Vollversammlung, Offizielle Gesamtausgabe, Bd. 1, Freiburg/Basel/Wien 1976, 84–111, hier: Nr. I.3.

Gegenwärtigen das Leid der Kindeskinder oder das Elend der außermenschlichen Natur wieder gut, und kein ökonomisches Wachstum versöhnt die Ungerechtigkeit, die den Kommenden widerfahren wird. »Wir haben nur diese *einzige* Erde, wir haben sie geborgt bekommen. Ist sie noch zu retten? Ja, aber dann muß jetzt etwas passieren.«[86] Ganz ähnlich betont auch Hans-Joachim Höhn – eine Formulierung von Schellnhuber aufgreifend: »Noch besteht die Chance, das Unbeherrschbare zu vermeiden und das Unvermeidliche zu beherrschen. Nutzt man diese Chance nicht, wird das Unbeherrschbare unvermeidlich sein.«[87]

Im Chinesischen besteht das Wort »Krise« jeweils aus einem Schriftzeichen der Begriffe »Gefahr« und »Chance«. Die Klimakrise ist eine große Gefahr, birgt jedoch auch unerwartete Chancen, wie Friedensnobelpreisträger Al Gore unterstreicht[88]. Mit einem Zitat von ihm, in dem er sehr treffend die Herausforderung des Klimawandels und die von uns geforderte Reaktion auf den Punkt bringt, möchte ich schließen: »Nun ist es an uns, unsere Demokratie und unsere gottgegebene Fähigkeit dazu zu nutzen, miteinander über unsere Zukunft zu debattieren und uns dazu durchzuringen, einen politischen Kurs und individuelle Verhaltensweisen zu ändern, die, sollten wir an ihnen festhalten, unseren Kindern und Kindeskindern und der gesamten Menschheit eine ausgeplünderte, kranke und unwirtliche Erde hinterlassen würden. Wir müssen das 21. Jahrhundert zu einem Jahrhundert der Erneuerung machen. Indem wir die Chance ergreifen, die uns diese Krise bietet, können wir die Kreativität, Innovationskraft und Inspiration entfesseln, die uns ebenso zueigen sind wie unsere Neigung zu Habsucht und Kurzsichtigkeit. Wir haben die Wahl. Wir haben die Verantwortung. Wir entscheiden über unsere Zukunft.«[89]

---

[86] *Hans Kessler,* Das Stöhnen der Natur. Plädoyer für eine Schöpfungsspiritualität und Schöpfungsethik, Düsseldorf 1990, 137.
[87] *Hans-Joachim Höhn,* Die »andere« Globalisierung. Weltrisikogesellschaft, Weltklima und Zwangssolidaritäten, in: Die Menschheitsfamilie – Gemeinschaft des Friedens. Welttag des Friedens. 1. Januar 2008 (Arbeitshilfen 218, hg. vom Sekretariat der Deutschen Bischofskonferenz), Bonn 2007, 6–8, hier: 6.
[88] Vgl. *Al Gore,* Eine unbequeme Wahrheit. Die drohende Klimakatastrophe und was wir dagegen tun können, München ³2006, 10.
[89] Ebd., 296.

CHRISTOPH STÜCKELBERGER

Für eine zukunftsorientierte Gestaltung der Schöpfung

Strategien der ökumenischen und interreligiösen Bewegungen

1 Einleitung

Der Titel des Referates[1] beinhaltet bereits einige Akzentsetzungen, die gleich zu Beginn erläutert werden sollen: a) Bei dieser Tagung wurde diskutiert, wie weit der Begriff der Schöpfung in einem säkularen Umfeld noch gebraucht werden kann. Ich schlage vor, aus christlicher Perspektive am Begriff der Schöpfung gerade als Provokation festzuhalten. Er löst heilsame und nötige Diskussionen aus. Er weist auf den zentralen Glaubensinhalt hin, dass ein verantwortlicher Umgang mit der Schöpfung ermöglicht wird durch die Anerkennung der fundamentalen Differenz zwischen Schöpfer (Schöpfungskraft) und Geschöpf. Der Mensch hat die phantastische Chance und Verpflichtung, als Geschöpf die Schöpfung mitzugestalten zum Wohl alles Geschaffenen. Er ist aber befreit davon, Schöpfer spielen zu müssen oder zu wollen. Geschöpf zu sein, getragen von der Kraft und Weisheit des Schöpfers, ermöglicht einen maßvollen Umgang mit Schöpfung; b) eine zukunftsorientierte Gestaltung der Schöpfung enthält den Hinweis auf die eschatologische Perspektive der Vollendung der Schöpfung im Reich Gottes. Diese Zukunftsorientierung ermöglicht, eine rückwärtsgewandte Nostalgie für eine (nie dagewesene) paradiesische Welt wie auch einen technokratischen Fortschrittsoptimismus zu überwinden; c) der Begriff »Strategien« im Titel weist darauf hin, dass Verantwortungsethik, die über die gute Gesinnung hinaus nach realer Veränderung in Verantwortung strebt, strategisch und das heißt politisch denken muss. Darin ist eine gewisse Kritik daran enthalten, dass kirchliche und schöpfungsethische Positionen diese Dimension oft zu wenig explizit einbeziehen; d) die ökumenische Debatte ist auf die Beiträge anderer Religionen und interreligiöse Bestrebungen auszuweiten.
Damit Sie den Hintergrund meiner folgenden Thesen besser verstehen, ein paar Hinweise zu meinem biographischen Bezug zum Thema: 1979, also vor genau 30 Jahren, veröffentlichte ich als junger Assistent in Ethik mein erstes Buch über »Aufbruch zu einem menschengerechten Wachstum. Ansätze für einen neuen Lebensstil.« Einige hier An-

---

[1] Der vorliegende Text ist die stark überarbeitete Fassung des Referates.

wesende wie Gerhard Liedke, Christian Link und Jürgen Moltmann, aber auch frühe ökologische Theologen wie Leonhard Ragaz oder Karl Barth – ja, ich wage es, ihn mit seinen Aussagen z.b. zur Würde der Kreatur als solchen zu bezeichnen – haben mich theologisch geprägt.

1985 gründete ich als Gründungspräsident mit Lukas Vischer die Ökumenische Arbeitsgemeinschaft Kirche und Umwelt der Schweiz, 1989 führten wir die erste Klimakampagne der Schweiz durch, 1991 die erste internationale ökumenische Klimatagung. Die spätere Zuwendung zu einer expliziten Umweltethik (Umwelt und Entwicklung, 1997), zur Wirtschaftsethik und zur Korruptionsbekämpfung (Gründungspräsident von Transparency Switzerland ab 1995) haben einen inneren Zusammenhang, denn Wirtschafts-, Handels-, Umwelt- und Bioethik sind eng miteinander verbunden. 2009 habe ich im Auftrag des Globalen Humanitären Forums Genf (präsidiert von Kofi Annan) mit Fachleuten neun Prinzipien der Klimagerechtigkeit erarbeitet.

Die folgenden Ausführungen sind in Form *kommentierter Thesen (jeweils kursiv)* gestaltet.

2 Historische Entwicklungen

Die historische Entwicklung der ökumenischen Debatte kann hier kurz gefasst werden. Sie ist bereits andernorts gut aufgearbeitet[2]
Die Spannung zwischen Bewahrung von und Gewalt gegen Schöpfung ist so alt wie die Menschheit und wie die jüdisch-christliche Überlieferung. (Gen 2,15, Röm 8 u.a.).
Während zur Zeit der Entstehung der beiden biblischen Schöpfungsberichte die Natur noch weitgehend als bedrohlich wahrgenommen wurde, weil der Mensch ihr vielfach ausgeliefert war und damit der sog. »Herrschaftsauftrag« als Befreiung und Ermächtigung erlebt werden konnte, war die Bewahrung aber ebenso schon in diesen Anfängen angelegt, im Auftrag, die Erde zu bebauen und bewahren (Gen 2,15).
Zerstörung von Schöpfung wurde aus Sicht des Glaubens immer neu als Folge von Ungehorsam, Unglaube und Undank gegenüber dem Schöpfer verstanden. Für die Reformatoren Luther, Zwingli und Calvin war die nichtmenschliche Mitwelt selbstverständlich Teil der Heilsgeschichte. (Luther: auch Hunde kommen in den Himmel. Calvin: »Die Natur nutzen und ihren Schöpfer nicht anerkennen ist schändlicher Undank.«)
Dass zum Reich Gottes die Befreiung aller Kreatur gehört, wusste schon Paulus (Röm 8), und es wurde von allen Reformatoren, wenn

---

[2] Sehr hilfreich ist die Übersicht *Heinrich Bedford-Strohm*, Die Entdeckung der Ökologie in der ökumenischen Bewegung, in: *Hans-Georg Link* und *Geiko Müller Fahrenholz* (Hg.), Hoffnungswege. Wegweisende Impulse des Ökumenischen Rates der Kirchen aus sechs Jahrzehnten, Frankfurt a.M. 2008, 321–347.

auch unterschiedlich stark, aufgenommen. Die Heilsgeschichte war für sie nie nur Heilsgeschichte für den Menschen, sondern alles von Gott Geschaffene.[3]

Im zwanzigsten Jahrhundert gehörte die Ökumenische Bewegung zu den Pionieren der Bemühungen zur Bewahrung der Schöpfung, am Anfang eher zögernd und durch Einzelpersonen, ab der Vollversammlung in Neu Delhi 1961 dann auch in Christologie und Ekklesiologie. Der Schweizer Theologe und religiöse Sozialist Leonhard Ragaz vertrat bereits 1925 eine Umweltethik, indem er mit ökologischen und gesundheitlichen Gründen jahrelang für ein vollständiges Autofahrverbot im Kanton Graubünden kämpfte und entsprechende Volksabstimmungen gewonnen hatte[4], und schrieb als eschatologische Schöpfungstheologie 1942 gut reformatorisch: »Zum Reich Gottes gehört die Erlösung der Kreatur.«[5] Die Theologen Albert Schweitzer, Karl Barth, Fritz Blanke wie auch orthodoxe Kirchen gehörten zu frühen Wegbereitern. Die ÖRK-Vollversammlung 1961 brachte einen wichtigen ersten Aufbruch[6], auch wenn die Umwelt noch nicht im umweltethischen Sinn der 70er Jahre behandelt wurde.

Ab 1970 erfolgte »die Entdeckung der Ökologie« als Auseinandersetzung mit moderner Wissenschaft, Technologie und Umweltzerstörung durch breite Konsultations- und Konferenzprozesse. Der Ökumenische Rat der Kirchen gehörte zu den ersten, die das Konzept der Nachhaltigkeit (Sustainability) entwickelte und damit die politische Debatte beeinflusste.

Der ÖRK prägte den Begriff der Nachhaltigkeit/sustainability auf einer Konferenz in Bukarest 1974[7], lange vor dem berühmten Brundtland-Bericht[8], dem der Begriff oft zugeschrieben wird. 1979 folgte die berühmte ÖRK-Konferenz über Glaube, Wissenschaft und die Zukunft, an der ich in einer Arbeitsgruppe über »Nachhaltiges Wirtschaften« (sustainable economy) teilnehmen konnte. Die 80er Jahre waren geprägt von starken umweltethischen und schöpfungstheologischen Aufbrüchen der Kirchen im Norden und vom Gegensatz von Umwelt und Entwicklung im Süden. Südkirchen warfen Nordkirchen vor, sie würden nun die Umwelt vor die Gerechtigkeit, den Umweltschutz aus Eigeninteressen vor die Armutsbekämpfung stellen. Diese Spannung

---

[3] Ausgeführt in *Christoph Stückelberger*, Umwelt und Entwicklung, Stuttgart 1997, 133–142.
[4] Ebd., 159.
[5] *Leonhard Ragaz*, Die Botschaft vom Reiche Gottes. Ein Katechismus für Erwachsene, Bern 1942, 39.
[6] *Willem Visser't Hooft* (Hg.), Dokumentarbericht über die dritte Vollversammlung des Ökumenischen Rates der Kirchen, Stuttgart 1962, 512–523.
[7] *World Council of Churches Conference*, Science and Technology for Human Development, Bucharest 1974.
[8] *Our Common Future*. The Brundlandt Report to the World Commission for Environment and Development, 1987.

wurde in Rio 1992 mit der UNO-Konferenz Umwelt und Entwicklung weitgehend überwunden, indem auch in Kirchen des Südens der Umwelt rasch große Beachtung zugemessen wurde, nicht zuletzt aufgrund der Erfahrung zunehmender Umweltzerstörung und ihrer Folgen. In den 90er Jahren trat die Umwelt- gegenüber der Globalisierungsfrage etwas zurück, doch Einzelthemen wie Klima und Biotechnologie wurden in der ökumenischen Bewegung breit aufgenommen.[9] Im gegenwärtigen Jahrzehnt sind die Umweltfragen in vielen Südkirchen stärker präsent als in Nordkirchen. Im ÖRK sind die Umwelt- stark mit den Wirtschafts- und Schuldenfragen gekoppelt (im sogenannten AGAPE-Prozess). Der ÖRK hat seit 1992 praktisch an allen internationalen Klimakonferenzen teilgenommen und Stellungnahmen eingebracht. Eine lange Liste von Publikationen des ÖRK dazu ist erschienen.

3 Ökumenische Akteure und Themen

Die Akteure der ökumenischen Bewegung in den letzten sechs Jahrzehnten waren sehr vielfältig und lassen sich hier nur sehr übersichtsmäßig nennen.
Einige ökumenische Akteure in Stichworten:
Ökumenischer Rat der Kirchen (Klimagerechtigkeit, Schöpfungstheologie, Bioethik, Wasser)
Konfessionelle Weltbünde: Reformierter Weltbund RWB (wirtschaftliche Gerechtigkeit und Ökologie, Calvin und Schöpfung); Lutherischer Weltbund LWB (Klimawandel aus theologischer Sicht); Orthodoxe Kirchen (Liturgie, Schöpfungstag, Energie),
Regionale Ökumenische Organisationen: Allafrikanische Kirchenkonferenz AACC (Klima, Ernährung, Wasser), Christlicher Rat Asiens CCA, die Kirchen des Pazifik und der Lateinamerikanische Rat der Kirchen CLAJ (Wasser, Abholzung, Biotechnologie),
Nationale und subregionale Kirchenbünde: z.B. Evangelische Kirche in Deutschland EKD und Schweizerischer Evangelischer Kirchenbund SEK (Klima, Energie, Wasser, Biotechnologie)
Vatikan sowie nationale und kontinentale römisch-katholische Bischofskonferenzen (Klima, Wirtschaft, Schöpfung)
Theologische, ethische, ökumenische Fachorganisationen wie das Europäische Ökumenische Umweltnetzwerk ECEN (Klima, Mobilität, Verkehr, Kirchen)

---

[9] *Wolfram Stierle, Dietrich Werner* und *Martin Heider*, Ethik für das Leben. 100 Jahre ökumenische Wirtschafts- und Sozialethik, Rothenburg 1996, bes. 529–620; *Kurt Zaugg-Ott,* Entwicklung oder Befreiung? Die Entwicklungsdiskussion im Ökumenischen Rat der Kirchen von 1968 bis 1991, Frankfurt a.M. 2004, bes. 252–233.

Kirchliche Hilfswerke und Missionsgesellschaften wie Brot für die Welt BfdW, Evangelischer Entwicklungsdienst EED, Misereor, Caritas, Brot für alle, Fastenopfer (Energie, Nahrung, Klima, Wasser)
Theologische Fakultäten und Fachinstitute
Pfingstkirchen und Evangelikale in Annäherung an die ökumenische Bewegung, z.B. Evangelikale in den USA (Klimamaßnahmen).

4 Ökumenische Strategien der ökologischen Transformation

»Perspektiven« stand im ursprünglichen Titel des Referates. Darin schwingt Zukunft, Hoffnung, Vision mit. Aber Perspektiven sind auch unverbindlich-offen. Ich ersetze »Perspektiven« hier durch den Begriff »Strategien«. In Strategien werden insbesondere die Mittel zur Zielerreichung festgelegt. Sie sind ein ethisch gesehen wichtiges Planungsinstrument, um begrenzte finanzielle, personelle, strukturelle und spirituelle Ressourcen möglichst wirkungsvoll und nachhaltig für die Zielerreichung einzusetzen. Wer nicht strategisch handelt, läuft Gefahr, Gottes Ressourcen zu verschwenden und nicht haushälterisch zu nutzen. Die ökumenische Bewegung braucht Perspektiven, aber insbesondere auch Strategien der ökumenischen ökologischen Transformation und klare wirkungsorientierte Schöpfungsethiken.

4.1 Vom allmächtigen zum mitleidenden trinitarischen Gott vorstoßen

Die Klimakrise lässt die Theodizeefrage z.B. in vielen Teilen Afrikas wieder aktuell werden: Warum lässt Gott als allmächtiger Schöpfer das zu? Der wichtigste Beitrag der ökumenischen Bewegung zur ökologischen Transformation ist ein Gottesverständnis, das wegkommt vom allmächtigen Gott und vorstößt zum mitleidenden, neuschaffenden und verwandelnden Gott der Trinität.
Jürgen Moltmanns Buch »Gott in der Schöpfung«[10] war und ist immer noch wegweisend für eine trinitarische Schöpfungstheologie. Leider ist das trinitarische Gottesbild in heutigen Schöpfungstheologien oft wenig explizit. Aber es ließe gerade für die Theodizeefrage, die so viele beschäftigt und umtreibt, nicht zuletzt im Zusammenhang mit apokalyptischen Ängsten durch die Klimaerwärmung[11], hilfreiche Antworten zu. Das Bild des allmächtigen Gottes ist ebenso eine Sackgasse wie das Bild des ohnmächtigen – oder allmächtigen, mit Nietzsche den toten Gott ersetzenden – Menschen.

---

[10] *Jürgen Moltmann,* Gott in der Schöpfung. Ökologische Schöpfungslehre, München 1985.
[11] Vgl. *Lutheran World Federation,* God, Creation and Climate change: Some spiritual and ethical perspectives, LWF Documentation series, Geneva 2009.

4.2 Gründe des Nichthandelns theologisch widerlegen und Gründe des Handelns theologisch aufzeigen

Why should we care and act? Die Begründungen, nichts oder nicht genügend zur Überwindung der Umweltkrise zu tun, sind vielfältig. Sie können und müssen aus Sicht des Glaubens widerlegt werden. Begründung, Umfang und Grenzen des umweltverantwortlichen Handelns theologisch aufzuzeigen gehört zu den bedeutenden Aufgaben der Kirchen und Religionsgemeinschaften.

Viele verschiedene, christliche und nichtchristliche Antworten zur Begründung und Motivation, weshalb wir überhaupt umweltgerecht handeln sollen, sind möglich. Im neuen Buch »zukunftsfähiges Deutschland« werden unter dem Titel »Warum sich kümmern« drei Motive zum Handeln genannt: Hilfsmotiv, Sicherheitsmotiv, kosmopolitisches Motiv. Eine ganze weitere Liste dazu könnte angefügt werden. Dabei ist auch zu begründen, dass Eigeninteresse ethisch gerechtfertigt sein kann. Wir handeln alle auch aus Eigeninteresse. Das Doppelgebot der Liebe, Gott und den andern wie sich selbst zu lieben, heißt, dass ich selbst mit der Liebe zu mir selbst auch vorkomme. Ich habe die Aufgabe, für mein Leben zu sorgen. Die ethische Aufgabe ist, Eigeninteresse und Fremdinteresse in ein Gleichgewicht zu bringen.

Die Fluchtbewegungen, die rechtfertigen sollen, weshalb wir nicht handeln müssen oder können, sind theologisch zu widerlegen und zu bekämpfen. Resignation ist theologisch gesprochen Sünde. Wenn mir ein evangelikaler amerikanischer Pilot auf die Klimafrage und seine Verantwortung als Pilot einmal antwortete, je schneller der Klimakollaps komme, desto schneller breche das Reich Gottes an und komme Christus wieder, dann ist das Häresie! Es ist eine theologische Legitimation des Nichthandelns.

4.3 Eschatologisch orientierte Ökospiritualität stärken

Die Umweltkrise ist auch eine spirituelle Krise. Es gilt, nicht von der Krise, sondern aus der Verheißung der neuen Schöpfung zu leben. Beten, wie wenn das Handeln unnütz wäre, und handeln, wie wenn das Beten unnütz wäre – diese ökospirituelle Dialektik von Aktion und Kontemplation ist zu stärken. Gerade dazu können die verschiedenen Konfessionsfamilien wie auch die interreligiöse Kooperation beitragen.

Als Beispiel für Motivation zum Handeln und Umwelterziehung sei auf ein Programm einer buddhistischen Professorin aus Thailand, die auch Mitglied in unserem Stiftungsrat von Globethics.net ist, verwiesen. Sie führte für die Studierenden Übungen/Kurse in Erziehung und Schulung durch Meditation (»meditative education«) durch, damit die Studierenden nicht nur intellektuell wissen, was zu tun wäre, sondern auch befähigt werden, es wirklich zu tun. Dieselbe Professorin ist aktionsorientiert, im Schutz gegen Abholzung, als Mediatorin in den schweren Konflikten zwischen Demonstrierenden und Regierung wie auch in der Gewalt zwischen Muslimen in Südthailand und der Bevölkerung. Ökospiritualität ist ein spezifischer, sehr wichtiger Beitrag, den die Religionen, auch die christlichen Kirchen aller Konfessionen, zur Verminderung der Umweltkrisen beitragen können.

4.4 Trauer- und Hoffnungsprozesse ermöglichen

Wirtschaftskrise und Klimawandel weisen auf einen grundlegenden gesellschaftlichen Wandel hin, der wirtschaftlich, strukturell, kulturell und religiös erforderlich ist. Um die verbreiteten und sich verstärkenden Ängste nicht mit untauglichen Antworten wie Protektionismus, Fundamentalismus oder Nihilismus überwinden zu wollen, sind ökumenische Angebote der Trauerarbeit als Abschied von bisherigen Lebensstilen und Hoffnungsgeschichten für zukunftsorientierte Offenheit nötig.

Eine neue Studie des Schweizerischen Evangelischen Kirchenbundes zur Energieethik widmet ein ganzes Kapitel der »Trauer und Zuversicht: Energie und spirituelle Prüfungen«.[12] Der Abschied vom Erdölzeitalter bedeutet Abschied von lieb gewordenen Lebensstilen, Gesellschaftsformen und Weltanschauungen. So wie individuelle Trauerprozesse bei Abschieden von Menschen, so sind kollektive Trauerprozesse im Übergang zum Nach-Erdölzeitalter nötig. Der Abschied von der Illusion eines energetischen perpetuum mobile wie von der grundsätzlichen Neuerschaffung von Energie oder ihrer beliebigen Umwandelbarkeit ist unabdingbar. Hoffnungsgeschichten z.B. von Menschen mit anderem oder niedrigerem Energiekonsum können Mut zum notwendigen Wandel machen.

4.5 Kontextuelle Südtheologien wahrnehmen und damit jede Kultur transformieren.

Christliche Schöpfungstheologie und -ethik wird seit den 90er Jahren besonders im globalen Süden publiziert. Diese Ansätze sind zu stärken und im Norden wahrzunehmen

Mannigfache kontextuelle Schöpfungsethiken und Schöpfungstheologien aus entwicklungs- und Schwellenländern sind seit den 90er Jahren entstanden (z.B. in Indonesien, China, Korea, Philippinen, Indien, Ost-

---

[12] Schweizerischer Evangelischer Kirchenbund, Energieethik. Unterwegs in ein neues Energiezeitalter. Nachhaltige Perspektiven nach dem Ende des Erdöls, Bern 2008 (online: www.sek.ch), 110–126.

afrika, Südafrika, Westafrika, Lateinamerika).[13] Sie sind oft stark geprägt von einer biblisch zentrierten Theologie mit entsprechenden exegetischen und biblisch-narrativen Teilen. Die trinitarische begründete Schöpfungslehre wie bei Jürgen Moltmann fehlt zumeist, hingegen steht Gott der Schöpfer, der Mensch als guter Verwalter (good steward) im Vordergrund. Zukünftige Generationen, verantwortliches, transparentes Ressourcenmanagement, die Rolle der Frauen sind weitere Themen. Die kritische Auseinandersetzung mit dem kolonialen Erbe, mit Neoliberalismus, Dominanz westlicher multinationaler Firmen in ihrer Umweltauswirkung sowie Auswirkungen der Umweltprobleme auf die Gesundheit werden genannt. Das Verhältnis von Korruption und Umweltzerstörung wird thematisiert. In den letzten Jahren finden Klimawandel und Bio-/Gentechnologie starke Beachtung. Die feministische Ökotheologie[14] hat im Norden bisher mehr Aufmerksamkeit erfahren als im Süden. Die menschlichen Grundbedürfnisse, wie sie in den Millennium-Entwicklungszielen im Zentrum stehen, werden in den Schöpfungsethiken aus dem Süden zu recht oft als Ausgangspunkt genommen. »Starting from Theology of Food or Power« fordert Mante aus Ghana.[15] Es fällt auch auf, dass Schöpfungsethiken aus dem Süden nicht mehr einseitige Schuldzuweisungen an den Norden vornehmen, wie noch in den 80er Jahren des letzten Jahrhunderts, sondern heute eine gemeinsame Verantwortung einschliesslich der Verantwortung im Süden selbst betonen.[16] Das kulturelle Erbe des Südens sei dabei einzubeziehen, aber in einer selbstkriti-

---

[13] Eine kleine Auswahl von umweltethischen theologischen Publikationen aus dem Süden: *Leonardo Boff*, Zärtlichkeit und Kraft. Franz von Assisi mit den Augen der Armen gesehen, Düsseldorf 1983; *Ivone Gebara*, Longing for Running Water: Ecofeminism and Liberation, Minneapolis 1999; *George Mathew Nalunnakkal*, Green liberation. Towards an integral ecotheology, Delhi 1999; *Jesse N.K. Mugambi* und *Mika Vähäkangas* (Hg.), Christian Theology and Environmental Responsibility, Nairobi 2001; *Samson K. Gitau*, The Environmental Crisis. A challenge for African Christianity, Nairobi, 2000; *Purna Chandra Jena*, Masters or Stewards. A theological Reflection on Ecology and Environment, Delhi/Nagpur, 2003; *David M. Kummer*, Deforestation in the Postwar Philippines, Manila 1992; *David Hallmann* (Hg.), Ecotheology. Voices from South and North, Geneva/New York 1994; *Karel Philemon Erari*, Our Land, Our Life: The Relation of People and Land in Ecology Irian Jaya as a Theological Problem (A Study in Eco-Theology, In Connection with the Malanesian Perspective), Indonesia 1997; *Joseph O.Y. Mante*, Theological and Philosophical Roots of our Ecological Crisis, Accra 2004; *René Krüger* u.a., Vida plena para toda la creación. Iglesia, globalización neoliberal y justicia económica, Buenos Aires 2006; *Aidan G. Msafiri*, Towards a credible environmental ethics for Africa: A Tanzanian Perspective, Nairobi, 2007.
[14] *Anne Primavesi*, From Apocalypse to Genesis. Ecology, Feminism and Christianity, Tunbridge Wells 1991.
[15] *Mante*, Ecological Crisis, Vorwort, III.
[16] So besonders *Msafiri* und *Mante*, Anm. 13.

schen Weise. Die afrikanische Tradition sei nicht per se für die heute geforderte Umweltbewahrung gerüstet. Das sind neue Töne. Die theologisch-kirchliche Diskussion wird dabei von der philosophischen und politischen oft nicht wahrgenommen. So ist in einem Sammelband der UNESCO über Umweltethik[17] kein einziger Aufsatz aus theologischer Sicht aufgenommen. Einzig Philosophen haben das Wort.

4.6 Interreligiöse Umweltethiken und -praktiken fördern

Wenn Menschen aus verschiedenen Religionsgemeinschaften gemeinsam ihre Stimme in Politik und Wirtschaft zu Umwelt und Gewalt äußern, können sie größere Wirkung erzielen.
Die Weltreligionen haben viele umweltethische Werte bezüglich Sorgfalt im Umgang mit der Mitwelt zu bieten. Alle leiden aber auch unter der Tatsache, dass die Umweltzerstörung trotz dieser Wertegrundlage erfolgt. Die (oft illegale, durch Korruption geförderte) Waldabholzung ist im buddhistischen Thailand so verbreitet wie im islamischen Indonesien, katholischen Brasilien und protestantischen Kongo, die Energieverschwendung in den christlich geprägten USA ist so zerstörerisch wie die Wasserverschmutzung im hinduistisch geprägten Indien.
Andererseits sind mancherorts aus den verschiedenen Religionen und in gemeinsamen interreligiösen Aktionen und Stellungnahmen Kräfte für den Schutz der Mitwelt am Werk. So habe ich an einem internationalen Symposium in Shanghai zu Umweltethik 2008 erlebt, wie christliche, konfuzianische, buddhistische, marxistische Ansätze miteinander um eine gemeinsame Haltung zum Schutz der Umwelt gerungen haben.[18] In Shanghai wurde von einem chinesischen Philosophieprofessor, der in Deutschland über Albert Schweitzer promovierte, ein Albert Schweitzer Zentrum mit klar ökologischen Zielen errichtet.[19] Der »Ecological Socialism« wird dem »De-Utopianized Marxism« entgegengestellt und der Konfuzianismus für die Umwelt bemüht. Eine globale Ethik kann und soll die interreligiöse Dimension heute einbeziehen.

4.7 Überraschende Koalitionen eingehen

Gremien der ökumenischen Bewegung kooperieren zu oft nur »unter sich«. Strategien der Veränderung erfordern innovative und überraschende Kooperationen, auch mit unerwarteten Partnern, in Über-

---

[17] *Henk A.M. ten Have,* Environmental Ethics and International Policy, UNESCO Publishing, Paris 2006.
[18] *Ecological Ethics and the Responsibility of Knowledge.* International Symposium on ecological ethics, Shanghai, October 2008. Essays/Reader, Chinese and English, Shanghai 2008.
[19] *Chen Zehuan,* Albert Schweitzer Lesebuch, (Titel deutsch und chinesisch, Text chinesisch), Shanghai 2005.

schreitung theologischer, kirchenpolitischer oder ideologischer Grenzen. »Sag mir, wer deine Kooperationspartner sind, und ich sage dir, wie erfolgreich du sein wirst.«
Kooperationen sind vertretbar, solange Einigkeit über ein bestimmtes Ziel besteht, auch wenn in vielen andern Fragen unterschiedliche Standpunkte bestehen. Insbesondere die Kooperation zwischen der ökumenischen Bewegung, Kirchen / kirchlichen Werken und der Privatwirtschaft ist wieder zu verstärken und in Grundsätzen zu klären. Zu oft gefallen sich Kirchen in isolierten Stellungnahmen, statt aktive Kooperationen einzugehen. Kürzlich erhielt ich die »Erklärung von Investoren über eine globale Klimavereinbarung« von 135 Investitionsunternehmen mit sechs Billionen Franken verwalteten Vermögens! Unter den Unterzeichnern sind zwölf Kirchen und kirchliche Pensionskassen zu finden. Ein überraschender und erfreulicher Schulterschluss, bei dem Kirchen in einem ungewohnten Kontext mächtiger Investoren gehört werden. Beim globalen elektronischen Ethiknetzwerk Globethics.net, das ich zurzeit aufbaue, sind bereits 3700 Fachleute und Ethikengagierte aus über 160 Ländern vernetzt. Sie suchen pragmatisch und dezentral nach themenbezogenen Bündnispartnern. Die drängenden Menschheitsprobleme lassen sich heute nur durch Kooperation und Vernetzung der verschiedenen Gesellschaftsbereiche lösen. Dabei werden durch die elektronischen Mittel neue Kooperationswege freigesetzt.

4.8   Von der Globalisierung zur Oikolisierung fortschreiten.
       Die Einheit von Ökologie, Ökonomie und Ökumene einfordern.

Oikos – die bewohnte Erde als gemeinsames Haus Gottes – umfasst sprachlich und theologisch drei Dimensionen: Ökonomie als verantwortliche Produktion und Entsorgung von Gütern und Dienstleistungen, Ökologie als verantwortlicher Gebrauch von natürlichen Ressourcen und Ökumene als verantwortliches Zusammenleben verschiedener Religionsgemeinschaften bilden eine innere Einheit. Sie bilden die Grundlage für eine menschen- und umweltgerechte Weltgemeinschaft. Globalisierung wird damit zur »Oikolisierung«.
Globus ist ein säkulares Wort. Oikos, das griechische Wort für Haus, wird neutestamentlich als Haus Gottes, ja den von Gott geschaffenen bewohnten Erdkreis verwendet. Ökonomie und Ökologie sind in dieser Sicht nicht Gegensätze, die künstlich im Konzept der Nachhaltigkeit zusammengebunden werden, sondern sie sind zutiefst eins, nämlich verantwortliche Haushalterschaft, stewardship, im Umgang mit den vom Menschen und der Natur zur Verfügung gestellten Ressourcen. Der verantwortliche Umgang mit den geistlichen und spirituellen Ressourcen ist mit der weltweiten Ökumene angesprochen. Ökumene kann verstanden werden als »zur ganzen (bewohnten) Erde gehörig oder sie vertretend« und als »die geistige Haltung, in der das Wissen um die

christliche Einheit und das Verlangen nach ihr zum Ausdruck kommt.«[20]

4.9 Gewalt überwinden und Macht teilen

Ökumenische Schöpfungstheologie und -ethik ist nur wirkungsorientiert, wenn sie die Umweltzerstörung als Gewalt wahrnimmt, Machtstrukturen differenziert analysiert und auf verstärkte Machtteilung und Machtkontrolle hinarbeitet. Damit ist sie Wirtschaftsethik, Politische Ethik und öffentliche Theologie zugleich.

Schöpfungsethik wurde bisher vor allem in seiner ökologischen Dimension behandelt. Aber wir müssen einen Schritt weiter gehen. Sie sollte primär Wirtschaftsethik und politische Ethik sein, denn in Politik und Wirtschaft werden primär die Entscheide für das Verhalten gegenüber der Umwelt gefällt. Für die Vorbereitung dieses Referates stand ich in meiner Bibliothek zunächst vor der umweltethischen Abteilung, wendete mich dann zur Wirtschaftsethik und stellte fest, dass dort eigentlich entscheidende umweltethische Gesichtspunkte herkommen müssen. Das wichtige ÖRK-Programm zur Überwindung von Gewalt betrifft nicht nur die zwischenmenschliche physische Gewalt, sondern die Gewalt, die durch Umweltzerstörung an Menschen und an nichtmenschlicher Mitwelt verübt wird.

4.10 Führungsethik ausbauen und Frauen in Führungspositionen stärken

Die ökumenische Bewegung, insbesondere die protestantischen Kirchen und Werke, brauchen ein klares Ja zur Führungsethik, in Ergänzung zum unaufgebbaren Ansatz von unten nach oben. Eine Strategie der Veränderung braucht Analysen und Prioritätensetzungen, welche kirchlichen Partner sich welchen Gruppen von Entscheidungsträgern mit welchem Ziel und welchen Mitteln zuwenden sollen. – Frauen in Führungspositionen zu stärken trägt oft zur Verminderung von Gewalt gegenüber der Schöpfung bei, auch wenn Frauen nicht per se umweltfreundlicher handeln.

Ist Veränderung wirkungsvoller von unten nach oben (buttom-up) oder von oben nach unten (top-down)? Der Protestantismus ist mit seiner Betonung des allgemeinen Priestertums, seiner Pionierarbeit der Volksbildung, seiner synodalen Kirchenstruktur, die auf den Gemeinden als dem Volk Gottes aufbaut sowie der daraus unterstützten demokratischen Tradition theologisch und praktisch tief verankert in der Strategie ›von unten nach oben‹. Viele Protestanten stehen deshalb Entwicklungen ›von oben nach unten‹ mit guten Gründen skeptisch gegenüber. Damit wird aber eine wichtige und effiziente Verände-

---

[20] *Konrad Raiser*, Art. Ökumene, Ökumenelexikon. Kirchen, Religionen, Bewegungen, Frankfurt a.M. 1983, Sp. 877–881 (877).

rungsstrategie vernachlässigt. Dabei geht es nicht um den zweischneidigen Trend der Eliteförderung, viel eher um einen Beitrag zur Werteorientierung der Entscheidungsträger. Dazu ein Beispiel: Die katholische Kirche in China bildet mindestens zehnmal mehr theologische Doktoranden aus als die protestantische, obwohl diese mindestens fünfmal mehr Gläubige zählt. Die katholische Elite kehrt als Dozenten an Universitäten in China zurück, während die protestantische mehrheitlich in den USA bleibt. Katholische Unternehmensethik mit Top-Führungskräften der Wirtschaft und das Lobbying an den Spitzen der internationalen politischen Organisationen ist auf katholischer Seite deutlich stärker verankert als auf der protestantischen. Beide Zugänge sind theologisch begründbar. Aber auch die Propheten warnten und bekehrten neben dem Volk oft zuerst die Könige!
Umweltethik als Führungsethik hat auch eine wesentliche Genderdimension. Frauen handeln zwar nicht per se umweltfreundlicher als Männer und sind in Mobilität, Konsum, Erziehung ebensolchen Widersprüchen ausgesetzt wie Männer. In politischen, wirtschaftlichen oder kirchlichen Führungspositionen sind sie aber häufiger bereit, unbequeme Entscheide im Dienste der Umwelt anzustoßen oder zu fällen oder Korruptionsfälle[21], die immer wieder auch den Umweltbereich betreffen, anzupacken.

4.11 Klimawandel: Ethische Kriterien zur Opferminimierung einfordern

Die Frage im Klimawandel heißt nicht mehr wie vor zwanzig Jahren, wie wir ihn verhindern, sondern, wer zuerst stirbt und wie die Zahl der Opfer zu vermindern ist. Ethische Kriterien für Prioritätensetzungen sind einzufordern und umzusetzen.
Bei den begrenzten finanziellen Ressourcen und der Langsamkeit politischer Prozesse steht fest, dass erhebliche Opfer an Hungertoten, Umweltflüchtingen, Krankheitsopfern usw. zu beklagen sein werden und bereits heute zu beklagen sind. Sie erfordern ökumenische Solidarität.[22] Damit ist die schmerzliche Frage gestellt, wie viele Ressourcen für Prävention, für Mitigation (Schadensbegrenzung) und für Adaption (Anpassung an veränderte Klimabedingungen) eingesetzt werden soll.[23] Umwelt- und Klimapolitik entscheidet über Verteilung von Lebenschancen und damit über Leben und Tod. Für ethische Antworten auf diese Frage der Verteilungsgerechtigkeit sind Kriterien dafür nötig,

---

[21] Vgl. *Christoph Stückelberger*, Continue Fighting Corruption. Experiences and Tasks of Churches and Development Agencies, Bern 2003, 42–48 (The Gender Dimension of Corruption).
[22] *World Council of Churches*, Solidarity with Victims of Climate Change, Geneva 2002.
[23] *Christoph Stückelberger*, Who dies first, whom do we sacrifice first?, in: Lutherischer Weltbund, 2009 (auch herunterzuladen in der Bibliothek von *www.globethics.net*).

was Klimagerechtigkeit bedeutet. Der Zusammenhang von Menschenrechten und Klimagerechtigkeit wird dabei immer wieder betont.[24]

4.12 Korruption (auch in Kirchen) entschiedener bekämpfen

Korruption ist immer noch ein Hauptfaktor der Umweltzerstörung. Korruption (auch in Kirchen) entschiedener zu bekämpfen ist ein umweltethisch sehr relevanter Beitrag.
Illegale Abholzung von Tropenwäldern im großen Ausmaß durch Korruption ist ein zentraler Faktor der Umweltzerstörung, wie verschiedenste Studien belegen. Aber auch Umgehung von Umweltstandards, Wasserverschmutzung, Bergbau zum Abbau von Rohstoffen ist davon stark betroffen. Leider sind die Kirchen von der Korruption nicht ausgenommen. Sie sind zwar kaum im Bereich natürlicher Ressourcen Akteure, außer im Land- und Bodenbereich, wo die Bewirtschaftung und Veräußerung von Land besonders in Entwicklungsländern mit kolonialer Geschichte immer wieder mit Korruption gekoppelt ist. Kirchliche Hilfswerke wie Brot für die Welt und Evangelischer Entwicklungsdienst sowie Missionsgesellschaften wie die Vereinigte Evangelische Mission und das Evangelische Missionswerk Süddeutschlands unternehmen nun vermehrt Anstrengungen zur Korruptionsbekämpfung.[25]

---

[24] *Paul Bae* u.a., The Greenhouse Development Rights Framework. The right to development in a climate constrained world. Revised second edition, Heinrich Böll Stiftung u.a., Berlin 2008; *Der Klimawandel*, Brennpunkt globaler, intergenerationeller und ökologischer Gerechtigkeit. Ein Expertentext zur Herausforderung des globalen Klimawandels, Die Deutschen Bischöfe, Kommission für gesellschaftliche Fragen / Kommission Weltkirche Nr. 29, Bonn 2006. Ich habe mit einer Expertengruppe im Auftrag des Globalen Humanitären Forums Genf, präsidiert von Kofi Annan, acht Richtlinien der Klimagerechtigkeit entwickelt, die 2009 mit Erläuterungen veröffentlicht wurden:
1 Übernehme Verantwortung für die Verschmutzung, die Du verursachst (polluters pay principle).
2 Handle nach Deinen Fähigkeiten und Kapazitäten (capability and capacity principle).
3 Teile Nutzen und Lasten gerecht (benefits and burden sharing principle).
4 Respektiere und stärke die Menschenrechte (human rights principle).
5 Vermindere die Risiken auf ein Minimum (risk minimization principle).
6 Integriere verschiedene Lösungsansätze (mitigation and adaptation principle).
7 Handle in nachvollziehbarer, transparenter und verlässlicher Weise (transparency principle).
8 Handle jetzt! (just in time principle).
(Report on Guidelines for Climate Justice. Working Paper of the GHF expert group on Climate Justice. Herunterzuladen: www.ghfgeneva.org/Portals/0/pdfs/report_ climate_justice_guidelines.pdf)
[25] Vgl. *Stückelberger*, Continue Fighting Corruption; *Preventing Corruption in Humanitarian Assistance*. Final Research Report, Transparency International, Berlin 2008.

4.13 Die ökumenischen Strukturen international und besonders in Asien stärken

Die ökumenische Bewegung kann nur wirkungsvoll sein, wenn sie eine starke internationale Stimme gegenüber den multilateralen Organisationen hat. Asien wird in der Umweltverschmutzung wie im Beitrag zu ihrer Überwindung eine zentrale Rolle spielen. Die Kirchen, Religionsgemeinschaften und ökumenischen Partner in Asien sind deshalb besonders zu stärken.

Der Ökumenische Rat der Kirchen in Genf, die kontinentalen Kirchenbünde brauchen mehr und nicht weniger Mittel, um eine starke gemeinsame Stimme der Kirchen in den multilateralen Umweltpolitiken einzubringen. Naturgemäß können dies nationale Kirchen und Kirchenbünde nicht. Allerdings ist eine enge Kooperation zwischen nationalen Kirchenstimmen und internationalen nötig, in Entsprechung zur Tatsache, dass nationale Politik multilaterale Regelungen wesentlich mitbestimmt und diese Konventionen dann auch in nationales Recht umsetzen muss.

Während das 19. Jahrhundert als Jahrhundert Europas und das 20. Jahrhundert als jenes Amerikas (der USA) bezeichnet wird, ist zu erwarten, dass das 21. als Jahrhundert Asiens in die Geschichte eingehen wird. 2007 und 2008 führten von der Finanzkrise zur Wirtschaftskrise und zur Systemkrise. Das Verhältnis von Regierungen und Unternehmen hat sich bereits deutlich verändert. Geopolitische ökonomische und politische Gewichtsverschiebungen nach Asien sind im Gang. Was London als Finanzplatz im 19. Jahrhundert und die Wallstreet New Yorks von 1918 bis 2008 war, scheint sich in Singapur, Hongkong, Shanghai und Dubai aufzubauen. Die Veränderungen Afrikas werden mehr von China als von jedem andern Land der Erde geprägt. 16.000 Südkoreaner arbeiten als christliche Missionare im Ausland (oft mit einer Missionstheologie des 19. Jahrhunderts). Südkorea ist damit weltweit bereits zum zweitgrößten Missionarsexporteur der Welt, nach den USA, geworden. Die Haltung der Koreaner zur Schöpfungstheologie und Umweltethik ist deshalb ökumenisch und missionspolitisch weltweit ebenso revelant wie jene der USA. Die Industrie mit islamischen Halal-Nahrungsmitteln – unter Führung Malaysias – erreicht weltweit einen Jahresumsatz von 2100 Milliarden Dollar und zählt bereits fast jeden dritten Erdenbürger als Kundin oder Kunde. Nestlé erzielt schon rund 10 Prozent ihres Umsatzes mit Halal Food. Im Bankwesen integrieren zunehmend auch christliche Banker Islamic Banking in ihre Produktepalette. Ob dies ein Ansatz für umweltethisches Investieren wird? Der Durchbruch für kostengünstige Solarkollektoren wird aus China erwartet, ein Land, das zum zweitgrößten CO_2-Emittenten avanciert ist, aber vermutlich auch zu einem entscheidenden Land umweltfreundlicher Technologien wird. Wer heute die Entwicklung in Afrika verändern will, muss sich mit der Regierung und Unternehmen in Peking (und Rohstoffhändlern in Zug/Schweiz, wo mit Glencore eine der weltweit wichtigsten Rohstoffhändlerfirmen sitzt) auseinandersetzen. Das sehr große Interesse an Umweltethik in China ist nur ein Zeichen dafür, wie China ein entscheidender Hebel für die Lösung der Klimafrage werden wird.

Strategisches Ziel sollte sein, dass die ökumenischen Organisationen, Kirchen, Werke und Missionen die langfristigen Länderschwerpunkte und Partnerbeziehungen ihrer Tätigkeiten nicht nur nach historisch gewachsenen Beziehungen und ökumenisch-kirchenpolitischen Kriterien festlegen, sondern koordiniert nach strategischen Kriterien wie der internationalen Wirksamkeit neuer umwelt- und wirtschaftsethischer Herausforderungen handeln.

HANS DIEFENBACHER

Was können Kirchen zum Klimaschutz beitragen?

Klimaschutzprojekte in der EKD

1

Der Klimaschutz ist eines der vielen ökologischen Themen, bei denen wirklich alle dafür sind, etwas zu tun, und niemand dagegen. Kein Politiker oder eine Politikerin hätte sich in den letzten Monaten entschieden gegen Klimaschutz ausgesprochen. Nun gibt es aber einen zunächst scheinbar paradoxen Befund: Jeder, der sich mit Natur- und Umweltschutz beschäftigt, muss feststellen, dass die breitest mögliche Zustimmung zu einer Zielsetzung – wie dem Klimaschutz – noch lange nicht heißt, dass dieses Ziel dann auch so verfolgt wird, dass man es erreichen kann. Im Gegenteil: Manchmal bekommt man den Eindruck, dass vehemente Lippenbekenntnisse entschiedenes Handeln – ob im politischen Raum oder in der alltäglichen Praxis – in gewisser Weise sogar ersetzen können: Umweltpolitik kann sich zuweilen in fiktiven und symbolischen Aktionen erschöpfen. Man redet abstrakt über ein Ziel, aber je konkreter die notwendigen Schritte vor Augen stehen, desto weniger wird dann faktisch getan.

Wenn wir uns am Beispiel des Klimaschutzes mit der Frage beschäftigen, was Kirchen hier tun können, dann ist zunächst etwas weiter auszuholen. Denn man muss sich, damit Projekte für Klimaschutz im Bereich der Kirche erfolgreich sein können, über die Bedingungen verständigen, unter denen das möglich wird, und man muss auch die Hindernisse und Grenzen in den Blick nehmen, die solchen Projekten entgegenstehen.

Der folgende Beitrag gliedert sich in vier Abschnitte:
In einem ersten Schritt werden einige Thesen zu den Besonderheiten von Klimaschutz als Aufgabe des Umwelt- und Naturschutzes formuliert. In einem zweiten Schritt wird die Rolle der Kirchen im Bereich Umwelt- und Naturschutz generell beschrieben. Dann werden in einem dritten Schritt einige wichtige Elemente der Arbeit für den Klimaschutz im Bereich der EKD vorgestellt und dann abschließend einige Thesen formuliert, die den Bedingungen für Erfolg und Misserfolg kirchlicher Umweltarbeit auf den Grund gehen sollen.

2

Was können wir heute über den Klimawandel wissen? Es ist außerordentlich schwierig, zu allen mit dem Klimawandel verbundenen Fragen gesicherte wissenschaftliche Erkenntnisse zu erhalten. Die Zusammenhänge und Wechselwirkungen sind ungeheuer komplex, und längst nicht alles ist so erforscht, dass keine offenen Fragen blieben oder weitere Überraschungen möglich sind. Ich stütze mich bei meiner Darstellung hier auf die Arbeiten des Intergovernmental Panel on Climate Change (IPCC),[1] das vor einigen Jahren in seinen ersten Berichten sehr zurückhaltend und vorsichtig argumentiert hat, nun aber, in seinem 4. Bericht, sich an vielen Stellen zu sehr eindeutigen Aussagen und klaren Stellungnahmen entschlossen hat. Folgende Punkte können heute weitgehend als Konsens unter Klimawissenschaftlern gelten:

(1) Aufgrund der Beobachtungen und Messungen der letzten Jahre besteht kein Zweifel mehr daran, dass sich das Klima derzeit erwärmt: in den letzten 100 Jahren im Mittel bereits um 0,74 Grad Celsius. Zwölf der vierzehn Jahre zwischen 1995 und 2008 waren unter den vierzehn wärmsten Jahren seit Beginn der regelmäßigen Wetteraufzeichnungen.

(2) Die globalen Treibhausgas-Konzentrationen haben seit 1750 signifikant zugenommen. Dieser Anstieg ist auch auf menschliches Handeln zurückzuführen: auf den Verbrauch fossiler Brennstoffe, auf landwirtschaftliche Tätigkeiten und auf eine veränderte Landnutzung. Die Treibhausgas-Konzentrationen übersteigen deutlich das Niveau der letzten 650.000 Jahre.

(3) Zwischen 1970 und 2004 sind die globalen Treibhausgas-Emissionen um 70 %, die Emissionen von Kohlendioxid um 80 % gestiegen. Ohne weitere Klimaschutzmaßnahmen würden die Emissionen zwischen 2000 und 2030 – je nach Szenario – zwischen 25 % und 90 % weiter zunehmen. Damit verbunden wäre die Gefahr eines globalen Anstiegs der Durchschnittstemperaturen um 5 Grad Celsius bis zum Jahr 2100.

(4) Die Risiken der Klimaerwärmung werden im letzten IPCC-Bericht noch gravierender eingeschätzt als in den Berichten zuvor:
– das Aussterben von Tier- und Pflanzenarten und die Bedrohung empfindlicher Ökosysteme einschließlich vieler Zentren der Biodiversität;
– die Häufigkeit extremer Wetterereignisse wie Trockenheit, Hitzewellen und auf der anderen Seite Starkregenfälle und Hochwasser;
– die überdurchschnittlich große Gefährdung ökonomisch schwacher Regionen und Bevölkerungsgruppen;

[1] Vgl. www.ipcc.org.

– schließlich der Verlust bewohnter Gebiete durch einen Anstieg des Meeresspiegels.

Zusätzlich besteht die Gefahr, dass ein ungebremster Klimawandel eine Reihe von nicht umkehrbaren Folgewirkungen auslöst. So genannte »tipping points« (»Kippschalter«) werden unter anderem bei Veränderungen des Monsuns in Indien oder beim El-Nino-Phänomen befürchtet. Werden diese »Kippschalter« einmal umgelegt, sind die negativen Folgen auch durch intensiven Klimaschutz vermutlich nicht mehr rückgängig zu machen.

(5) Nach übereinstimmender Einschätzung der Fachleute lassen sich der Klimawandel und viele seiner negativen Folgen nicht mehr verhindern, sondern nur noch begrenzen. Das neue Ziel der internationalen Staatengemeinschaft lautet daher in einem weitgehenden Konsens: Der anthropogen verursachte Klimawandel soll möglichst auf einen Anstieg der durchschnittlichen Jahresmitteltemperatur von unter 2 Grad Celsius gehalten werden. Warum aber kam dieses Ziel von 2 Grad Celsius zustande? Warum sind es nicht 3 Grad, 7 Grad oder nur 0,5 Grad?

– Zunächst einmal machen Klimaforscher deutlich, dass eine komplette Verhinderung des anthropogen verursachten Klimawandels aller Voraussicht nach nicht mehr möglich ist.

– Zweitens sind die Klimaforscher bis heute nicht in der Lage, ein Gleichgewichts-Szenario zu beschreiben, das sich einstellen würde, wenn es zu keinen Emissions-Minderungen käme. Mit anderen Worten: Ohne Emissionsminderungen ist der Temperaturanstieg nach oben offen, was mit Sicherheit zumindest zu regionalen Katastrophen führen würde.

– Dies bedeutet nach heutigem Wissensstand: Ein anthropogen verursachter Klimawandel wird stattfinden; Klimaschutzmaßnahmen sind unverzichtbar, da die Folgen eines ungebremsten Klimawandels unabsehbar sind. Bei einer Begrenzung des Klimawandels auf 2 Grad erscheinen die negativen Folgen – wiederum: mit großen Unsicherheiten des heutigen Wissensstandes – jedoch einigermaßen beherrschbar.

(6) Die Begrenzung des Klimawandels auf diesem Niveau erscheint nur möglich, wenn innerhalb der nächsten ein bis zwei Jahrzehnte konsequent wirksame Klimaschutzmaßnahmen umgesetzt werden. Erforderlich ist eine Reduktion der globalen Treibhausgas-Emissionen um mindestens 1 % pro Jahr. Bis zur Mitte des Jahrhunderts müssen die globalen Emissionen um 50 % – gemessen am Niveau von 1990 – abgesenkt werden; dies wird nur gelingen, wenn die Industrienationen ihre Emissionen um 80 % bis 90 % senken.

(7) Zusätzlich zu den Maßnahmen, die zur Begrenzung des Klimawandels ergriffen werden müssen, wird es notwendig werden, weitere Maßnahmen zur Anpassung an unvermeidbare Folgen zu finanzieren. Gerade hier müssen die reichen Länder, die ganz über-

wiegend den Nutzen der hohen Treibhausgas-Emissionen für sich beanspruchen, den armen Ländern bei der Bewältigung dieser Anpassungsmaßnahmen helfen.

(8) Ökonomische Modellrechnungen gehen davon aus, dass die Kosten von Vermeidungs- und Anpassungsstrategien von der internationalen Staatengemeinschaft bewältigt werden können – sofern sehr schnell und entschieden damit begonnen wird, die erforderlichen Maßnahmen umzusetzen. Dies ist die entscheidende Voraussetzung, dass sich die Kosten des Klimawandels begrenzen lassen: Es gibt ein »window of opportunity«, das genutzt werden muss, bevor es dafür zu spät ist.

(9) Allerdings ist es bereits jetzt vermutlich an manchen Orten der Erde zu spät. Es gibt eine nicht geringe Wahrscheinlichkeit, dass Länder wie Tuvalu oder die Malediven das 22. Jahrhundert aufgrund des steigenden Meeresspiegels nicht mehr erleben werden. Tuvalu hat mit Neuseeland bereits ausgehandelt, dass im Notfall die komplette Bevölkerung umgesiedelt werden kann. Die Berechnung ökonomischer Kosten des Klimawandels erscheint in solchen Fällen mehr als fragwürdig.

3

Was können nun Kirchen zum Klimaschutz beitragen? Ist »Ökologie in der Kirche« eine Zeiterscheinung oder ein Wesensmerkmal christlicher Arbeit? Nach meinen Anfangsbemerkungen überrascht die Feststellung nicht, dass auch die Kirchen von dem geschilderten Grundparadoxon geprägt sind: Sie fordern theoretisch und abstrakt die Bewahrung der Schöpfung, aber es ist auch für sie nach wie vor nicht ganz einfach, diesem Anspruch im Alltag dann auch gerecht zu werden. In dieser Spannung liegt die eigentliche Herausforderung des kirchlichen Engagements für Klimaschutz.

Seit Jahrzehnten wird von vielen Menschen in unserer Gesellschaft nach den Kriterien einer ethischen Vernunft im Umgang mit unseren natürlichen Lebensgrundlagen gefragt. Christinnen und Christen können in diesen Diskurs einbringen, dass ihr Glaube die Umwelt als Schöpfung begreift, die uns nicht beliebig zur Verfügung steht. Das Alte Testament beginnt mit dem Bekenntnis, dass die Natur und der Kosmos von Gott geschaffen wurden. Nach der biblischen Schöpfungsüberlieferung, so steht es in vielen Denkschriften und Verlautbarungen der Kirchen, bekommt der Mensch von Gott eine mit-schöpferische Verantwortung zugewiesen: die Erde »zu bebauen und zu bewahren«:[2] »Du hast den

---

[2] Vgl. u.a. Beirat des Beauftragten des Rates der EKD für Umweltfragen, Gefährdetes Klima – unsere Verantwortung für Gottes Schöpfung (EKD-Texte 52). Hannover 1995, 12f, auch im Internet unter www.ekd.de/EKD-Texte/44652.html.

Menschen zum Herrn gemacht über Deiner Hände Werk«, heißt es in Psalm 8, »alles hast Du unter seine Füße getan, Schafe und Ochsen allzumal, dazu auch die wilden Tiere, die Vögel unter dem Himmel und die Fische im Meer.« Aber auf die Fortschritte in Wissenschaft und Technik haben die Kirchen zunächst überwiegend nur so reagiert, dass sie sich damit begnügten zu zeigen, dass die biblische Schöpfungslehre mit dem naturwissenschaftlichen Weltbild vereinbar ist und dass sie vor vermessenen Eingriffen in die Natürlichkeit *des Menschen* durch Medizin und Psychologie warnten.

Der Aufgabe, sich zum Anwalt der Natur und ihres Eigenwertes zu machen, nahmen die Kirchen meist erst sehr viel später an, und so enthält eine gemeinsame Erklärung des Rates der Evangelischen Kirche in Deutschland und der Deutschen Bischofskonferenz, 1985 unter dem Titel »Verantwortung wahrnehmen für die Schöpfung« publiziert, in der Tat das Eingeständnis, dass die christliche Theologie die drohenden Gefahren für die Umwelt nicht rechtzeitig erkannte und in Verlegenheit geriet, als die Bedrohung der Umwelt plötzlich mit Macht ins allgemeine Bewusstsein trat.[3] In jahrzehntelanger ökumenischer Diskussion ist die allzu vereinfachende und bequeme Interpretation des göttlichen Weltauftrages nach der Formel »Macht Euch die Erde untertan!« allmählich von dem Leitbegriff einer verantwortlichen Haushalterschaft abgelöst worden, die sowohl Ökonomie als auch Ökologie umfasst. Wenn die Menschen in der Lage sind, sich ihrer selbst bewusst zu werden, über die Zusammenhänge der Natur zu reflektieren und sich, allerdings nur teilweise, von ihrer Naturgebundenheit zu emanzipieren, dann müssen sie im Sinne einer verantwortlichen Haushalterschaft auch den Versuch unternehmen, die Folgen ihrer Handlungen und Unterlassungen abzuschätzen – und zwar nicht nur für sich selbst, sondern auch für den »oikos«, in dem sie und ihre Nachkommen existieren. Verantwortliche Haushalterschaft bedeutet, sich der Fähigkeit zu bedienen, die den Menschen gegeben ist, sich von seinen eigenen Werken und Handlungen zu distanzieren, sie kritisch zu überprüfen und vielleicht auch einmal grundlegend zu verändern.
In der bereits genannten gemeinsamen Erklärung der beiden Kirchen aus dem Jahre 1985 werden zum Ökologieproblem drei Richtlinien für verantwortliches Handeln genannt: die Ehrfurcht vor dem Leben, eine vorausschauende Gefahrenabschätzung und eine nicht nur am ökonomischen Kalkül orientierte Abwägung von Schaden und Nutzen menschlicher Eingriffe in die Natur. Die damals formulierten Forderungen für ein »neues Denken und Handeln« lesen sich auch heute noch überraschend aktuell: Angemahnt wird ein neuer, umweltverant-

---

[3] Rat der Evangelischen Kirche in Deutschland / Deutsche Bischofskonferenz, Verantwortung wahrnehmen für die Schöpfung, 2. Aufl. Gütersloh 1985, 32; auch im Internet unter www.ekd.de/EKD-Texte/44681.html.

wortlicher Lebensstil, das Denken in ökologischen Systemzusammenhängen, ökologisch verträgliches Wirtschaften, hier vor allem die Entwicklung von »sanften« und »alternativen« Technologien sowie ein Engagement bei selbst organisierten, kleinen und überschaubaren Betriebsformen. Von der Politik wird die Setzung von Rahmendaten verlangt, die ökologisch sinnvolles Verhalten nicht durch Wettbewerbsnachteile bestrafen. Aber dass ein bald dreiundzwanzig Jahre alter Text sich im Forderungsteil aktuell liest, kann auch heißen, dass in der Zwischenzeit nicht all zu viel geschehen ist.

Die Umweltdiskussion der letzten dreißig Jahre hat die Menschen immer wieder auch als den größten Risikofaktor für das Fortbestehen der Menschheit ausgemacht und herausgestellt, dass es nicht sicher ist, ob die Menschheit ihrer Verantwortung zur Schöpfungsbewahrung gerecht werden wird. Es ist denkbar, und Wissenschaft wie Technik stellen die Mittel dafür zur Verfügung, irreversibel den Prozess der Schöpfung zu stören, auch wenn wir ihn als nicht abgeschlossenes und offenes System denken. Das würde vermutlich nicht das Ende der Erde und damit nicht das Ende der Schöpfung bedeuten. Aber es würde viel Leid und Zerstörung über die Erde bringen: Die Folgen einer von Menschen gemachten, drastischen Verringerung der Artenvielfalt sind ebenso unabsehbar wie die Folgen eines von Menschen gemachten Klimawandels, die irreversible Veränderung von Ökosystemen durch genetisch veränderte Organismen oder die Zerstörung der Bodenfruchtbarkeit durch einer Übernutzung dieser Ressource.

Aber unsere Aufgabe ist es eben ganz und gar nicht, die »Restlaufzeit« der Erde zu bestimmen, um hernach, mit einer bestimmten Sicherheitsmarge, die Ausbeutung der Ressourcen auf diesen Zeitraum zu verteilen. Eine derartige Resignation würde zu einer Art apokalyptischen Defätismus führen, der in den reichen Ländern – allerdings wohl nur dort – noch eine ganze Zeit lang durchaus mit einem materiell komfortablen Leben vereinbar sein könnte. Eine an der christlichen Botschaft orientierte Umweltarbeit geht von der Hoffnung des Römerbriefes aus, dass Gott sein Schöpfungswerk nach seinem Willen dennoch vollenden wird.[4] Und dann heißt verantwortliche Haushalterschaft eben doch: sich einzumischen, zu versuchen, seine Stimme als Anwalt derjenigen zu Gehör zu bringen, die über keine eigene politische Lobby verfügen und deren Kaufkraft am Markt nicht ausreicht, um Produktionsentscheidungen zu beeinflussen.

Nun ist es auch für die Kirchen nicht leicht, theoretische Erkenntnisse dieser Art in die Praxis umzusetzen und dann auch noch im Alltag durchzuhalten. Zwei Gründe sind meines Erachtens besonders verantwortlich für diese Schwierigkeit. Zum einen: Die Problemstellungen sind häufig so komplex, dass einfache, schöne, klare und leichte Ant-

---

[4] Siehe Beirat des Beauftragten des Rates der EKD für Umweltfragen (1995), op.cit., 14.

worten meist nicht möglich sind, wenn man sich auf die einzelnen Sachfragen einlässt. Eine zweite Schwierigkeit betrifft die Kirchen ebenso wie alle anderen Institutionen und Organisationen, die sich auf dem Gebiet der Umweltarbeit äußern: Das ist das Kriterium der Glaubwürdigkeit. Die Kirchen sind, zusammengenommen, ein Großgrundbesitzer, betreiben unzählige Einrichtungen – Tagungshäuser, Kindergärten, Krankenhäuser, Gemeindehäuser. Sie verbrauchen Energie und Büromaterial, sie verpflegen Menschen, und nicht zuletzt betreiben sie Schulen, in denen sie Kinder und Jugendliche ausbilden. In vielen kirchlichen Einrichtungen wird noch nicht einmal das umgesetzt, von dem wir sicher wissen, dass es positive Umweltfolgen hat, *ohne* dabei Geld zu kosten. Viele Maßnahmen im Bereich Energiesparen fallen in diese Kategorie.

4

Dennoch gibt es zu vielen Umweltaspekten im Raum der Kirche wirkliche Vorreiter und exzellente Pilotprojekte. Umweltarbeit »auf der Höhe der Zeit«, die sich als Wesensmerkmal christlicher Arbeit legitimieren will, muss weiter Anstrengungen unternehmen, so etwas wie eine »gute fachliche umweltorientierte Praxis« in die Breite aller kirchlichen Einrichtungen zu bringen – dies geht nur, wenn man Umweltarbeit mit einem Minimum an dauerhaft zur Verfügung stehenden Ressourcen ausstattet.
In der letzten Zeit haben sich jedoch im Bereich der Kirchen hier deutlich wahrnehme Fortschritte gezeigt, über die Vorreiterprojekte hinaus. Ein gemeinsamer Orientierungspunkt waren hier die Beschlüsse der EKD-Synode im Herbst 2008, deren Kundgebung 10 Punkte für ein ökologisch verantwortliches Handeln aufführt.[5] Im Beschluss dieser Synode zur Schöpfungsverantwortung heißt es dann unter anderem:[6]
Die Synode bittet den Rat der EKD, der Arbeit für Schöpfungsverantwortung in der EKD einen gewichtigeren Platz einzuräumen, und bittet deshalb, mit den Gliedkirchen in einen intensiven Dialog einzutreten.
Der Rat der EKD möge den Gliedkirchen vorschlagen, das Ziel anzustreben, im Zeitraum bis 2015 eine Reduktion ihrer CO_2-Emissionen um 25 % – gemessen am Basisjahr 2005 – vorzunehmen. Dazu mögen die Gliedkirchen zur Klimaproblematik Runde Tische bilden.
Mehrere Landeskirchen haben bereits damit begonnen, Schritte in die Wege zu leiten, um dieses Ziel zu erreichen. Dabei sind die Umwelt-

---

[5] Vgl. www.ekd.de/synode2008/kundgebung/beschluss_kundgebung_klima_wasser_lebenswandel.html.
[6] Siehe www.ekd.de/synode2008/beschluesse/beschluss_schoepfung.html.

beauftragten der Landeskirchen wichtige Ansprechpartner, da im Verbund der Arbeitsgemeinschaft der landeskirchlichen Umweltbeauftragten (AGU) Arbeitsmaterialien erstellt werden, die bei der Umsetzung der Beschlüsse unterstützen.

Als weitere Hilfestellung hat das Kirchenamt der EKD in der Forschungsstätte der Evangelischen Studiengemeinschaft (FEST) ein »Projektbüro Klimaschutz« eingerichtet, durch das Landeskirchen, Kirchenbezirke und auch einzelne kirchliche Einrichtungen bei der Konzepterstellung von Klimaschutzprojekten und bei der Einwerbung von staatlichen Fördergeldern für diese Aufgabe gezielt beraten werden können. Diese »Serviceleistung« wird von den Landeskirchen und kirchlichen Einrichtungen mittlerweile sehr gut angenommen.

Die Arbeit an der Entwicklung von Klimaschutz-Projekten kann dabei an einer ganzen Reihe von zum Teil mehrjährigen Projektlinien in den Kirchen anknüpfen. Stellvertretend für viele andere soll hier das kirchliche Umweltmanagement-System »Grüner Gockel« beziehungsweise »Grüner Hahn« genannt werden, zu dem mittlerweile sehr viele Erfahrungen vorliegen. Hinter der Bezeichnung verbirgt sich ein speziell auf Kirchengemeinden und kirchliche Einrichtungen wie Tagungs- und Bildungszentren zugeschnittenes Umweltmanagementsystem. Das kirchliche Umweltmanagement erfüllt die Anforderungen der EU-Öko-Audit-Verordnung EMAS II (Eco-Management and Audit-Scheme) sowie der Norm DIN EN ISO 14001. Sowohl das Umweltmanagementsystem nach EMAS als auch nach ISO-Norm legen den Schwerpunkt auf einen stetigen Verbesserungsprozess im Bezug auf die Umweltauswirkungen der geprüften Einrichtungen und Gemeinden. Um eine einfachere Anwendung in der oftmals von Ehrenamtlichen geprägten Arbeit in Kirchengemeinden zu gewährleisten, sind die Durchführungsbestimmungen des »Grünen Hahns/Gockels« deutlich konkreter und die notwendigen Dokumentationen geringer ausgelegt, als dies bei Umweltmanagementsystemen nach EMAS oder ISO-Norm der Fall ist. Der »Grüne Hahn« ist seit Februar 2007 offizielles Projekt der UNESCO-Weltdekade »Bildung für Nachhaltige Entwicklung. Er wurde im Mai 2007 mit dem VDI-Innovationspreis (Verein Deutscher Ingenieure) des VDI-Bezirksverbandes Westfalen ausgezeichnet. Inzwischen haben in ganz Deutschland fast 500 Kirchengemeinden und kirchliche Einrichtungen in 16 Landeskirchen und Diözesen ein Umweltmanagementsystem eingeführt.

In vielen Landeskirchen gibt es ergänzende, teilweise weit über den Ansatz des Umweltmanagement hinaus gehende Initiativen. Auch hier soll nur eine diesbezügliche Aktivität stellvertretend vorgestellt werden: die »Klima-Offensive« der Evangelischen Kirche der Pfalz. Im Januar 2004 wurde dieser Landeskirche zusammen mit der Landeszentrale für Umweltaufklärung des Landes Rheinland Pfalz (LZU) das Projekt »EnergieCheck-Plus; ökologisch handeln – ökonomisch gewinnen« gestartet. Dabei sollte in rund 30 ausgewählten Kirchengemeinden der Verbrauch von Wasser und Energie sowie das Aufkommen von Abfall verringert werden. Dazu wurde in den jeweiligen Gemeinden durch eine erste Analyse der Ist-Zustand ermittelt. Durch die anschließende Auswertung sollten neben möglichen technischen und baulichen Schwachstellen an Gebäuden auch Verbesserungsmöglichkeiten des Nutzerverhaltens bestimmt werden. Die gewonnenen Erkenntnisse über Einsparungsmöglichkeiten wurden dann in einem weiteren Schritt den Gemeinden in Form von Maßnahmekatalogen übermittelt; sie sollten auch in anderen Kirchengemeinden etabliert werden. Im Mai 2008 wurde von der Landessynode im Rahmen des Schwerpunktthemas »Bewahrung der Schöpfung« dann das Projekt »Klimaoffensive« ins Leben gerufen. Durch die »Klimaoffensive« soll der Verbrauch an Energie von kirchlichen Einrichtungen deutlich reduziert werden. Im Rahmen des Projektes werden so genannte »Energiebeauftragte« eingesetzt. Diese sollen in den jeweiligen Kirchengemeinden den Energieverbrauch erfassen, aber auch dafür Sorge tragen, dass mit Energie sparsam umgegangen wird. Durch Energieberater soll im Vorfeld von Gebäudesanierungen unter anderem mit Hilfe von Kosten-Nutzen-Analysen untersucht werden, inwieweit der Einsatz von regenerativen Energien wirtschaftlich rentabel ist. Bei einer Amortisierungszeit der jeweiligen Vorhaben in einem Zeitraum von 10 bis 15 Jahren ist ein Antrag auf Mitfinanzierung möglich. Zugleich wurden auf der Landessynode die Kirchengemeiden aufgefordert, sich bei dem bereits begonnenen Umweltmanagementprojekt zu beteiligen und ein zertifiziertes Umweltmanagementsystem in Form des »Grünen Gockels« einzuführen. Über die Ergebnisse der »Klimaoffensive« soll der Landeskirchenrat im Jahr 2012 der Landessynode berichten.

Schließlich soll ein weiteres, im letzten Jahr gestartetes ökumenisches Projekt erwähnt werden. Mit der im Jahr 2008 gestarteten Aktion »Zukunft einkaufen« soll die Beschaffung der Kirchen dauerhaft nach ökologischen und sozialen Gesichtspunkten gestaltet werden. Das Projekt soll zudem zeigen, dass »Klimaschutz einkaufen« möglich ist, etwa in Form von fair gehandeltem Kaffee, Recyclingpapier, Öko-Strom und einer Vielzahl weiterer Produkte. Nach einer Erprobungsphase in insgesamt zehn katholischen und evangelischen Test-Regionen und größeren kirchlichen Institutionen – unter anderem gehören die Bremische Evangelische Kirche, der Kirchenbezirk Mannheim und der Deutsche Evangelische Kirchentag dazu –, in denen die Beschaffungspraxis zuerst analysiert und im Anschluss unter Einbeziehung ökologischer und sozialer Kriterien neu gestaltet wird, sollen die so gewonnenen Erkenntnisse auf möglichst viele kirchliche Einrichtungen in Deutschland übertragen werden. Das Vorhaben wird zusammen mit den Kooperationspartnern Bank für Kirche und Diakonie, Brot für die Welt, Deutscher Evangelischer Kirchentag, Evangelischer Entwicklungsdienst und der Wirtschaftsgesellschaft der Kirchen in Deutschland durchgeführt und von der Deutschen Bundesstiftung Umwelt finanziell gefördert.

5

Die hier vorgestellten Aktivitäten sowie die zahlreichen, hier aufgrund der Zielsetzung dieses Beitrags *nicht* geschilderten Projekte und Gespräche mit jenen, die sie teilweise über viele Jahre und mit großem persönlichen Einsatz durchtragen, legen nahe, dass es immer wieder ähnliche Bedingungen für den Erfolg und auch für Misserfolge gibt.

(1) Kirchliche Umweltarbeit muss die Menschen in den Gemeinden direkt ansprechen. Umweltarbeit gelingt auf Dauer nur, wenn die einzelnen Verbraucher, die einzelnen Unternehmer und Arbeitnehmer die Konsequenzen für die Umwelt bedenken, die ihr jeweiliges Verhalten mit sich bringt. Die Initiative von Einzelnen lässt sich durch kein noch so ausgeklügeltes Gefüge von Verordnungen und Gesetzen wettmachen. Kirche kann zu einem Bewusstsein dafür beitragen, dass die Sorge für die Natur nicht nur an andere delegiert werden kann.

(2) Kirchliche Umweltarbeit kann immer wieder versuchen, den Stellenwert der Bewahrung der Schöpfung – und anderer Werte in unserer Gesellschaft – so zu beschreiben, dass das ökonomische Kalkül, nach dem so viele Entscheidungen fallen, in seiner Bedeutung relativiert wird, nicht abgelehnt, aber auf einen angemessenen Stellenwert reduziert wird. Es ist nicht mehr bestritten, dass das Wachstum des Bruttoinlandsprodukts kein wirklicher Indikator für den Lebensstandard und erst recht nicht für die Lebensqualität in längerfristiger Perspektive ist. Sein einziger Vorzug ist seine Einfachheit. Wenn die Umwelt geschädigt ist und Reparaturversuche unternommen werden, so erhöht das das BIP. Die Nichtberücksichtigung der Umweltkosten im BSP macht außerdem noch blind für die Tatsache, dass es eben nicht möglich ist, die ganze Welt auf das derzeitige Verbrauchsniveau der ersten Welt zu hieven.

(3) Kirchliche Umweltarbeit kann versuchen, dazu beizutragen, zu einer neuen Kultur der Auseinandersetzung zu finden. Die Kirchen können dabei helfen, indem sie Raum für Gespräche anbieten und aktiv dazu einladen, so viele neue Allianzen, Koalitionen und Verbindungen wie nur irgend möglich zu knüpfen. Ein ziviler Umgang mit den globalen Umweltproblemen wie der Klimagefährdung erfordert nicht nur technische, sondern auch soziale Innovationen. Gerade in den letzten Jahren haben sich im Umweltbereich sehr viele neue und teilweise überraschende Koalitionen gebildet – auch angeregt durch die Agenda von Rio und insbesondere durch deren lokale Ausprägung; viele Kirchengemeinden haben sich aktiv an Projekten der Lokalen Agenda 21 beteiligt. Klimaschutzprojekte sind Projekte, mit denen deutlich gemacht werden kann, dass Großes im Kleinen beginnt.

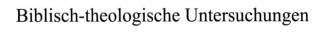

HELMUT UTZSCHNEIDER

Von der Würde der Geschöpfe

Was Christen meinen, wenn sie von »Schöpfung« reden – und was damit für ein gutes Klima gewonnen sein könnte[1]

1 »Schöpfung« als Zentralwort christlicher Weltwahrnehmung

Seit Carl Friedrich von Weizsäcker im Jahr 1986 zu einer »Weltversammlung der Christen für Gerechtigkeit, Frieden und Bewahrung der Schöpfung« aufgerufen hat[2], ist die Rede von der Schöpfung und ihrer »Bewahrung« fester Bestandteil, eine Art sprachlicher Fußabdruck der kirchlichen Sprachwelt, wenn es um Umwelt, Naturschutz und Klima geht. Manchmal, so mein Eindruck, geht uns in der Kirche die Rede von der Schöpfung etwas zu selbstverständlich, ja formelhaft von den Lippen. Man sagt nichts Falsches damit – aber *was* sagt man damit eigentlich?

Dazu kommt eine weitere Beobachtung: Wer sich in heute maßgebliche Texte zum Klimawandel, etwa die Sachstandsberichte des »Zwischenstaatlichen Ausschusses zur Klimaänderung« einlesen will, muss sich an Diagramme und Graphiken gewöhnen, darf auch vor mathematischen Formeln nicht davonlaufen und sollte sich die Definitionen von Begriffen wie »Biosphäre« oder »Ökosystem« vergegenwärtigen. Die Kategorie der »Schöpfung« spielt hingegen bei Naturwissenschaftlern, Technikern und Ökonomen so gut wie keine Rolle.[3] Allenfalls in populärwissenschaftlichen Titeln wird darauf angespielt.[4]

---

[1] Vortrag vor der Landessynode der Evangelisch–Lutherischen Kirche in Bayern in Bad Windsheim am 31. März 2009. Die Synode stand unter dem Thema »Mit Energie für ein gutes Klima«.
[2] *Carl Friedrich von Weizsäcker*, Die Zeit drängt, Eine Weltversammlung der Christen für Gerechtigkeit, Frieden und Bewahrung der Schöpfung, München 1986.
[3] Sie erscheint beispielsweise nicht im Vierten Sachstandsbericht des IPCC [=»Intergovernmental Panel on Climate Change«] (AR4), Klimaänderung 2007: Zusammenfassung für politische Entscheidungsträger, Deutsche Fassung, Bern u.a. 2007, dem wissenschaftlich wohl am besten fundierten und politisch einflussreichsten Dokument zum Thema. Ich habe sie nicht gefunden in dem Bestseller *Thomas L. Friedmans*, Was zu tun ist. Eine Agenda für das 21. Jahrhundert, 2008, dt. Frankfurt am Main 2009, ja nicht einmal die von »Brot für die Welt«, »Evangelischen Entwicklungsdienst« und dem »Bund für Umwelt und Naturschutz, Deutschland« herausgegebenen Studie des Wuppertalinstituts »Zukunftsfähiges

In der Vielfalt des Sprachgebrauchs drücken sich Differenzen der Weltwahrnehmung aus. Die Bewältigung der globalen Umwelt- und Klimaprobleme ist indes auf Verständigung angewiesen. Deshalb dürfen die kirchlich-religiöse Sprache und die Sprachen, die in den Naturwissenschaften, in der Ökonomie oder bei anderen Beteiligten gesprochen werden, nicht fremd nebeneinander stehen. Als Christen sollten wir wissen und kommunizieren, was wir meinen, wenn wir von Schöpfung reden, und wir sollten uns und anderen erklären können, was damit für ein gutes Klima oder, etwas weiter gefasst, für ein heilsames Verhältnis des Menschen zu seiner Umwelt gewonnen ist.

Ich will deshalb zunächst vier Grundlinien zum Verständnis der christlichen Rede von der Schöpfung ziehen:

a) Wenn Christen von »Schöpfung« reden, erzählen sie die biblischen Geschichten von Gott, dem Schöpfer, und seinen Geschöpfen nach. Ohne die Welt der biblischen, insbesondere der alttestamentlichen Schöpfungstexte ist die christliche Rede von der Schöpfung und das Bekenntnis zu Gott, dem Schöpfer des Himmels und der Erde, nicht denkbar und nicht verständlich.

b) Biblische Schöpfungstexte erzählen meist – nicht immer – vom Ursprung der Welt. Darin besteht aber nicht ihre eigentliche Intention. Indem die Bibel von der Entstehung der Welt, von ihrer Erhaltung und Neuerschaffung durch den Schöpfergott redet, beschreibt sie vielmehr die Welt, wie sie ist und wie sie sein kann. Biblische Schöpfungserzählungen sind – dies sei gerade auch im Darwin-Jahr 2009 gesagt – keine Naturgeschichten, wie sie die dafür zuständigen Naturwissenschaften, etwa die Paläontologie, erforschen.

c) Biblische Schöpfungstexte sind zumeist poetisch, d.h. sie beobachten nicht nur, sondern lassen auch der Phantasie Raum, sie beschreiben nicht einfach, sondern greifen Bilder auf und bringen Bilder hervor; sie sind nicht an wägender, objektivierender Distanz interessiert, sondern bemühen sich um Nähe, Subjektivität und Wertung. Ich könnte auch sagen: Sie gehen zu Herzen, sie wollen Verstand *und* Gemüt rühren. Ein allzu wörtliches Verständnis der biblischen Schöpfungstexte, wie es der fundamentalistische »Kreationismus« propagiert, verfehlt sie.

d) Schließlich muss bewusst sein, dass die biblischen Texte antike Texte sind, die ihr Wissen von der Welt und ihr Bildmaterial aus einer uns fernen Kultur beziehen.

Deutschland in einer globalisierten Welt, Ein Anstoß zur gesellschaftlichen Debatte«, Frankfurt am Main 2008, redet von »Schöpfung«.
4 Vgl. z.B. *Germanwatch* (Hg.), Die Welt am Scheideweg: Wie retten wir das Klima, Hamburg 2008, wo von der »Vertreibung aus dem Paradies eines stabilen Klimas« (98) die Rede ist.

Im Sinne dieser Grundlinien wende ich mich nun ausgewählten biblischen Schöpfungstexten zu, an denen ich jeweils zentrale Themen christlichen Schöpfungsdenkens aufzeigen und die ich auf ihre Bedeutung für das Weltverhältnis des Menschen unter den Bedingungen der heutigen Umwelt- und Klimakrise befragen möchte.

2 Der Wildesel und die Würde der Geschöpfe

Ein vielleicht weniger bekannter, deshalb aber nicht weniger bedeutender biblischer Schöpfungstext findet sich am Ende des Buches Hiob. Nachdem der Schmerzensmann Hiob seinen Freunden sein Leid geklagt und dabei Gott verzweifelt und wütend herausgefordert hat, richtet dieser nun endlich sein Wort an ihn. Aber anstatt sich vor ihm für das Leid, das er ihm zugemutet hat, zu rechtfertigen, hält Gott ihm eine Rede über seine Schöpfung (Hiob 38,1–42,6).[5] Er spricht zunächst von der unbelebten Natur, der Erde und den Meeren, den Gestirnen, den Wolken, den Winden, dem Regen sowie seiner, Gottes, Schöpfermacht, kraft derer er die natürliche Welt zusammenhält. Dann – und dies ist wohl der merkwürdigste Teil der Rede Gottes an Hiob – wendet sich Gott zehn Tieren zu, denen gemeinsam ist, dass sie sich des domestizierenden Zugriffs der Menschen entziehen. Zu einem dieser Freiheit liebenden, ja – aus Sicht der Menschen – geradezu anarchischen Tiere heißt es:
»Wer hat dem Wildesel die Freiheit gegeben,
und die Bande des Onagers, wer hat sie gelöst,
(des Onagers), dem ich die Steppe zum Hause gegeben habe und die Salzwüste zur Wohnung?
Er verlacht das Lärmen der Stadt,
die Schreie des Treibers hört er nicht;
Er durchstreift die Berge, wo seine Weide ist,
und sucht, wo es grün ist.« (Hiob 39,5)
Der asiatische Wildesel, der Onager, ist ein bemerkenswertes Tier: Es ist ans Leben in der Wüste gewöhnt, ihr in Färbung und Lebensweise ideal angepasst. Ausdauernd und schnell bewegt er sich in Steppen, Salzwüsten und Gebirgen und findet immer eine grüne Oase mit

---

5 Vgl. zum folgenden: *Othmar Keel*, Jahwes Entgegnung an Hiob, Eine Deutung von Ijob 38–41 vor dem Hintergrund der zeitgenössischen Bildkunst, FRLANT 121, Göttingen 1978; *Helmut Utzschneider*, »... jetzt aber hat mein Auge dich gesehen« (Hi 42,5). Das Hiobbuch in ästhetisch-theologischer Perspektive, in: *Christiane Karrer-Grube, Jutta Krispenz, Thomas Krüger, Christian Rose* und *Annette Schellenberg* (Hg.), Sprachen – Bilder – Klänge, Dimensionen der Theologie im Alten Testament und in seinem Umfeld, Festschrift für Rüdiger Bartelmus zu seinem 65. Geburtstag, AOAT 359, Münster 2009, 321–338.

Äsung und Schatten.⁶ Gott ist in seiner Rede von diesem seinem Geschöpf merklich angetan, er freut sich an seiner unbändigen Lebenskraft und Freiheit und spricht von ihm mit verhaltenem Stolz, ein wenig wie ein Vater über sein erwachsen werdendes Kind. Wie für den Wildesel, so gilt dies für alle belebten und unbelebten Geschöpfe, auf die Gott in seiner Rede zu sprechen kommt – von den Gestirnen und Meeren über die wilden Tiere bis hin zu Behemoth und Leviathan, zwei Fabeltieren, die Grauen und Bewunderung zugleich erregen. All diesen Geschöpfen spricht Gott zu, was ich die »Würde der Geschöpfe« nennen möchte.

Wo aber bleibt der Mensch? Er wird durch Hiob, den Adressaten der Rede vertreten. Warum aber muss ausgerechnet dieser Mensch, der sich in einem tiefen Tal des Leidens befindet und aus diesem Tal zu Gott nach Gerechtigkeit schreit, eine Rede hören, die nicht – jedenfalls nicht ausdrücklich – von seiner Würde, sondern von der Würde anderer Geschöpfe spricht? Einem Menschen, der alles Recht auf Gottes höchste Aufmerksamkeit und Zuwendung zu haben glaubt und darauf Anspruch erhebt, ausgerechnet ihm mutet Gott die Einsicht zu, dass nicht er immer und jederzeit im Zentrum steht, sondern sich seinen Platz mit Geschöpfen zu teilen hat, die ihm in ihrer Würde, d.h. in ihrer Wertschätzung durch den Schöpfer, zumindest nicht nachstehen.

Für unser Verständnis der Naturvorgänge, die mit dem Klimawandel auf uns zukommen, ist dies eine sehr bedeutende Einsicht. Wie bedeutend sie ist, erschließt sich zunächst, wenn wir uns vor Augen halten, dass der Onager heute zu den bedrohten Tierarten der Erde zählt. Nach der »Roten Liste« der »International Union for Conservation of Nature and Natural Resources« gibt es noch etwa 8000 Exemplare seiner Art bei abnehmender Tendenz. Es ist menschlicher Einfluss, der seinen Lebensraum einengt, und menschliche Gewalt durch illegale Bejagung, die ihn dezimiert. Was die Art der Wildesel in relativ kleinem Maßstab erfährt, das widerfährt – wie wir inzwischen wissen – der Umwelt im ganz großen Maßstab: der Atmosphäre, den Meeren und den Gletschern. Sie werden von den Einflüssen der menschlichen Zivilisation so beeinflusst und bedrängt, dass ihre natürlichen Abläufe empfindlich gestört und aus dem Gleichgewicht gebracht sind. Aus der Sicht des Hiobbuches verstößt dies gegen die Würde der Geschöpfe, zu denen nicht nur der asiatische Wildesel, sondern auch »Wolken, Luft und Winde« gehören, von denen das Kirchenlied sagt, Gott habe ihnen »Wege, Lauf, und Bahn« (EG 361) gegeben. Die Freiheit und Eigengesetzlichkeit dieser Geschöpfe zu achten ist inzwischen mehr als ein Gebot des Respekts vor ihrer Würde. Es ist ein Gebot menschlicher Selbsterhaltung geworden. Der Bibel geht es aber nicht darum

---

6   Vgl. zum asiatischen Wildesel (equus hemionus) die Beschreibung auf der Website der »International Union for Conservation of Nature and Natural Ressources« www.iucnredlist.org/details/7951/0.

allein. Für den Mann Hiob erweist sich die Rede Gottes und die Sicht, die sie ihm auf die Schöpfung eröffnet hat, als beglückende Erfahrung: »Vom Hörensagen hatte ich von dir gehört, jetzt aber hat mein Auge dich gesehen.« (Hiob 42,5) So antwortet Hiob auf Gottes Schöpfungsrede, in der ihm Gott vor allem seine Schöpfung vor Augen gemalt hat. Indem der Mensch eine exzentrische Sicht seiner selbst annimmt, also gewissermaßen von sich ab-sieht und die Schöpfung als Ganze in ihrer Würde zu sehen lernt, erschließt sich auch ihm ein neuer Zugang zu Gott. Damit sind wir auch schon bei der Frage, wie die Bibel die Schöpfung als Ganzheit versteht.

3 Der Blick aufs Ganze: Die Schöpfung als Ökosystem nach Genesis 1

Der Tag, an dem das heute vorherrschende Bild von der Welt als einer Ganzheit entstand, lässt sich exakt angeben. Es war der Heilige Abend (24. Dezember) 1968, als der Astronaut Bill Anders aus einer Mondumlaufbahn heraus erstmals den Aufgang des »Blauen Planeten« Erde photographierte. Dieses Bild ist zur Mutter von unzähligen Graphiken, Photomontagen und Logos geworden, es ist in Schulbüchern, auf Buchcovern und auf Stickern zu sehen. Da man im 6. Jh. vor Christus weder auf ein Apollo-Raumfahrtprogramm zugreifen konnte noch eine Kamera zur Hand war, taten die Autoren der Bibel, was ihnen vertraut war, sie schrieben ihre Vorstellung der Ganzheit der Welt als Erzählung nieder. Sie alle kennen den Text, der dabei herauskam, er steht in Gen 1:
»Am Anfang schuf Gott den Himmel und die Erde
und die Erde war wüst und leer
und es war finster auf der Tiefe
und der Geist Gottes schwebte auf dem Wasser (näher am hebräischen Text wäre: »der Atem Gottes vibrierte über den Wassern«).
Und Gott sprach: Er werde Licht. Und es ward Licht.
Und Gott sah, dass das Licht gut war.
Da schied Gott das Licht von der Finsternis
und nannte das Licht Tag, und die Finsternis nannte er Nacht.
Da ward aus Abend und Morgen der erste Tag ...« (V.1–5)
Die Vorstellung von der Ganzheit, die sich im Verlauf der Erzählung von Gen 1 herausschält, lebt davon, dass Gott die Lebensräume, Geschöpfe und Lebewesen miteinander so vernetzt[7], dass sie füreinander Funktionen wahrnehmen. Also etwa:

---

[7] Vgl. zur Gesamtanlage des Schöpfungstextes *Odil Hannes Steck*, Der Schöpfungsbericht der Priesterschrift, Studien zur literarkritischen und überlieferungsgeschichtlichen Problematik von Genesis 1,1–4,4a., FRLANT 115, Göttingen 2. erw. Aufl. 1981, 211ff.

- Der Rhythmus von Tag und Nacht ist der Raum der Gestirne, die wiederum für Mensch und Tier den Jahresrhythmus vorgeben und speziell für die Menschen den Kalender für ihre Feste.
- Der Raum zwischen der Erde und dem Himmelsfirmament ist der Ort der Vögel. Zugleich hält das Firmament den Himmelsozean, den man in der Antike vermutete, davon ab, auf die Erde zu stürzen. So bleiben die Bereiche von Meer und festem Land geschieden und die Lebensräume für die Fische einerseits und die Landlebewesen – einschließlich des Menschen – andererseits gesichert.
- Die Erde, die die Erzählung mitsamt ihrem Pflanzenkleid in den Blick nimmt, ist nicht nur Lebensraum, sondern auch Lebens- und Nahrungsspenderin für Landtiere und Menschen, die die Bibel hier einer Großgattung von Lebewesen zurechnet.

Die Vorstellung, die uns Gen 1 von der Welt als ganzer und ihren Teilen vermittelt, ist mithin systemisch. Die entsprechende Definition von »Ökosystem« im 4. Sachstandsbericht des schon erwähnten »Intergovernmental Panel on Climate Change« lässt sich problemlos darauf anwenden, auch wenn die systembildenden Elemente im 6. Jh. vor Christus anders gesehen wurden als im 21. Jh. nach Christus.[8]

Der Schöpfungstext macht sich nun allerdings Gedanken zu einer Frage, zu der das IPCC nichts zu sagen weiß, zu der Frage nämlich, was dieses System eigentlich zusammenhält. Die Antwort der biblischen Schöpfungserzählung ist klar: Es ist das Schöpfungshandeln Gottes. Aus diesem Bezug zu Gott wächst nicht nur – wie in der Gottesrede des Hiobbuches – jedem einzelnen Geschöpf Würde zu, sondern der Schöpfung als ganzer, ihrem inneren Gleichgewicht, den systemhaften Bezügen der Geschöpfe zueinander, die ihre Existenz insgesamt sinnhaft sein lässt. Wenn Christen von Schöpfung reden, dann meinen sie diesen sinnhaften Bezug der Geschöpfe zueinander, man könnte auch sagen: das Geflecht der Dienste, die sich die Geschöpfe untereinander erweisen. Und wenn Christen vom Schöpfer reden, dann meinen sie die Quelle dieser Bezüge. In den Worten der Schöpfungserzählung: »und Gott sah an alles, was er gemacht hatte, und siehe es war sehr gut ...« (Gen 1,31).

4 Aufgaben und Würde des Menschen in der Schöpfung

Es ist dem christlichen Welt- und Menschbild nicht selten vorgehalten worden, dass es zu anthropozentrisch sei, d.h. den Menschen als »Kro-

---

[8] Vgl. Vierter Sachstandsbericht des IPCC (AR4), 82; nach der Definition des IPCC ist ein Ökosystem »ein System von sich gegenseitig beeinflussenden lebenden Organismen und ihrer physischen Umwelt. Die Definition variiert je nach Schwerpunkt der Untersuchung. Deshalb kann das Ausmaß eines Ökosystems von sehr kleinräumig bis weltumspannend sein.«

ne der Schöpfung« auf Kosten der anderen Geschöpfe zu sehr in den Mittelpunkt gerückt habe. Nun haben wir an der Schöpfungstheologie des Hiobbuches gesehen, dass dies aufs Ganze gesehen sicher nicht zutrifft. Allerdings widmen die biblischen Schöpfungstexte dem Verhältnis des Menschen zu seiner Mitwelt in der Tat sehr hohe Aufmerksamkeit. Dies gilt vor allem für die ersten drei Kapitel der Genesis, die allein drei Leitbilder menschlichen Weltverhältnisses entwickeln. Sie lassen sich folgendermaßen zusammenfassen:
1) Der Mensch als Diener und Wächter des Gartens Eden (Gen 2,15)
2) Der Mensch als Ebenbild Gottes und Herrscher über die Geschöpfe (Gen 1,26)
3) Der Mensch als Diener des Erdbodens (Gen 3,23; vgl. auch VV.17–19)

Diese drei Aussagen gehören in unterschiedliche Stationen der Schöpfungserzählung des ersten Buches Moses hinein und sind zu unterschiedlichen Zeiten niedergeschrieben worden. Auch sachlich passen sie nicht ohne weiteres zusammen. Gleichwohl meine ich, dass die drei Texte jeweils wesentliche Aspekte menschlichen Weltverhältnisses zur Sprache bringen, die in ihrer Zusammenschau ein stimmiges Bild vom Weltbezug der Menschen ergeben. Nun zu den drei Leitbildern im Einzelnen.

4.1 Der Mensch als Diener und Wächter des Gartens Eden (Gen 2,15)

Die Überschrift »der Mensch als Diener und Wächter des Gartens« spielt auf Genesis 2,15 an, wo erzählt wird, welche Aufgabe Gott dem Menschen zugedacht hat, als er ihn in den Garten Eden versetzte: »Und Gott, der Herr, nahm den Menschen und setzte ihn in den Garten Eden, dass er ihn bebaute und ihn bewahrte.« Von dieser Stelle ist auch die Formel von der »Bewahrung der Schöpfung« abgeleitet. Es ist leicht zu sehen, dass diese Formel mit ihrer biblischen Grundlage nicht präzise übereinstimmt. Die Worte »Garten Eden« oder auch »Paradies« sind mit »Schöpfung« oder »Welt« nicht einfach gleichzusetzen. D.h. das Wort in Gen 2,15 macht auf einen ganz bestimmten Aspekt menschlichen Weltverhältnisses aufmerksam.
Hinter dem Garten Eden, aus dem Hebräischen übersetzt etwa »Lustgarten« oder »Wonneland«[9], steht die Vorstellung vom Palastgarten eines Königs, der parkartigen Umgebung eines großen Tempels, er ist durchwegs mit Frucht tragenden Bäumen bestanden. Der Gottkönig sucht in ihm in der Abendkühle Erholung. Dieser Gottesgarten ist das Ideal einer überaus lebensfreundlichen Landschaft, in der Menschen, Tiere und Pflanzen in Harmonie leben können. Eine solche Idealwelt

---

[9] *Claus Westermann*, Genesis, I. Teilband Genesis 1–11, BKAT I,1, Neukirchen-Vluyn 1974, 285ff.

ist für die Bibel so nur in unmittelbarer Nähe Gottes, eben in seinem Garten denkbar. Diese Nähe genießen die beiden Urmenschen in der Rolle des Dieners und Wächters des Gottesgartens, solange sie nicht dem Wahn erliegen, Gottes Stelle selbst einnehmen zu wollen. Dabei ist bemerkenswert, dass die Formel »bebauen und bewahren«, hebräisch gelesen, religiöse Obertöne hat. »Bebauen«, im Hebräischen wörtlich: »dienen«, kann auch für den »Gottesdienst« stehen, »bewacht« bzw. »bewahrt« wird nicht nur der Garten, sondern auch die göttlichen Gebote (vgl. z.B. Dt 5,10; 7,11 u.ö.).

Eben darin besteht m.E. der Anknüpfungspunkt, der dieses Erzählmotiv mit unserem modernen, christlichen Verständnis von Schöpfung und der Rede von ihrer Bewahrung verbindet. Das Motiv vieler christlich geprägter Menschen, sich in Umweltfragen zu engagieren, ist ein Ideal, das der Paradiesvorstellung der Bibel sehr nahe kommt und die Bewahrung dieser Schöpfung als religiöse Pflicht versteht und gewissermaßen spirituell unterlegt. Auf der Tagung der bayerischen Landessynode im November 2008 in Straubing haben die Synodalen vom »Ökumenischen Aktionskreis ›Lebendige Donau‹«, Niederalteich, und dem »Arbeitskreis ›Christen und Ökologie‹«, Oberalteich, ein Büchlein mit dem Titel »Das Kreuz am Fluss«[10] überreicht bekommen, in dem sich Gebete und Meditationen mit bezaubernden Landschaftsaufnahmen des Donauabschnittes zwischen Straubing und Vilshofen abwechseln. Diese Verbindung von Gottesdienst und Dienst an einer schönen Landschaft erinnern an den Paradiesgedanken des Schöpfungstextes in 1 Mose 2. Er realisiert sich heute in einer Schöpfungsspiritualität, die von der Vision einer intakten Welt getragen ist. Die spirituelle Kraft, die Menschen dazu bewegt, dieser Vision als Leitmotiv ihres Handelns zu folgen, kann bedeutende politische Kräfte freisetzen und ist auch der Antrieb hinter dem Motto der bayerischen Frühjahrssynode 2009: »Mit Energie für ein gutes Klima«.

4.2 Der Mensch als Ebenbild Gottes und Herrscher über die Geschöpfe (1,26)

Nun zum zweiten Leitbild des Verhältnisses zwischen Mensch und Mitwelt in Gen 1,26: »Und Gott sprach: Lasst uns Menschen machen, ein Bild, das uns gleich sei. Und sie sollen herrschen über die Fische im Meer und über die Vögel unter dem Himmel und über das Vieh und über alle Tiere des Feldes und über alles Gewürm, das auf Erden kriecht.« Diese Aussage ruft – gerade bei Menschen, die ökologisch engagiert sind und sich zur Paradiesvision hingezogen fühlen – nicht selten Befremden hervor. Hat nicht die Herrschaft des Menschen über

---

[10] Das Kreuz am Fluss, Donau – Segnungen, Gebete, Wegweisungen, Winzer, o.J [2008], vgl. etwa die Abb. S. 15.

die Geschöpfe oder – allgemeiner gesprochen – über die Kräfte der Natur zu eben jenem ökologischen Desaster geführt, in das wir hineinzuschlittern im Begriff sind? Ist dieses Desaster gar eine der »gnadenlosen Folgen des Christentums« (Carl Amery)[11] und seines Schöpfungsdenkens?
Im wörtlichen und ursprünglichen Verständnis des Textes von Gen 1 gehören Gottesebenbildlichkeit und Herrschaft des Menschen über die Geschöpfe (im weiteren Sinne der Natur und ihrer Kräfte) eng zusammen. Im antiken Verständnis des Bildes repräsentiert ein Standbild (und eben dies bedeutet das entsprechende Wort im hebräischen Text) den Dargestellten in Person, das kann ein König in seiner Hauptstadt oder ein Gott im Tempel sein.[12] Dieses Verständnis überträgt der Text auf den Menschen und sein Verhältnis zum Schöpfergott. Er soll Gott in seiner Schöpfung repräsentieren und in Gottes Sinn über diese herrschen. Dieser Zusammenhang von Gottebenbildlichkeit und Herrschaft verleiht dem Menschen eine hohe Würde, bürdet ihm aber eine ebenso hohe, buchstäblich übermenschliche Verantwortung auf. Denn als Repräsentant des Schöpfers über dessen Geschöpfe zu herrschen, kann nur heißen, Gottes Schöpfung, das System des Zusammenlebens der Geschöpfe, zu erhalten und wenn nötig weiter zu entwickeln.
In der Entstehungszeit des Textes waren die Möglichkeiten der Menschen, auf ihre Umwelt einzuwirken, noch vergleichsweise begrenzt. Heute sind sie durch Naturwissenschaft, Technik, aber auch durch ökonomische und politische Steuerungsinstrumente ins nahezu Unermessliche gestiegen – zum Guten und zum Schlechten. Nun könnte man angesichts der sich auftürmenden Probleme versucht sein, Gott die Verantwortung für seine Schöpfung zurückzugeben und so als sein »Ebenbild« gewissermaßen abzudanken. Dies aber ist ganz undenkbar. Wir würden dann ja die Macht, die uns Menschen zugewachsen ist, nur so lange gebrauchen wollen, bis wir den Kosmos ruiniert haben, und uns dann aus der Verantwortung stehlen. Nein – gerade jetzt, wo es wirklich gefährlich wird, sollten wir alles daran setzen, alle Möglichkeiten zur Heilung des kranken Planeten nach bestem menschlichem Wissen und Gewissen einzusetzen. Nur dann werden wir der Verantwortung, derer Gott uns gewürdigt hat, gerecht. Es führt also an naturwissenschaftlichem, technischem und ökonomischem Wissen und Können kein Weg vorbei, z.B. an der Erschließung neuer Arten der Energieeinsparung und -erzeugung, am intelligenten Handel mit CO_2

---

[11] *Carl Amery*, Das Ende der Vorsehung: die gnadenlosen Folgen des Christentums, Hamburg 1972, besonders 191ff.
[12] Die Literatur zur »Gottesebenbildlichkeit« ist uferlos. Vgl. etwa *Bernd Janowski*, Die lebendige Statue Gottes. Zur Anthropologie der priesterlichen Urgeschichte, in: Gott und Mensch im Dialog. Festschrift für Otto Kaiser zum 80. Geburtstag. Bd. 1, hg. von *Markus Witte*. (Beihefte zur Zeitschrift für die alttestamentliche Wissenschaft 345). Berlin 2004, 183–214.

Zertifikaten, an der Durchsetzung neuer Standards. Kurz: Die Industriegesellschaft kann sich nicht ausgerechnet jetzt abschaffen wollen, sie muss sich vielmehr neu erfinden. Sie braucht dazu die Kunst der Ingenieure, das Know-How des Handwerks, das Wissen der Ökonomen und das ökologische Gewissen jedes einzelnen Menschen. Auch ein intelligentes kirchliches Umweltmanagement wie der »Grüne Gockel« gehört in diesen Zusammenhang.

4.3 Der Mensch als »Diener« des Erdbodens (3,23; vgl. auch VV.17–19)

Was aber, wenn unsere menschlichen Kräfte versagen, wenn unser Wissen in die Irre geht, wenn wir Widerstand erfahren, wenn der Alltag die Kräfte und unsere hohen Ideale verzehrt, wenn wir müde werden, unsere Mängel und Grenzen erfahren? Auch davon handelt die Paradiesgeschichte.

Sie erzählt bekanntlich, dass sich das Menschenpaar gegen Gottes Gebot aufgelehnt hat und den Gottesgarten verlassen musste. Die traditionelle christliche Deutung liest die Erzählung in Gen 3 als Ursprungsgeschichte der menschlichen Sündhaftigkeit. Aber davon handelt sie nicht, jedenfalls nicht im moralischen Sinn. Worum es eigentlich geht, bringt Gottes Rede an das Menschenpaar zum Ausdruck: »... verflucht sei der Erdboden um deinetwillen! Mit Mühsal sollst du dich von ihm nähren dein Leben lang. Dornen und Disteln soll er dir tragen, und du sollst das Kraut auf dem Acker essen. Im Schweiße deines Angesichts sollst du dein Brot essen, bis du wieder zu Erde werdest, davon du genommen bist. Denn Erde bist du und zu Erde sollst du werden« (Gen 3,17–19). Die Rede beschreibt hier die Existenz des Menschen in der Realität seiner alltäglichen Mühsal, in der er der Natur seinen kärglichen Lebensunterhalt abringen muss, in der er die Kräfte der Natur als feindlich erfährt, ihnen am Ende erliegt und dem Ackerboden gleich wird, mit dessen Bearbeitung er seine Tage zugebracht hat. Der Mensch ist nicht »Diener des Gartens«, sondern »Diener des Erdbodens« (Gen 3,23).

In der sich abzeichnenden Klimakrise hat diese ernüchternde Perspektive bestürzende Weiterungen. Es ist denkbar, dass unsere technischen und politischen Fähigkeiten versagen und unsere spirituellen Kräfte versiegen, dass wir der Resignation und damit letztlich der Krise erliegen. Die biblische Urgeschichte malt eine solche katastrophale Möglichkeit in der Erzählung von der Sintflut aus.

Doch lässt uns die Bibel auch darin nicht ohne Hoffnung zurück. Der Erzähler der Paradiesgeschichte gibt dafür zwei Zeichen. Das erste lässt er Adam, den Menschen, selbst setzen. Dieser gibt seiner Frau den Namen »Chawwa«, Eva, »denn sie wurde die Mutter alles Lebendigen.« (Gen 3,20) D.h., Adam bleibt auch als »Diener des Erdbodens« entschlossen zu leben. Das zweite Zeichen setzt Gott. Bevor er die Menschen aus dem Gottesgarten vertreibt, kleidet er sie in Mäntel aus Fell (Gen 3,21). So signalisiert er, dass die Menschen in ihrer Situation als Mängelwesen auf seine Fürsorge zählen können. Auch in der Flutgeschichte gibt es ein solches Zeichen: den Regenbogen, mit dem die Verheißung verbunden ist, »dass hinfort nicht mehr alles Fleisch verderbt werden soll durch die Wasser der Sintflut und hinfort keine Sintflut mehr kommen soll, die die Erde verderbe« (1. Mose 9,12f). Der Bogen ist in der antiken Kultur ein Zeichen der Herrschaft, der Herrschaft Gottes über die Welt. Als Christen vertrauen wir darauf, dass Gott seine Welt trägt und hält, auch in den Fährnissen der Klimakrise.

Eine Bemerkung zum Schluss: Wir sollten die drei Leitbilder aus den ersten drei Kapiteln des 1. Buches Mose nicht alternativ, sondern assoziativ, sich ergänzend, lesen. Das heißt: Wir können und sollen Gottes Schöpfung mit ganzem Herzen und aller Begeisterung zugetan sein und mögen uns dabei fühlen wie seine Paradiesgärtner. Unter der Voraussetzung, dass wir die Würde der Geschöpfe achten, können und sollen wir für sie alles Wissen und alle Tatkraft einsetzen, derer uns Gott gewürdigt hat, und dabei Realitätssinn mit Lebenswillen verbinden. Wenn sich Widerstände auftun – und sie werden sich auftun, sei es aus der Natur, sei es in uns selbst –, dann dürfen wir uns von Gott getragen fühlen.

MICHAELA BAUKS

Um die Bewahrung der Schöpfung muss gestritten werden – Fallbeispiel Hiob

1 Einleitende Überlegungen

1.1 Die Urgeschichte als Ausgangspunkt

Seit das Thema in den 70er Jahren erstmals die Aufmerksamkeit in kirchlichen und theologischen Kreisen fand[1], wissen wir und können es bis in die kirchlichen Verlautbarungen hinein lesen[2], *dass der Mensch nicht die Krone der Schöpfung ist*, dass *dominium terrae* nicht bedeutet, dass ihm uneingeschränkte Herrschaftsmacht in Stellvertretung Gottes übergeben ist[3], sondern dass als eigentlicher Höhepunkt der siebte Tag noch folgt als die *Besinnung auf Gottes Ruhen – und die Ruhe seines Werks*. Wie auch die Version des Dekalogs in Dtn 5,12–15[4] zeigt, ist dieses Ruhen auf die gesamte Umwelt auszuweiten.[5] Der

---

[1] Exegetischerseits sei hier lediglich stellvertretend auf die einschlägige Veröffentlichung von *Gerhard Liedke*, Im Bauch des Fisches. Ökologische Theologie, Stuttgart [4]1984, hingewiesen.
[2] Vgl. jüngst *Wolfgang Huber*, Es ist nicht zu spät für eine Antwort auf den Klimawandel, EKD Texte 89, 2007, § 4 (www.ekd/print.php?file=/EKD-Texte/20070530_ appell_klimawandel.htlm).
[3] *Udo Rütersworden*, Dominium terrae. Studien zur Genese einer alttestamentlichen Vorstellung (BZAW 215), Berlin / New York 1993, charakterisiert *dominium terrae* als »eine Rechts- und Friedensherrschaft des Menschen über die Natur« (126) und betont, dass gemäß persischem Vorbild »regulative Prinzipien im Blick sind, die die Herrschaft des Menschen über die Natur vor Willkür und vor allem Missbrauch schützen« (129). Es bedeute zudem, dass »die Menschheit nicht Sorge tragen muß, daß die Erde als Lebensgrundlage versagt, und daß die Menschheit nicht durch die Tierwelt dezimiert wird« (130).
[4] S. besonders V.14: »der siebte Tag aber ist ein Sabbat für den HERRN, deinen Gott. Da darfst du keinerlei Arbeit tun, weder du selbst noch dein Sohn oder deine Tochter oder dein Knecht oder deine Magd oder dein Rind oder dein Esel oder all dein Vieh oder der Fremde bei dir in deinen Toren, damit dein Knecht und deine Magd ruhen können wie du«. – Sofern nicht anders gekennzeichnet, sind die Bibeltexte in der neuen Übersetzung der Zürcher Bibel (NZB, 2007) zitiert.
[5] *Timo Veijola*, Das fünfte Buch Mose – Deuteronomium Kapitel 1,1–16,17 (ATD 8,1), Göttingen 2004, 160ff, weist auf die zentrale Stellung des Sabbatgebots innerhalb dieser Dekalogfassung hin. An die Stelle des Rekurses auf die priesterschriftliche Sieben-Tage-Schöpfung (Ex 20,8–11) ist in dieser Version das Mo-

siebte Tag ist also nicht nur ein sakrales Innehalten vor Gott, sondern auch ein Ruhenlassen der Schöpfungsgaben und -werke. Wir haben auch zur Kenntnis genommen, dass das Eigenleben, das somit der Schöpfung zugesprochen wird, zugleich *eine Grenze für das menschliche Handeln* bedeutet. So ist die permanente Grenzüberschreitung durch den Menschen das Oberthema im weiteren Verlauf der biblischen Urgeschichte (Gen 1–11).

Wir haben somit verstanden: Die Schöpfung ist Gabe und Aufgabe zugleich. *Die der altorientalischen Königsideologie entstammende Metapher vom Menschen als Bild Gottes wird in Gen 1,26f auf jeden Menschen übertragen.* Der erweiterte Mehrungssegen: »Seid fruchtbar und werdet zahlreich und füllet die Erde an und nehmt sie in Besitz (wörtlich = betretet sie). Und ihr sollt herrschen über die Fische des Meeres und die Vögel des Himmels und über alles Getier, das auf der Erde kriecht« (V.28f)[6] handelt eben nicht nur von Nutzung und Ausbeute, sondern vor allem von Herrschaft im verantwortlichen Sinne als »das normale Walten des Hirten über seine Herde« (רדה/*rdh*).[7] Dieses darf aber keinesfalls als »universale Domestikation der Tierwelt« im Sinne eines paradiesischen Tierfriedens verstanden werden, der erst im Anschluss an die Flut (Gen 9,2) ein jähes Ende fand.[8] Wie der altorientalische König als Repräsentant und Statthalter[9] des Schöpfungsgottes

---

tiv der Herausführung Israels aus der ägyptischen Sklaverei getreten, gedeutet als eine Rettungstat, die *pars pro toto* für die Rettung und Bewahrung der gesamten Schöpfung steht. So unterstreicht er richtig: Dank der Institution »entsteht für einen Tag in der Woche eine egalitäre Gesellschaft, in der alle, Freie und Unfreie, Menschen und Arbeitstiere vom Leistungsdruck befreit den Segen der Sabbatruhe genießen dürfen. Der Sabbat ist hier wahrhaftig um des Menschen – und des Tieres – willen da« (ebd. 163).

[6] Die Übersetzung stammt von Ute Neumann-Gorsolke, Herrschen in den Grenzen der Schöpfung. Ein Beitrag zur alttestamentlichen Anthropologie am Beispiel von Ps 8, Gen 1 und verwandten Texten (WMANT 101), Neukirchen-Vluyn 2004, 140.

[7] So *Klaus Koch*, Gestaltet die Erde, doch heget das Leben! Einige Klarstellungen zum dominium terrae in Gen 1 (1983), in: *ders.*, Spuren des hebräischen Denkens. Beiträge zur alttestamentlichen Theologie, hg. von *Bernd Janowski* und *Martin Krause*, Neukirchen-Vluyn 1991, 223–237, hier: 232. Er verneinte es indes, *rdh* in den Kontext der Königsideologie zu stellen. Eine Relativierung nahm vor *Bernd Janowski*, Herrschaft über die Tiere. Gen 1,26–28 und die Semantik von רדה, in: *ders.*, Die rettende Gerechtigkeit. Beiträge zur Theologie des Alten Testaments 2, Neukirchen-Vluyn 1999, 33–48, indem er unterstreicht, dass über die Hirtenfunktion hinaus »in prägnanter Weise die *universale Ordnungsfunktion* des Menschen zum Ausdruck gebracht wird«, die nicht von der Gottebenbildlichkeit des Menschen, dem »Sachwalter für das *Ganze der natürlichen Schöpfungswelt*« absehen darf (41; Hervorh. im Orig.); aufgenommen nach ausführlicher Untersuchung des Gebrauchs im AT durch *Neumann-Gorsolke*, Herrschen, 207–229.

[8] In diese Richtung ging die Interpretation von *Norbert Lohfink*, »Machet euch die Erde untertan«?, Orient. 38 (1974) 137–142, hier: 139.

[9] Vgl. zum Verhältnis Gen 1,29 und altorientalischer Königsideologie zuletzt ausführlich *Neumann-Gorsolke*, Herrschen, 201ff.

die Schöpfungsordnung erhält, so ist in Gen 1 der Mensch im Allgemeinen aufgefordert, dies zu tun. »Indem sich der Mensch ›verantwortlich handelnd zu seinem Lebensraum samt den Lebewesen darin‹ verhält, verhält er sich als verantwortlich gegenüber Gott«[10] und entspricht darin seiner funktional und nicht ontologisch zu denkenden Bestimmung zur Gottebenbildlichkeit. Schon dem altorientalischen Herrschaftsideal nach nutzt ein König seine Macht nicht zu einer Schreckensherrschaft, sondern ihm kommen die »Aufgaben des Ordnens, Richtens und Schützens zu. Er hat die Pflicht, sein Territorium gegen chaotische, zerstörerische Kräfte von außen und innen zu verteidigen«.[11] Bildsprachlich vor Augen geführt ist dieser Akt durch das zweite hebräische Verb, כבש/*kbš*, das in diesem Kontext für »herrschen« verwendet ist.[12] Auch dieses Verb bezeichnet nicht in erster Linie Tyrannei, sondern ist wörtlich zu übersetzen durch »den Fuß auf etwas setzen«. Es stellt also eine Metapher dar, die am Anschaulichsten durch eines der zahlreich belegten altorientalischen Rollsiegel zum sogenannten Motiv des »Herrn der Tiere«[13] illustriert werden kann.

Abb. 1: Neuassyrisches Rollsiegel aus Chalzedon um 750 v.Chr. (British Museum 89023)[14]

Auch auf diesem Rollsiegelabdruck geht es nicht in erster Linie um den Akt des siegvollen Unterwerfens, sondern um das Unterwerfen

---

[10] Auch dazu ausführlich *Neumann-Gorsolke*, Herrschen, 197–206, hier: 205 mit Rekurs auf Werner H. Schmidt.
[11] *Beate Ego*, Schöpfung als Gabe und Aufgabe, BiKi 60 (2005), 3–9, hier: 8.
[12] Dazu ausführlich *Neumann-Gorsolke*, Herrschen, 273–300. Sie sieht hierin aber eine auf das Land, die Erde begrenzte Aussage (*dominium terrae*) und nicht – wie ebenfalls möglich – auf die Vormacht über Tiere (298f).
[13] *Bernd Janowski* und *Ute Neumann-Gorsolke*, Das Tier als Symbol königlicher Herrschaft, in: *ders., dies.* und *Uwe Glessmer* (Hg.), Gefährten und Feinde des Menschen. Das Tier in der Lebenswelt des alten Israel, Neukirchen-Vluyn 1993, 107–111. Siehe zuletzt *Ute Neumann-Gorsolke*, Wer ist der Herr der Tiere. Eine hermeneutische Problemanzeige (BThS 85), Neukirchen-Vluyn 2007.
[14] © *O. Keel*; entnommen aus *Janowski* u.a., Gefährten, 175.

zum Schutz der Schwächeren. Der Mensch als Statthalter Gottes ist angewiesen, die Lebensordnung gegen innere und äußere Angriffe von Feinden zu schützen. Die Aufgabe des Menschen ist es, wie die des Helden auf dem neuassyrischen Stempelsiegel, die schöpfungsfeindlichen (Chaos-) Kräfte in ihre Schranken zu weisen, hier symbolisiert durch den angreifenden Löwen, um die schwächeren Glieder und Untertanen (die Gazelle) zu schützen.

1.2 Der Weg aus der Urgeschichte als utopischem Ideal

Der in den letzten Jahren erfolgte Verstehensprozess darf aber nun nicht dahin führen, dass die urgeschichtlichen Texte im Sinne einer Utopie wie »zu Anfang war alles besser« verstanden werden dürfen. Diese Gefahr scheint mir gegeben, wenn auf der Basis der alttestamentlichen Texte der Aspekt des Bewahrens der Schöpfung zu einseitig hervorgehoben wird. Wir dürfen nämlich nicht unterschlagen, dass die Texte selbst in der Regel stark hierarchisieren und Wertigkeiten herausstellen, die unserem Ideal, dass jeglicher Kreatur derselbe Anspruch auf Leben zukommt, keineswegs entspricht. So zählt z.B. die Pflanzenwelt gar nicht zu den »Lebewesen« (נֶפֶשׁ חַיָּה/*næphæš ḥajjā*), und so wird die Tierwelt auch nicht unterschiedslos als schützenswert dargestellt. Schon der so genannte Herrschaftsauftrag in Gen 1,28 (resp. 9,4) wie aber auch die Namengebung in Gen 2,19–20 und die Strafformel in Gen 3,14 qualifizieren das Verhältnis von Mensch und Tier bei aller Mitgeschöpflichkeit[15] als »asymmetrisch«[16]:
- Zwar teilen Mensch und Tier untereinander die Pflanzenwelt (1,29),
- zwar provoziert »die Gewalttat alles Fleisches« die Flut als Strafhandeln Gottes (6,11f),
- zwar werden beide anteilig im Zuge des Flutgeschehens gerettet (6,13ff),

doch erhält der Mensch auch im Anschluss an die Flut seine Vorrangstellung zurück:
- Zum Einen ist er in Gen 1 der Zielpunkt der Schöpfungs*werke*,
- zum Anderen führt Gott nach Gen 9,2f eine Art Kriegszustand zwischen Mensch und Tier ein.[17]
- Zum Dritten unterliegt das menschliche Leben in der Neuregelung nach der Flut (9,1–7) einer strengeren Beschränkung[18]: Der Mensch

---

[15] Vgl. dazu *Othmar Keel*, Allgegenwärtige Tiere, in: *Janowski / Neumann-Gorsolke / Glessmer* (Hg.), Gefährten, 155–191, hier: 170f.
[16] Vgl. dazu *Christoph Dohmen*, Mitgeschöpflichkeit und Tierfriede, BiKi 60 (2005) 26–31, hier: 28.
[17] *Janowski*, Herrschaft, 45; ausführlich und differenziert zur Bedeutung von »Krieg« an dieser Stelle vgl. *Neumann-Gorsolke*, Herrschen, 253–270.
[18] Vgl. dazu *Neumann-Gorsolke*, Herrschen, 244ff und *Hermann-Josef Stipp*, »Alles Fleisch hat seinen Wandel auf der Erde verdorben« (Gen 6,12). Die Mit-

darf die Tiere töten (für Opfer und Nahrung), wie auch diese sich untereinander töten, aber den Mitmenschen darf er nicht anrühren wie auch das Blut, die Lebenskraft, aller Lebewesen seiner Verfügungsgewalt entzogen bleibt.

Die Stellung des Menschen verlangt explizit »ein Nachdenken im Blick auf das Ziel seiner Handlungen. Der Mensch erhält kein Privileg zum Fleischessen oder gar eine Lizenz zum Töten, sondern die Tiere sind und bleiben ganz in die Sorge des Menschen gestellt.«[19] Zugleich ist aber in Gen 9 auf die königliche Terminologie von *rdh* verzichtet.[20] Durch den »von JHWH bewirkten Schrecken wird die prinzipielle Überlegenheit des Menschen innerhalb der Schöpfung festgelegt«.[21] Dennoch obliegt ihm die Pflicht, die Schöpfung bewahrend zu gestalten: Er bleibt Bild Gottes (Gen 9,6).

1.3 Kultur statt Natur

Die Aufgabe des Menschen besteht also – auch nach der Flut – darin, die Schöpfung zu gestalten und somit den Erhalt der Ordnung zu garantieren. So wie der Schöpfergott zu Beginn der Schöpfung durch sein Handeln die Chaoskräfte zu bannen vermochte, so obliegt es nun dem Menschen, die Natur zu bändigen und *Kultur zu schaffen*.[22] Besonders der Kommentar von Claus Westermann hat auf folgende drei großen Themen in der Urgeschichte aufmerksam gemacht[23]: Die Texte handeln von *Schöpfung,* von *Schuld und Strafe* und von *kulturellen Errungenschaften*. Jeder gezeichnete Einbruch in die anfangs von Gott als perfekt qualifizierte Ordnung (Gen 1,31) zieht nicht nur auf Da-

---

verantwortung der Tierwelt an der Sintflut nach der Priesterschrift, ZAW 111 (1999) 167–186, bes. 179. Letzterer hebt hervor, dass die Wendung »alles Fleisch«, die zu Beginn der Flut wiederholt auftritt und Mensch und Tier (mit Ausnahme der Fische) für die Gewalt verantwortlich macht, in Gen 9 nicht wieder aufgenommen ist: »Im Bemühen, die Gesamtheit der Tierwelt in Abgrenzung zu den Menschen zu umreißen, greift der Autor nicht auf sein Leitwort ›alles Fleisch‹ zurück, sondern benutzt [...] eine Aufzählung, die den Formulierungen des Herrschaftsauftrags in Gen 1,26.28 ähnelt, wo eben eine Grenze zwischen Mensch und Tier gezogen wird.«
[19] *Dohmen*, Mitgeschöpflichkeit, 29.
[20] Ein ähnlicher Gedanke findet sich auch in Gen 3,23: Mit der Vertreibung reduziert sich der göttliche Auftrag an den Menschen auf das Bebauen des Gartens, während Gen 2,15 von Bebauen und Bewahren handelt. Diesen Hinweis verdanke ich Gerhard Liedke.
[21] *Neumann-Gorsolke*, Herrschen, 257; vgl. zusammenfassend ebd., 268ff.
[22] Die Begriffe »Natur« und »Kultur« sind dem Alten Testament fremd, werden hier aber eingeführt, um den Unterschied von ursprünglicher Schöpfungsordnung und ihrer Veränderung durch den Menschen auf einen Begriff zu bringen.
[23] *Claus Westermann*, Genesis Kapitel 1–11 (BKAT 1/1), Neukirchen-Vluyn ³1983, 92–95.

seinsminderung[24], sondern ermöglicht auch eine Veränderung der ursprünglichen Schöpfungsordnung, angedeutet in vereinzelten Hinweisen auf technischen Fortschritt (vgl. Gen 4,17: Kain als Städtebauer). Dadurch wird das Verständnis des sogenannten »Falls« in Gen 2–3 zugleich in ein äußerst produktives Licht gerückt. Diesen Gedanken der *kreativen Ambivalenz* innerhalb der Schöpfungsordnung möchte ich zum Gegenstand meiner weiteren Überlegungen machen.

1.4 Die kreative Ambivalenz in der Schöpfung: Zum Verhältnis von Natur/Chaos und Kultur/Kosmos

Im Folgenden soll es um eine weitere Bestimmung von Einbrüchen oder Chaoskräften in der Schöpfung gehen. Das aus dem Griechischen stammende Wort *Chaos*[25] ist semantisch unpräzise. Gemeint ist dort wörtlich »das Leere, die Kluft«, im Alten Testament jedoch zielt der Gedanke in einer weitaus konkreteren Semantik häufig auf eine Gegenbewegung, die die Weltordnung bedroht. Ähnliches gilt für das Abstraktnomen Kosmos, dessen Funktion im Alten Testament der Merismus »Himmel und Erde« einnimmt.[26]

Eine klassische Symbolhandlung für das menschlich-absichernde Eingreifen in die Schöpfungsordnung ist die Löwenjagd der neuassyrischen Könige.

Abb. 2: Wandrelief aus Ninive, Assurbanipal, um 645 (British Museum WA 124886–7)[27]

[24] Diese ist dargestellt anhand von Störungen in den verschiedenen Bezugssystemen: Mensch-Gott (Gen 3); Mann-Frau (Gen 3); Mensch-Tier (Gen 3); der Brüder (Gen 4); Mensch-Gott (Gen 6–8) sowie der Völker (Gen 11).
[25] Vgl. *Michaela Bauks*, Art. Chaos/Chaoskampf (2006), in: *Michaela Bauks, Klaus Koenen* und *Stefan Alkier* (Hg.), Wissenschaftliches Bibellexikon im Internet (www.wibilex.de).
[26] Vgl. dazu *Michaela Bauks*, Die Welt am Anfang. Zum Verhältnis von Vorwelt und Weltentstehung in Gen 1 und in der altorientalischen Literatur (Wissenschaftliche Monographien zum Alten und Neuen Testament Bd. 74), Neukirchen-Vluyn 1997, 107ff.
[27] © *O. Keel*; entnommen aus *Janowski* u.a., Gefährten, 107. S. ebd., 107–111 die Erläuterungen »Motive und Materialien 4: Das Tier als Symbol königlicher Herrschaft«.

Diese Ritualhandlung, im Zuge derer der König aus einem Käfig befreite Löwen erlegt, zeigt an, wie der König stellvertretend für die Götter die feindlichen Mächte überwinden muss, um die Schöpfungs- und Staatsordnung zu erhalten. Wenn der assyrische König in der Löwenjagd die schöpfungsfeindlichen Kräfte besiegt, so stellt sich in unserem thematischen Kontext die Frage, ob der Löwe denn etwa nicht zur Schöpfung dazugehört. Die Institution der königlichen Löwenjagd zeigt eine Dämonisierung des Tieres an, deren Nebenfunktion auch darin besteht, die Belange des Menschen als besonders erhaltungswürdig herauszustreichen. An dieser Stelle erhält die Metapher vom hirtengleichen Herrschen des Menschen einen deutlich korrigierenden Akzent, der darin besteht zu unterstreichen, dass es ohne Gewalt und ohne die Zurückdrängung gewisser gegenläufiger Mächte nicht geht.[28]

Die Symbolhandlung belegt außerdem, dass die Schöpfungsordnung auch im Alten Orient durchaus als Interesse geleitetes Konzept verstanden wurde. Einerseits symbolisiert der Löwe Macht und Herrschaft, andererseits ist er als gefährlicher Feind menschlichen Lebens nicht als schützenswert angesehen. Er darf gejagt, verjagt werden, um das menschliche Leben zu bewahren. Ihm darf gewissermaßen die Berechtigung, an der Schöpfungsordnung zu partizipieren, abgesprochen werden, sofern sie zu den menschlichen Interessen in Widerspruch tritt.[29] Erst im Tierfrieden von Jes 11, einem eschatologischen Text[30], werden Kühe und Bären zusammen weiden und der Löwe Stroh essen

---

[28] S. zur Diskussion um die Bedeutung von *rdh* in Gen 1,29 zusammenfassend *Neumann-Gorsolke*, Herrschen, 10–17, die zu der These kommt, dass die Tierwelt auch im Alten Testament drohende Chaosmächte symbolisiert, so wie Gen 1,28 (vgl. Ps 8,7) keinesfalls pazifistisch, sondern anthropozentrisch intendiert verstanden werden müssen, während Gen 2, Ps 104 und Hi 38f auf der Suche nach einer kontextuell angemesseneren Schöpfungstheologie sind.
[29] So weist Thomas Staubli darauf hin, dass Elefanten und Nilpferde seit dem 8. Jh. v. Chr. in Palästina verschwinden, da ihr Elfenbein schon damals sehr begehrt war und zur allmählichen Ausrottung der Trägertiere geführt hat. So hat auch der ägyptische König Tutmosis III. (1479–1426 v. Chr.) von sich behauptet, im Orontestal (Syrien) 120 Elefanten auf dem Durchzug nach Mesopotamien erjagt zu haben. Dass bis hin in die alttestamentliche Zeit Elfenbein zu den Luxusgütern zählte, kann man – neben den Elfenbeinfunden aus Samaria u.a. – der Dekadenzkritik eines Amos ersehen (Am 3,15); vgl. *Thomas Staubli*, Géographie animale de la Palestine dans l'Antiquité, in: *Othmar Keel* und *ders.* (Hg.), Les animaux du sixième jour. Les animaux dans la Bibel et dans l'Orient Ancien, Bibel und Orient Museum, Fribourg/Schweiz 2003, 13–19, hier: 16f. Zu den Elfenbeinfunden vgl. *Othmar Keel* und *Christoph Uehlinger*, Göttinnen, Götter und Gottessymbole. Neue Erkenntnisse zur Religionsgeschichte Kanaans und Israels aufgrund bislang unerschlossener ikonographischer Quellen (QD 134), Freiburg [4]1998, 278ff.
[30] Diese Zeit ist gekennzeichnet von einer Friedensutopie, »die die *Konversion* der Feinde von der auf ihre *Vernichtung* unterscheidet (nämlich als Hoffnung auf das Ende nicht der Feinde, sondern der Feindschaft« – so *Jürgen Ebach*, Streiten mit Gott. Hiob – Teil 2: Hiob 21–42, Neukirchen-Vluyn 1996, 133, Hervorh. im Orig).

(V.7).[31] Doch sagt der Text nichts darüber, dass die Menschen diesen Friedenszustand erwirken könnten. Vielmehr stellt er eine göttliche Verheißung in ferner Zukunft in Aussicht. Auf der Basis dieses – zudem ebenfalls anthropozentrisch ausgelegten – Texts auf menschliche Solidarität mit Tieren zu schließen, wäre pure Eisegese (s. Anm. 30f). Ähnliches lässt sich über den Umgang mit Vegetation und Bäumen feststellen. Die sagenhaften Zedern des Libanon waren im 1. Jt. beliebte Handels- und Luxusware. Nicht nur Salomo ließ für den Bau des Jerusalemer Tempels Zedern herbeischaffen (1Kön 5,20ff). Andere, mythische Texte stellen diese erhabenen Bäume dämonisiert dar, wodurch (auch) ihnen *de facto* die Teilhabe am Anspruch auf Bewahrung innerhalb der Schöpfungsordnung abgesprochen ist. Angeregt durch ikonographische Studien und neuere Ansätze der Archäobotanik wies zuletzt Th. Staubli auf die großen Veränderungen in der Fauna Palästinas in den letzten zwei Jahrtausenden hin, die bereits in der damaligen Zeit auf einen kolonialen Raubbau hinweisen, der durchaus auch in literarischen Texten Niederschlag gefunden hat. Er zitiert aus der assyr. Version des Gilgamesch-Epos (Yale-Tafel, III, 96–99), wie Gilgamesch der unberührten Natur habhaft wird und seinem Freund Enkidu vorschlägt:

»Im Wald wohnt der reckenhafte Chumbaba,
ich und du, wir wollen ihn töten,
aus dem Lande tilgen jegliches Böse!
Lass uns fällen den Zedernbaum!«[32]

Die Bäume sind auch hier der menschlichen Verfügungsgewalt unterstellt. Ähnlich wie die Löwenjagd wird der Akt des Zedernschlagens zu einem Herrschaftsakt, den zahlreiche Herrscher im Zuge von Expeditionen in den Libanon realisierten. Ägyptische Pharaonen z.B. in Karnak[33] wie auch Sargon II. in Khorsabad[34] stellen auf Wandreliefs

---

[31] Jürgen Ebach sieht im »Postulat des Vegetarismus im Altertum eine herrschafts-, genauer: hierarchiekritische Position, während in der Fleischverteilung die gesellschaftlichen Rollen und Hierarchien reproduziert und bestätigt werden« – da allerdings in diesem Text vor allem die Tiere, und nicht etwa der Mensch, zum Vegetarismus »konvertieren«, trägt diese Friedensutopie durchweg anthropozentrische Züge, die s.E. erstmals in den Gottesreden des Hiobbuches zu Gunsten der gesamten Kreatur aufgegeben ist (vgl. *ders.*, Ursprung und Ziel. Erinnerte Zukunft und erhoffte Vergangenheit. Biblische Exegesen, Reflexionen, Geschichten, Neukirchen-Vluyn 1986, 80).
[32] Zitiert nach *Thomas Staubli*, Zur Realität und Symbolik der Pflanzenwelt in der südlichen Levante, BiKi 60 (2005) 10–15, hier: 12 (vgl. TUAT III/4, 655), der darauf hinweist, dass in einer hethitischen Version des Epos (IV,5–7) durchaus eine kritische Reaktion bzw. positive Würdigung stattfindet: »Wer ist gekommen, / und schändete Bäume, meiner Berge Zöglinge, und fällte die Zeder?«
[33] Auf der Ostseite der äußeren Nordwand des Großen Säulensaals des Amontempels in Karnak ist das Motiv z.B. im Kontext der Feldzüge Sethos I. im Libanon aufgeführt.
[34] S. Anm. 35.

breit belegt die beschwerliche Abholzung und den Transport der langen Stämme in ihr Reich dar. Gewissermaßen erhalten diese Bäume hier einen der oben erwähnten Löwenjagd vergleichbaren Stellenwert: Das Abholzen der Zedern wird zu einem Symbol für das territoriale Ausmaß der Herrschaft, die technische Fähigkeit für die Ressourcennutzung sowie das luxuriöse Leben, das sich die jeweiligen Herrscher leisten können. Man könnte sagen, die Darstellung des Zedernschlagens auf Palast- oder Tempelwänden wird zu einem Statussymbol erfolgreicher königlicher Politik. Wie schon die Löwenjagd politische und mythische Ebene miteinander verknüpft, so vereinigt auch das Wandrelief aus Khorsabad die realen Vorgänge des Holztransports mit mythischen Elementen, wie es die neben den Booten und Meerestieren schwimmenden Mischwesen (geflügelt oder fischleibig) andeuten.

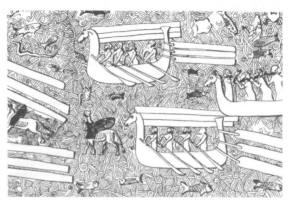

Abb. 3: Wandrelief mit der Darstellung des Libanonfeldzuges Sargons II. (721–705 v.Chr.) in Khorsabad (Louvre AO 19889)[35]

Interessant ist zu diesem Thema die kritische Stimme eines Propheten[36] in dem Spottlied über den Sturz eines Weltherrschers (Jes 14,8). Hier wird dieser Habitus erfolgreicher königlicher Machtpolitik geradezu persifliert, indem es unter anderem auch die Bäume des Libanon sind, die über den gefallenen Sargon II.[37] spotten:

---

[35] © O. Keel (Keel/Schroer, Schöpfung, 42 Abb. 8). Die Strichzeichnung ist entnommen aus (BiKi 60 [2005] 14).

[36] Staubli möchte in diesem Beleg, wie auch in Hab 2,17 und Ez 39,8–17, sogar die Stimme von »Intellektuellen« sehen, die »über die Ursachen [der breit sichtbaren Abholzung der Wälder im 7./6. Jh.] nachzudenken beginnen«, um sie in die Zeit des neuassyrischen Königs Sargon II. rückzuprojizieren (ebd. 13).

[37] Um welchen der mesopotamischen Herrscher es sich handelt und aus welcher Zeit das Lied stammt, ist allerdings umstritten, da der Name »Babel« in V.4 und 22 durchaus eine Chiffre für die jeweilige Weltmacht sein könnte, je nachdem in welche Epoche der Text datiert wird; vgl. *Rudolf Kilian*, Jesaja II 13–39 (NEB), Würzburg 1994, 102. Er setzt das Ende der Ausbeutung der Wälder für Bauten und Kriegsmaterial und die Teilhabe der Natur an der eschatologischen Freude analog

7 Die ganze Welt ist zur Ruhe gekommen, in Ruhe liegt sie da,
man bricht in Jubel aus.
8 Selbst die Wacholderbäume freuen sich über dich [= Sargon],
die Zedern des Libanon:
Seit du dich niedergelegt hast,
steigt niemand herauf, um uns zu fällen.

Wenn sich auch anhand des Jesajazitats erkennen lässt, dass bereits im Alten Testament der eine oder andere Text prophetischer Kritik den Raubbau des Menschen an der Schöpfung anprangert und in ihm die Vermessenheit des Menschen sieht, so ist diese Art kritischer Selbstreflexion bezüglich des Umgangs mit der Natur dennoch eine Ausnahme. Wahrscheinlicher ist, dass die Reaktion eines antiken Menschen, wenn er an unseren aktuellen Debatten teilnehmen könnte, von großem Erstaunen geprägt wäre. Erst mühsam müssten wir ihm wohl erklären, warum kultureller Fortschritt in unserer Zeit an seine Grenzen gerät, zur ernsten Gefahr der Schöpfungsordnung wird und warum die Menschen heute mitunter geneigt sind, sich in das Paradies zurückzusehnen.

2 Ein Fallbeispiel: Hiob

Ich komme nach dieser allgemeinen Einführung in das Thema aber nun zu einer ganz anderen Literaturgattung, der Weisheitsliteratur, die nicht nur quantitativ die meisten Anspielungen und Reflexionen zur Schöpfung enthält, sondern daneben auch kritische und skeptische Überlegungen bezüglich der Gültigkeit der gegebenen Ordnung sowie zur Relation von göttlicher Schöpfungsordnung (»*Natur*«) und menschlicher Ausgestaltung (»*Kultur*«) anstellt.

2.1 Der Beitrag des Hiobbuchs zu schöpfungstheologischen Fragestellungen

Wenn ich mich jetzt dem Hiobbuch zuwende, wirkt das auf den ersten Blick überraschend. Denn wir lesen dieses Buch zumeist als einen Beitrag zur Theodizeefrage, illustriert am Geschick eines einzelnen Menschen. Vordergründig geht es um die Frage der Gerechtigkeit in der Welt und nicht um eine Abhandlung über das Verhältnis von göttlicher Schöpfungsordnung und ihrer Gestaltung durch den Menschen.
Nun sind beide Aspekte altorientalischem Denken nach nicht völlig unabhängig voneinander zu sehen. Eine für den Alten Orient typische Denkvoraussetzung ist die der »konnektiven Gerechtigkeit«, oder anders gesagt der »Retribution« bzw. des »Tun-Ergehen-Zusammen-

---

zu den Ausführungen in Röm 8,18–22. Staubli hingegen argumentiert mit archäobotanischen Erkenntnissen (vgl. auch *ders.*, Géographie animale; mit weiterer Literatur).

hangs«.³⁸ Diesem Denken nach entspricht nicht nur das Geschick des Menschen den Ergebnissen seines Tuns, sondern es impliziert auch, dass die Aufhebung der Entsprechung von Tun und Ergehen nicht nur das Geschick des Einzelnen, sondern darüber hinaus die gesamte Weltordnung in Frage stellt und bedroht. Das Unrecht, das einem Individuum widerfährt, kann nicht folgenlos sein für die gesamte Ordnung. So lautet das klassische Modell. Demnach ist der Schöpfung von Anfang an eine Grundordnung, in moderner Terminologie könnte man sagen, eine natürliche Ordnung auferlegt, die die *creatio continua* zu garantieren hilft. Im Prinzip müsste gerade der als gerecht beschriebene Hiob zum Erhalt dieser Weltordnung beitragen, weil er dieser Ordnung gemäß lebt und handelt. Das Kulturhandeln Hiobs basiert aber auf der Kultivierung eines mechanistisch und eingefahren wirkenden theologischen Denkens³⁹ und schlägt in Folge der Unerklärbarkeit seiner Leiderfahrung in Klage, Infragestellung und Widerstand um. Skepsis wird in dem Moment laut, wo das alt hergebrachte System aus den Fugen gerät und der Gerechte sein Angefochtensein im unschuldigen Leiden entdeckt. Genau an diesem Punkt wird sein persönliches Schicksal zu einem Rechtsfall der Schöpfungsordnung insgesamt – um im Duktus der weiteren Ausführungen indes weit über das geläufige weisheitliche Denken hinauszuführen.⁴⁰

Außerdem ist diese Schrift aus formalen Kriterien ein geeigneter Untersuchungsgegenstand für unser Thema. Als Weisheitsschrift ent-

---

³⁸ Vgl. *Georg Freuling*, »Wer anderen eine Grube gräbt ...«. Der Tun-Ergehen-Zusammenhang und sein Wandel in der alttestamentlichen Weisheitsliteratur (WMANT 102), Neukirchen-Vluyn 2004, 1–32 (mit ausführlicher Literaturbesprechung); s. bes. 30 m. Anm. 201 zur Frage der sozialen Interaktion bei *Bernd Janowski*, Die Tat kehrt zum Täter zurück. Offene Fragen im Umkreis des »Tun-Ergehen-Zusammenhangs«, in: *ders.*, Die rettende Gerechtigkeit. Beiträge zur Theologie des Alten Testaments, Bd. 2, Neukirchen-Vluyn 1999, 167–191, bes. 178f (unter Aufnahme der Kategorie »der reziproken Struktur des Handelns« als »konnektiver Gerechtigkeit« von *Jan Assmann*, Ma'at. Gerechtigkeit und Unsterblichkeit im Alten Ägypten, München 1990).
³⁹ Hierfür kann z.B. das prophylaktische Sühneopfer in der Rahmenerzählung stehen (Hi 1,4f). So betont *Jürgen Ebach*, Streiten mit Gott – Hiob Kapitel 1–20, Neukirchen-Vluyn 1996, 7f: »Auf den ersten Blick belegt die kleine Konkretisierung der Praxis Hiobs nur dessen Frömmigkeit. Und doch klingt bereits an dieser Stelle ... der Zweifel, ob Hiobs Praxis nicht lediglich die Balance eines Tauschgesichts sichere ..., daß es diese ›Tausch-‹ bzw. ›Versicherungsethik‹ ist, die in der Fortsetzung von Kapitel 1 zur Debatte stehen wird«. In diese Richtung zielt auch die Anklage des Satan in V.9f (vgl. 2,4f); vgl. dazu auch *Michaela Bauks*, »Was ist der Mensch, dass du ihn großziehst?« (Hiob 7,17). Überlegungen zur narrativen Funktion Satans im Hiobbuch, in: »Was ist der Mensch, dass du seiner gedenkst?« (Psalm 8,5). Aspekte einer theologischen Anthropologie (FS B. Janowski), hg. von *Michaela Bauks, Kathrin Liess* und *Peter Riede*, Neukirchen-Vluyn 2008, 1–13, bes. 6–9.
⁴⁰ *Freuling*, Grube, 159.211f.

spricht sie in etwa den Texten, die wir heute in unserer Kultur als (natur)wissenschaftliche Auseinandersetzungsliteratur bezeichnen. Indem in der Weisheitsliteratur das Wissen listenhaft verzettelt wird und mitunter auch ausgiebig diskutiert wird, kommt es dem trotz eklatanter Unterschiede am nächsten.[41] In zahlreichen Passagen innerhalb des poetischen Teils – also in den Klagen Hiobs, den Dialogen mit den Freunden, dem Lied an die Weisheit (Hi 28) – wie vor allem in den beiden Gottesreden am Schluss liegt »eine dichterische Ausformung weisheitlicher Listenwissenschaft als Inventar der Schöpfungsphänomene« vor.[42] Die zusammenfassende Kritik und Korrektur am gemeinorientalischen Entwurf von der konnektiven Gerechtigkeit erfolgt hier letztlich unter Rückbezug auf die Schöpfungstheologie.

2.2 Schöpfungstheologie als weisheitliche Antithese

Markus Witte[43] hat die theologische Thematik des Hiobbuchs unter drei Aspekten zusammengefasst:
1. Die Nähe Gottes – ihr lebensförderlicher und lebensbedrohlicher Aspekt
2. Die Macht Gottes – Bezwinger des Chaos und Zerstörer von Leben
3. Den Umgang Gottes mit dem Recht – das Problem des menschlichen Leidens als Rechtsbruch Gottes in Bezug auf die Schöpfungsordnung.

Aus diesem Kondensat lässt sich bereits ablesen, dass Schöpfungstheologie im Hiobbuch eine große Rolle spielt, aber stets antithetisch ins Feld geführt wird. Und dieser antithetische Umgang mit dem Thema soll uns hier interessieren.
Hiob führt in seiner Eigenschaft als leidender Gerechter seine Erschaffung an, um sie gegen den Wunsch der Rückkehr in das Chaos bzw. in die Nichtexistenz aufzuwiegen. Er charakterisiert sein Leben nicht etwa als gefährdet, postuliert nicht das Ende der gesamten Ordnung an-

---

[41] Das Aussagepotential dieser »Naturpoesie« hat z.B. J.G. Herder zu höchstem Lob getrieben: So »wollen wir bei den alten Völkern die hohen Schönheiten ihrer Dichtkunst deswegen nicht lächerlich machen, weil sie unsre Physik und Metaphysik nicht kannten. Mancher ihrer Allegorien und Personendichtungen enthalten mehr Einbildungskraft und sinnliche Wahrheit, als dicke Systeme« (Herders Schriften zum Alten Testament: Vom Geist der Hebräischen Poesie, hg. von *Rudolf Smend* [BdK 93], Frankfurt /M. 1993, 750).
[42] *Freuling*, Grube, 225.
[43] Vgl. *Markus Witte*, Art. Hiob/Hiobbuch (2007), in: *Michaela Bauks, Klaus Koenen* und *Stefan Alkier* (Hg.), Wissenschaftliches Bibellexikon im Internet (www.wibilex.de), § 6. Vgl. zum Folgenden ausführlicher *Michaela Bauks*, Der eine Schöpfer und die anderen – die Motive von Schöpfung und Chaos als Hinweis auf die Transformation des Gottesbildes im Hiobbuch, in: *Lukas Bormann* (Hg.), Schöpfung, Monotheismus und fremde Religionen. Studien zu Inklusion und Exklusion in den biblischen Schöpfungsvorstellungen (BThSt 95), Neukirchen-Vluyn 2008, 99–124 (mit weiterer Literatur).

gesichts seines unverschuldeten Geschicks, sondern sucht die Negierung seiner Existenz. Er wünscht sich das Sterben, da er sein eigenes Leben nicht mehr für lebenswert erachten kann (Hi 3,3–11).

3 Getilgt sei der Tag, da ich geboren wurde,
und die Nacht, die sprach: Ein Knabe ist empfangen worden.
4 Jener Tag werde Finsternis,
Gott in der Höhe soll nicht nach ihm fragen,
und kein Lichtstrahl soll auf ihn fallen.
5 Finsternis und Dunkelheit sollen ihn einfordern,
dichte Wolken sollen über ihm lagern,
Tagverfinsterung soll ihn überfallen.
6 Dunkelheit raffe jene Nacht dahin,
zu den Tagen des Jahres geselle sie sich nicht,
sie gehe nicht ein in die Zahl der Monate.
7 Unfruchtbar sei jene Nacht,
kein Jubel kehre bei ihr ein.
8 Verwünschen sollen sie, die den Tag [cj. das Meer] verfluchen,
die den Leviatan aufstören können.
9 Finster seien die Sterne ihrer Dämmerung,
sie hoffe auf Licht, doch es komme nicht,
und die Strahlen der Morgenröte schaue sie nicht.
10 Denn sie hat mir die Pforte des Mutterleibs nicht verschlossen
und vor meinen Augen das Leid nicht verborgen.
11 Warum durfte ich nicht umkommen im Mutterschoss,
aus dem Mutterleib kommen und sterben?

Der Text ist gewissermaßen eine Verkehrung des ersten Schöpfungsberichts, die motiviert ist durch die Ratlosigkeit angesichts des erlebten und nicht bewältigten Leids, das Hiob erfährt. Auffällig sind die kosmischen Metaphern, die das Schöpfungswerk (vgl. Gen 1,3ff) geradezu umkehren (V.4–6). Im Stil der Antithese soll Licht in Finsternis zurückfallen (4a), die Nacht soll durch Urfinsternis verdunkelt (6a), der Zeitenwechsel soll aufgehoben (6b.9) und der Leib der Mutter verschlossen werden (10). Die wohlgeordnete Schöpfung wird in dieser Schilderung in ihr Gegenteil verkehrt. Die Anspielung auf Leviatan und das Meer (cj.)[44] in V.8, die von besonderen Fluchsprechern gebannt werden sollen, weist sehr konkret auf feindlich-chaotische Vorgänge kosmischen Ausmaßes hin. Die Sinnspitze der Textpassage liegt

---

[44] Sein Auftreten hat seit *Hermann Gunkel*, Schöpfung und Chaos in Urzeit und Endzeit, Göttingen 1895, 59, Anm. 1, immer wieder Exegeten bewogen, יום/*jōm* in V.9 als ים/*jām* »Meer« zu lesen; vgl. *Gisela Fuchs*, Mythos und Hiobdichtung. Aufnahme und Umdeutung altorientalischer Vorstellungen, Stuttgart/Berlin/Köln 1992, 66; *Michaela Bauks*, Die Feinde des Psalmisten und die Freunde Ijobs. Untersuchungen zur Freund-Klage im Alten Testament am Beispiel von Ps 22 (SBS 203), Stuttgart 2004, 67 m. Anm. 243; *Freuling*, Grube, 156 m. Anm. 74. Anders *Ebach*, Streiten 1, 45.51f.

schließlich in der Infragestellung von Hiobs Geburt und in seinem Todeswunsch. Anstelle der im Klageduktus der Psalmen sonst typischen Bitte um Heilung bzw. Hilfe gerät schon die Eingangsklage Hiobs zu einem »resignativen Abgesang auf die *conditio humana* überhaupt«.[45] Dem sehr guten Prädikat am Ende des sechsten Schöpfungstages (Gen 1,31) steht in Hi 3 die Infragestellung dieser Ordnung als einer ungerechten Ordnung entgegen. Hiob zieht es sogar vor, der göttlichen Fürsorge entzogen zu sein (4a), ein Gedanke, der kurz vor dem dramatischen Höhepunkt des Dramas in Hi 30,23 dahin gehend radikalisiert ist, dass euphemistisch vom »Tod als dem Versammlungshaus allen Lebens« die Rede ist. Angesichts des Leides als Einbruch des Chaotischen in sein Leben scheint ihm dieses nicht mehr lebenswert.

2.3 Die Erkenntnis der Ambivalenz der Schöpfung als Weg zur Gotteserkenntnis

Während die Klage in Hi 3 den poetischen Teil des Hiobbuchs im Stil von Antithesen zur traditionellen Schöpfungstheologie eröffnet hat, beschließen die Gottesreden ihn ebenfalls im Rekurs auf Schöpfungswissen.[46] Literarisch motiviert ist die Antwort Gottes aus dem Wettersturm durch die harsche Anklage Hiobs (31,35), die sein Ergehen in den Kontext eines Gerichtsverfahrens ohne legale Anklage stellt:
35 Ach, hätte ich einen, der mich anhört!
Hier ist mein Zeichen! Schaddai gebe mir Antwort!
Hätte ich die Klageschrift, die mein Gegner geschrieben hat! [...]
40 ... Zu Ende sind die Reden Hiobs.
Und tatsächlich erfolgt darauf in Kapitel 38 die berühmte Antwort, die formal gesprochen, allerdings keine Antwort darstellt.[47] Eigentlich handelt es sich um eine Reihe von Fragen. »Die Gottesrede ist ihrer Form und Funktion nach ein Rätsel«[48], das langsam zur Lösung des

---

[45] So in 3,3ff.11–13.21f; 6,4.8–10; 7,6–18; vgl. ausführlicher *Bauks*, Feinde, 61ff.
[46] Vgl. dazu *Bauks*, Feinde, 62f; dies, Schöpfer, 103ff. – Hi 38ff ist also die unmittelbare Antwort auf die Herausforderung Hiobs in Kap. 31,35–40. Die dazwischen liegenden Kapitel (Elihu-Reden) sind ein Einschub, der, im Gesamtaufriss des Hiobbuches, eine Art Retardement, einen mit dramatisierender Absicht gesetzten Aufschub bildet. Die in Kap. 32–27 eingeschobene Elihu-Rede unterbricht den Duktus, kann aber aus guten literarkritischen Gründen bei Seite gelassen werden; vgl. dazu ausführlich *Harald-Martin Wahl*, Der gerechte Schöpfer. Eine redaktionsgeschichtliche und theologiegeschichtliche Untersuchung der Elihureden – Hiob 32–37 (BZAW 207), Berlin / New York 1993 sowie *Markus Witte*, Vom Leiden zur Lehre. Der dritte Redegang (Hiob 21–27) und die Redaktionsgeschichte des Hiobbuches (BZAW 230), Berlin / New York 1994, 191 m. Anm. 62.
[47] Eine ausführliche Untersuchung der Motivik findet sich in *Othmar Keel*, Jahwes Entgegnung an Ijob. Eine Deutung von Ijob 38–41 vor dem Hintergrund der zeitgenössischen Bildkunst (FRLANT 121), Göttingen 1978.
[48] So *Melanie Köhlmoos*, Das Auge Gottes. Textstrategie im Hiobbuch (FAT 25), Tübingen 1999, 321.

ganzen Konflikts hindrängt. Ebenso auffällig wie die Form ist der Inhalt: Im ersten Teil der Gottesrede (Hiob 38,1–38) wird die Welt nämlich als ein dem Chaos abgerungener, aber doch von Weisheit bestimmter (V.36f) Kosmos gefeiert, dessen volle Dimension dem Menschen nicht erschließbar ist. Seelsorgerlich geurteilt scheint Gott an den von Hiob aufgeworfenen Problemen vorbei zu reden. Auf Anfragen an die Anthropologie (Tun-Ergehen) wird hier mit Theologie (Schöpfung) geantwortet.

Komposition der ersten Gottesrede[49]

	Oberthema	Schlüsselbegriffe
A. 38,4–21	Erschaffung und Bau der Welt	Erde – Meer Wo – Wer – Worauf u.a. Frageformen
B. 38,22–38	Wetterphänomene und Gestirne	Erde – Meer Wo – Wer u.a. Frageformen
C. 38,39–39,30	Tiere der Wildnis	

Auffällig ist die sachliche, funktionale und formale Einheitlichkeit der Gottesrede, die einen Fragenkatalog über Welt und Schöpfung darstellt.[50]
Die aneinander gereihten Fragen haben rhetorischen Charakter. Sie fordern eigentlich keine Antwort heraus, denn diese ist in den Fragen bereits enthalten. Die Rhetorik dieser ersten Gottesrede zielt auf die pure Akzeptanz von Gott als dem Schöpfer.[51] Die Bilder zu Schöpfung und Weltordnung dienen dazu, das Nicht-Wissen Hiobs zu unterstreichen. Zugleich nehmen die Motive Sprachbilder der vorangehenden Dialoge auf, wodurch eine Beziehung zwischen Hiobs Klage und göttlicher Antwort hergestellt ist.[52] Hi 38 argumentiert dahingehend, dass dem Menschen schlichtweg die nötige Einsicht abgesprochen wird. Nicht nur war Hiob bei der Errichtung dieses begrenzten Rahmens nicht zugegen, außerdem ist der Rahmen unabhängig von menschlichen Bedürfnissen erstellt worden. Die Botschaft der Gottesrede versteht sich eben nicht von dem uns viel vertrauteren Konzept des Anthropozentrismus her, wie ihn auch die Schöpfungsberichte in Gen 1 oder Gen 2 nahe legen, sondern stellt die menschliche Existenz als eine Daseinsform unter vielen vor. »Steht in 38,4–18 die horizontale Dimension des Kosmos im Vordergrund und seine Gründung in mythi-

---

[49] Vgl. *Fuchs*, Mythos, 192ff; etwas anders gliedert z.B. *Köhlmoos*, Auge, 322f.
[50] Zur Diskussion über die Herkunft der Motive vgl. ausführlicher *Köhlmoos*, Auge, 326ff; *Keel/Schroer*, Schöpfung, 198–211 und *Keel*, Entgegnung, 51–156.
[51] Vgl. ausführlicher *Bauks*, Schöpfer, 108f und *Freuling*, Grube, 229 mit Anm. 595, der unterstreicht, dass eine Lösung der Frage nach dem unschuldigen Leiden nicht anvisiert ist.
[52] Vgl. *Köhlmoos*, Auge, 330ff und oben die Einträge in der Tabelle.

scher Zeit ohne menschliche Zeugen, so betont 38,22–38 die Vertikale mit dem Schwerpunkt der Ordnung ohne menschlichen Nutzen.«[53] Der Mensch ist in dieser Kosmologie gar nicht im Blick.

Im dritten Abschnitt der Gottesrede folgt eine Aneinanderreihung von Tieren, jeweils in Paaren. Ihre Anordnung ist schwer zu durchschauen (38,39–39,40).[54]
39 Erjagst du Beute für die Löwin,
stillst du die Gier der jungen Löwen,
40 wenn sie kauern in den Höhlen,
im Dickicht auf der Lauer liegen?
41 Wer bereitet dem Raben sein Futter,
wenn seine Jungen zu Gott schreien,
ohne Nahrung umherflattern?
1 Kennst du die Zeit, da das Steinwild gebärt,
achtest du auf das Kreißen der Hirschkühe?
2 Zählst du die Monate, da sie trächtig sind,
und kennst du die Zeit, da sie gebären?
3 Sie kauern nieder, sie werfen ihre Jungen,
sie werden frei von ihren Wehen.
4 Ihre Jungen werden kräftig, im Freien wachsen sie auf,
ziehen davon und kommen nicht wieder. [...]
13 Munter schlägt die Straußenhenne mit den Flügeln,
doch birgt ihre Schwinge wie die eines Storchs oder eines Falken?
14 Nein, sie überlässt ihre Eier der Erde
und hält sie warm im Staub
15 und vergisst, dass ein Fuß sie zerdrücken
und ein Tier sie zertreten kann.
16 Hart ist sie zu ihren Jungen, als wären es fremde,
es kümmert sie nicht, wenn ihre Mühe umsonst war.
17 Denn Gott hat ihr die Weisheit versagt
und ihr keinen Anteil an Einsicht gegeben.
18 Wenn sie aber in die Höhe schnellt,
lacht sie über Ross und Reiter.
Der Bezug der Tiere zur menschlichen Lebenswelt ist nur sehr peripher gegeben. Ihre symbolische Bedeutung ähnelt einerseits den Jagdbildern altorientalischer Herrscher, deren wesentliche Aufgabe – wie bereits oben gesagt – darin bestand, menschliche und tierische Feinde abzuwehren und die eigene Lebenswelt vor dem »Chaos« zu verteidi-

---

[53] Dazu *Köhlmoos*, Auge, 336ff, bes. 338.
[54] Somit ist auch der Anklang an altorientalische Listenwissenschaft mitunter bestritten worden; vgl. *Köhlmoos*, Auge, 327 mit Anm. 2, die dieses unter Rekurs auf *Keel*, Entgegnung, 63 ausschließen will.

gen.⁵⁵ Andererseits erinnert die Nennung der Jungtiere und ihrer Aufzucht den Leser daran, dass auch diese feindlichen oder vom menschlichen Bereich abgewandten Lebewesen sich, wie der Mensch, für den eigenen Erhalt und den ihrer Spezies abmühen müssen und ebenfalls Wissen haben (vgl. 39,1).⁵⁶ Selbst so unnütze Tiere wie der Strauß gehören als Bewohner der menschlichen Gegenwelt der göttlichen Ordnung an, zu deren Gefährten Hiob sich auf dem Höhepunkt seines Leids angekommen als Zeichen größtmöglicher Aufgabe sogar zählen wollte (30,29).

Hervorgehoben ist im Hiobbuch neben der Unverfügbarkeit der Tiere für den Menschen, dass der Tierwelt zudem ihr Eigenrecht belassen wird. »Gott verteidigt das Recht der Wildnis auf ihr eigenes Leben und stellt so den Anthropozentrismus Ijobs und seiner Freunde in Frage«.⁵⁷ Das bedeutet aber im Gegenzug zur geläufigen weisheitlichen Konzeption, dass Störungen in der menschlichen Lebenswelt den Sinn der ursprünglichen göttlichen Ordnung gar nicht aufheben können. Stattdessen wird die Ordnung als für den Menschen viel weniger durchsichtig beschrieben, als dieser es beansprucht. Das Hiobbuch »skizziert in diesem Kapitel eine viel weniger durchsichtige, viel komplexere Welt, in der nicht jede Form von Leiden und Beeinträchtigung als Strafe für ein Vergehen verstanden werden (Ijobs Freunde) und, wenn die Rechnung nicht aufgeht, als sinnlos verworfen werden muss (Ijob). Es öffnet die Welt auf eine geheimnisvolle, nicht eindeutig durchschaubare Ordnung hin, in der auch das, was dem Menschen als Wildnis erscheint, ihren Herrn und ihre Ordnung hat.«⁵⁸ Darüber hinaus hat die Zuordnung der das Chaos und die Wildnis symbolisierenden Tiere in das Schöpfungswerk tröstenden Wert: »Wenn alte Chaoswesen zu Geschöpfen werden, die den Stolz und die Freude ihres Schöpfers ausmachen, ist auch dem Chaoskampf, wie ihn die Überlieferungen beschreiben, die Basis entzogen. So deutet der Tierkatalog an, wie durch die Sorge Gottes um seine Geschöpfe der Konflikt der Urzeit aufgehoben ist.«⁵⁹

Erst in der zweiten Gottesrede (40,9–41,26) werden Unregelmäßigkeiten innerhalb der Schöpfungsordnung eigens thematisiert: Der Einfluss der Frevler (V.9–14) und chaotischen Mächte (40,15–41,26) in ihr wird zugestanden. Das in die Welt einbrechende Chaos kann und muss von dem Erhalter der Schöpfung immer wieder neu bezwungen wer-

---

⁵⁵ Krieg und Jagd sind in diesem Sinne als Formen kulturellen Handelns streng parallelisiert zu sehen; so *Keel*, Entgegnung, 61–86; zuletzt *Keel/Schroer*, Schöpfung, 200; aufgenommen von *Fuchs*, Mythos, 211–220.
⁵⁶ Diesen Hinweis verdanke ich Frau Ulrike Link-Wieczorek. – *Ebach*, Streiten 2, 134, hebt unterdessen den Kontrast hervor, der in der »Freilassung« der jungen Steinböcke und Hirsche in 39,4 im Vergleich mit der Überversorgung der Kinder Hiobs in Hi 1 liegt.
⁵⁷ So *Keel/Schroer*, Schöpfung, 204.
⁵⁸ *Keel/Schroer*, Schöpfung, 208.
⁵⁹ *Fuchs*, Mythos, 220; vgl. *Freuling*, Grube, 227f.

den. Während die erste Gottesrede (38,1–39,30) Schöpfung als voraussetzungslose, nachhaltige Vorleistung JHWHs erkennbar werden lässt, gesteht die zweite Gottesrede (40,6–41,26), die auf das kurze Anerkennen Hiobs (40,4f) folgt, Missstände ein. Sie behauptet aber weiterhin die absolute Macht und Gerechtigkeit Gottes, die aus der Schöpfung ableitbar ist.
15 Sieh doch den Behemot, den ich schuf wie auch dich.
Gras frisst er wie das Rind. [...]
21 Er lagert unter Lotusbüschen,
versteckt im Schilf und im Sumpf.
22 Lotusbüsche spenden ihm Schatten,
und die Weiden am Bach umgeben ihn.
23 Wenn der Strom anschwillt, läuft er nicht weg,
er bleibt ruhig, selbst wenn der Jordan ihm ins Maul dringt.
24 Kann man ihn fangen, wenn er die Augen offen hat,
ihm mit Haken die Nase durchbohren?
25 Kannst du den Leviatan an der Angel ziehen
und mit dem Strick seine Zunge niederdrücken?
26 Legst du ihm ein Binsenseil um die Nase,
und durchbohrst du seinen Kiefer mit einem Haken?
27 Wird er dich lange um Gnade bitten
und freundlich mit dir sprechen?
28 Wird er einen Vertrag mit dir schließen,
dass er für immer dein Sklave wird?
29 Spielst du mit ihm wie mit einem Vogel,
und bindest du ihn an für deine Mädchen?
30 Feilschen die Jagdgenossen um ihn,
verteilen sie ihn unter die Händler?
31 Kannst du seine Haut mit Spießen spicken
und mit Fischharpunen seinen Kopf?
32 Lege nur deine Hand daran,
denk an den Kampf! – Du wirst es nicht noch einmal tun!
Der Verweis auf Behemot ist eine Revanche auf Hiobs Vorwurf, dass Gott den Frevlern Macht zukommen lässt (Hi 9,24): Denn was könnte Hiob gegen Behemot ausrichten, wo dieser doch mit Hiob zusammen geschaffen wurde, also das Anrecht des Geschöpfes teilt (41,15)? Beide gehören zu Gottes Schöpfung, und damit gehört auch der zwischen beiden bestehende Gegensatz zur Schöpfung. Behemot ist weder für noch gegen Hiob erschaffen worden, sondern parallel zu ihm.[60]

---

[60] Vgl. *Ebach*, Streiten 2, 148. – In den übrigen Texten ist Behemot nicht mehr genannt, Leviatan begegnet lediglich in Hi 3,8 zur Darstellung einer widermenschlichen und widergöttlich-urzeitlichen Gegenwelt (s.o.). In Hi 7,12 fragt Hiob sarkastisch, ob er die Rolle Tannins einnehmen solle, damit Gott Wachen zu seiner Ausgrenzung aufstellen solle. Hi 9 ist dem Phänomen der Frevler und der ausbleibenden Gerechtigkeit gewidmet, jedoch ohne mythische Anleihen. Die Paralleli-

Man könnte die Argumentation der Gottesreden dahingehend zusammenfassen, dass der menschlichen Logik, die hinter vielen Widrigkeiten die Unzulänglichkeit der Schöpfungsordnung vermutet, ein Weltplan[61] entgegenzuhalten ist, der auch den wilden Tieren oder den mythischen Verkörperungen des Bösen »Biotope« zuweist. Dem Chaotischen wird also ein begrenzter Freiraum belassen. Zu der menschlichen Welt tritt eine Gegenwelt, die mythische Welt in Form eines krokodilhaft gezeichneten Leviathan sowie eines nicht minder gefährlichen, ebenfalls mythisch überzeichneten Nilpferds, des Behemot (40,15ff).[62] Die Gefahr für den Menschen ist offensichtlich (41,1), doch Gott ist sich seiner Übermacht sicher (V.2f).

Es liegt hier nun nicht etwa ein zynischer Umgang mit Leiderfahrung vor, sondern im Zentrum steht die Horizonterweiterung menschlichen Denkens und Wissens. »Die Botschaft der Gottesreden ist eigentlich eine den Menschen entlastende, weil er nicht Dreh- und Angelpunkt der ganzen Welt zu sein braucht, und damit ist es eine tröstliche Botschaft.«[63] Dem Folgetext nach nimmt Hiob die Botschaft Gottes an. Während er in Hi 40,4 mit dem Satz »Siehe, ich bin zu gering, was soll ich antworten?« Ernüchterung zeigt, kommt in der zweiten Antwort Hiobs (Hiob 42,1–6) sein neues Verständnis zum Ausdruck[64]:

---

sierung erfolgt dann in der 2. Gottesrede. Zur divergenten Verwendung der Chaosthematik im Hiobbuch vgl. *Bauks*, Schöpfer, 113–122.

[61] Vgl. dazu ausführlicher *Bauks*, Schöpfer, 105ff.

[62] Die ausführlichen ikonographischen und literarischen Studien von Othmar Keel weisen darauf hin, dass es sich bei beiden Tieren um mythische Wesen handelt und nicht um eine bloße Steigerung eines dem Menschen gefährlichen Tieres, vom Nilpferd Behemot hin zum Chaosdrachen Leviathan. Sowohl die Tiere als auch die mythische Überzeichnung als Symbole des Bösen entstammen dem ägyptischen Kulturkreis und sind in das Hiobbuch übernommen worden; vgl. dazu ausführlich *Keel*, Entgegnung, 126–156, bes. 154ff. Dieser Gedankengang ist aufgenommen worden von *Ebach*, Streiten 2, 146ff. – Bereits oben Anm. 29 war darauf hingewiesen worden, dass es bis in das 8. Jh. Nilpferde in Palästina gegeben hat, die aber dem Autor der Gottesreden als reale Tiere nicht mehr bekannt gewesen sein dürften.

[63] Dazu *Keel/Schroer*, Schöpfung, 211f; vgl. auch *Manfred Oeming*, Die Begegnung mit Gott, in: *Manfred Oeming* und *Konrad Schmid*, Hiobs Weg. Stationen von Menschen im Leid (BThS 45), Neukirchen-Vluyn 2001, 95–119, bes. 117: »mit der Desillusionierung und Relativierung des Menschen ist doch zugleich der Zuspruch der Gnade verbunden. ... Das, was Gott inhaltlich sagt, setzt den Menschen weit hinab ... Aber dass Gott ihm Antwort gibt, das hebt ihn wieder heraus und verleiht ihm eine Würde-Stellung ... Gott gewährt ihm Gemeinschaft.«

[64] Allerdings hatte sich dieses Verständnis in Kapitel 12 bereits angedeutet, wenn Hiob dort das Unverständnis der Menschen hervorhebt und von dem Wissen der Tiere negativ abhebt: 12,7 Aber befrage das Vieh, dass es dich lehre, und die Vögel des Himmels, dass sie es dir kundtun. 8 Oder sprich zur Erde, dass sie dich lehre, und die Fische des Meeres sollen es dir erzählen: 9 Wer von ihnen allen wüsste nicht, dass die Hand des HERRN es so gemacht hat? – Weiterführend in diesem Kontext *Peter Riede*, »Doch frage die Tiere, sie werden dich lehren«. Tiere

1 Da antwortete Hiob Jhwh und sprach:
2 Ich weiß, dass du alles vermagst,
und kein Vorhaben ist dir verwehrt.
3 Wer ist es, der den Plan verfinstert ohne Wissen?
So habe ich erzählt – und erkannte nichts –,
zu Wunderbares für mich und unbegreiflich.
4 Höre doch, und ich will reden,
ich will dich fragen, lehre du mich!
5 Vom Hörensagen hatte ich von dir gehört,
jetzt aber hat mein Auge dich geschaut.
6 Darum verwerfe ich und ändere meine Einstellung –
auf Staub und Asche.[65]
Dieser Abschnitt lässt zweierlei erkennen:
Zum einen beinhaltet er Hiobs Eingeständnis seiner eingeschränkten Wahrnehmung des Weltgeschehens. Hiob erkennt somit die paradox erscheinende Wirkmacht Gottes an, ohne jedoch vorschnell in Lobpreis oder in eine Vertrauensaussage zu verfallen.[66] Seine eigene Realität wird neben der »anderen« Realität Gottes aufrechterhalten, die Existenz von Gegenwelten wird akzeptiert.
Zum anderen zeigt er Hiobs verschobene Wahrnehmung sich selbst gegenüber an (V.5): Hiob nimmt Gott nicht nur mittelbar wahr, sondern er sieht ihn, erkennt ihn in seiner Andersartigkeit. Diese Andersartigkeit besteht darin, dass er ihn nicht nur in seiner Relevanz zu sich selbst sieht, sondern unter Absehung seiner Lage »zu einem positiven Verhältnis zu seiner Geschöpflichkeit findet ... [JHWH] weist mit der Frage nach der Schöpfung einen Weg aus den Aporien um die Gerechtigkeit«.[67] Indem das Minderwertige, das Böse, die Anfechtung und das Chaotische in die Weltordnung mit eingegliedert ist, kann die Frage nach der Gerechtigkeit an sich nicht mehr gestellt werden. Das Geschick des Frevlers wie des Gerechten unterliegt den Begrenzungen sowie den Bedingungen der jeweiligen »Biotope«, die jedem Geschöpf vom Schöpfergott zugewiesen sind.

---

als Vorbilder und Lehrer des Menschen im Alten Testament, in: *Bernd Janowski* und *Peter Riede* (Hg.), Die Zukunft der Tiere. Theologische, ethische und naturwissenschaftliche Perspektiven, Stuttgart 1999, 61–91, hier: 83f.
[65] Zitiert nach *Ebach*, Streiten 2, 155.
[66] Vgl. *Köhlmoos*, Auge, 344.
[67] *Köhlmoos*, Auge, 344f. Allerdings kann ich ihrer Ansicht, dass sich darin JHWH und Hiob wandeln, nicht zustimmen. Keineswegs wird Gerechtigkeit »als Deutungsmöglichkeit des Verhältnisses zwischen Gott und Mensch stillschweigend ausgeschieden, nachdem sie sich als problematisch erwiesen hat«. Vielmehr sticht die Erfahrung des numinosen und erhabenen Schöpfergottes heraus, die auf die Inadäquatheit der menschlichen Infragestellung zielt.

3 Der Ertrag

Hiob, der Gerechte, wird also in seine Schranken gewiesen. Er, der das Gute zu tun sucht, das Leben gerecht gestalten will, bekommt gesagt, dass dies nicht hinreichend ist, da ihm die Einsicht in den Ursprung und den Lauf der Dinge fehlt. Das Andere, das Grenzwertige, ja sogar das Böse bekommt im Zuge der Gottesrede einen legitimen Platz in der Schöpfungsordnung zugewiesen. Die Nachricht lautet: Es gibt Bereiche neben der menschlichen Welt, sogar außerhalb der menschlichen Welt, in die die Normativität menschlichen Handelns nicht hineinreicht. Ja, diesen steht sogar eine eigene Daseinsberechtigung gegenläufig zu menschlichen Interessen und menschlicher Wirkmacht zu, die mit den menschlichen Bedürfnissen konkurrieren. Somit kommt im Hiobbuch der natürlichen Ordnung ein höherer Wert zu als dem kulturellen Gestalten des Menschen.

Dieser Traktat einer polymorphen Schöpfungswirklichkeit ist erstaunlich modern, indem nämlich der Gedanke aufgegriffen wird, dass im Kosmos nicht der Mensch und seine Belange das Maß aller Dinge sind. Auch ist er modern, weil er das oben angerissene Konzept der altorientalischen Herrschafts- und Königsideologie nicht etwa – wie es z.B. Gen 1 tut – demokratisiert bzw. den Menschen royalisiert[68], sondern das Motiv kurzerhand aussetzt: Der Mensch ist hier auf das Bewusstsein seiner »schlechthinnigen Abhängigkeit«[69] von Gott zurückgeworfen. Herrschaft, kulturelle Errungenschaften, Fortschritt und Schöpfungssegen verdanken sich der Theologie des Hiobbuchs nach allein dem göttlichen Tun und Handeln. Und dieses beansprucht, die gesamte Schöpfungsordnung in den Blick zu nehmen und nicht nur den nach vorn bzw. ins Zentrum der Macht drängenden Menschen und seine Belange. Anhand des Zusammenspiels von Schuld und Strafe, die zu Daseinsminderung führen, mit kulturellen Errungenschaften, die die Schöpfungsordnung verändern und im Fluss halten, hatte ich den Begriff der kreativen Ambivalenz bemüht. Es handelt sich dabei um den Versuch, Evolution bzw. Fortschrittsdenken im Alten Testament begrifflich angemessen zu fassen. Deutlich wurde aber, dass diese kreative Ambivalenz im Hiobbuch anders aussieht als in der Urgeschichte. Indem die geschöpfliche Existenz vom Anthropozentrismus gelöst worden ist, wird die Frage der Schuld – wenn auch nicht die Frage der Verantwortung! – an die Seite gedrängt. Denn der Mensch ist nur bedingt das Maß aller Dinge! Dem Denken des Hiobbuches nach ist die

---

[68] So *Neumann-Gorsolke*, Herrschen, 202: »Es liegt bei den P-Texten nicht eine Adaptation einer ›demokratisierten‹ Gottebenbildlichkeitsvorstellung vor, sondern es handelt sich m.E. um die ›*Royalisierung des Menschen*‹, die Beschreibung des Menschen in königlicher Terminologie.«
[69] Vgl. *Friedrich Schleiermacher*, Der christliche Glaube, Bd. I, I,1 § 36–49, bes. § 38 2a (hg. von *Martin Redeker*, Berlin 1960, 192).

kreative Ambivalenz um den Aspekt der Einbeziehung göttlichen Wirkens erweitert: Während sie in der Urgeschichte darin besteht, dass Daseinsminderung und kulturelle Errungenschaften als Ergebnisse menschlichen Handelns einen fortschreitenden Prozess eröffnen, ist sie im Hiobbuch schon im göttlichen Schöpfungswerk selbst angelegt als Auseinandersetzung unterschiedlicher Kräfte und Bereiche. Die Nachricht an Hiob, dass es Nebenschauplätze zur menschlichen Welt gibt, die ihm zwar verborgen und unverfügbar sind, aber den Menschen mitunter (be)treffen, wäre heute dahingehend zu übersetzen, dass Natur und menschliches Handeln zwar als kausal voneinander abhängig gedacht sind, dem Menschen aber trotz erheblicher Erkenntnisfortschritte die Natur in ihrer Letztbegründung und in ihren Wirkungen verschlossen bleibt.[70]

Ein Letztes im Anschluss an die Diskussion um die Verbindung von Schöpfung und Klimakatastrophe: Der Fokus der Diskussionen um Schöpfung in Zeiten der Klimakatastrophe und anderer kosmischer Veränderungen lag über lange Zeit und ausschließlich auf dem Aspekt des Bewahrens der Schöpfung. Die voran stehenden Überlegungen zeigen aber, dass die Überbetonung dieses Akzents gefährlich, im wörtlichen Sinne »konservativ« ist, da er nämlich an der Besitzstandwahrung aktueller menschlicher, um nicht zu sagen »westlicher« Bedingungen orientiert ist. Selbst die dem Anthropozentrismus am stärksten verpflichteten Texte der Urgeschichte wissen um die Notwendigkeit von Revision. So weisen Gen 3,23 (s. oben Anm. 20) und Gen 9,1–7 auf den Gedanken des kulturellen Fortschritts menschlichen Tuns hin unter Betonung der notwendigen Veränderung des einst als harmonisch beschriebenen Urzustands (vgl. Gen 1,29–31; 2,15). Texte wie Hiob 38ff, aber auch Ps 8 und Ps 104, auf die hier nicht weiter eingegangen werden konnte, bezeugen eine weitaus kosmozentrischere Perspektive der Schöpfungsordnung, in der die Idee des reinen Bewahrens in den Hintergrund tritt zu Gunsten eines sehr dynamischen Modells des Schöpfungserhalts, das um die Abfolge von Werden und Vergehen weiß: Diesen Texten nach muss um die Bewahrung der Schöpfung als Ganzem gerungen werden.

---

[70] Auf diesen Aspekt machte mich dankenswerter Weise mein Kollege J. Boomgaarden, Koblenz, aufmerksam.

CLAUDIA JANSSEN

Sehen lernen

Schöpfung und Auferstehung bei Paulus

»Herrschaft, kulturelle Errungenschaften, Fortschritt und Schöpfungssegen verdanken sich der Theologie des Hiobbuches nach allein dem göttlichen Tun und Handeln ... Der Mensch ist nur bedingt das Maß aller Dinge.« – so hat es Michaela Bauks formuliert.[1] Für Paulus trifft diese Aussage ebenso zu, sie ist die Grundlage seines theologischen Denkens. Für ihn liegt alles Schöpfungshandeln bei Gott, dieses ist die Grundlage allen gegenwärtigen und zukünftigen Lebens. Anthropologie und Christologie sind eingeordnet in die Schöpfungstheologie. Diese These will ich im Folgenden anhand von 1Kor 15, dem Kapitel über die Auferstehung der Toten entfalten.[2] Doch zunächst werde ich einen Blick auf einige zentrale Aussagen des Paulus zur Schöpfung werfen. Paulus nimmt vielfach in Form von Zitaten oder in freier Aufnahme ersttestamentliche (LXX) Schöpfungstraditionen auf.[3] Den ihn leitenden Gedanken, dass die Größe Gottes an den Werken seiner Schöpfung zu erkennen ist, benennt er explizit in Röm 1,19ff:

»Denn was man von Gott erkennen kann, ist ihnen offenbar; Gott hat es offenbart. Seit der Erschaffung der Welt wird seine unsichtbare Wirklichkeit an den Werken mit der Vernunft wahrgenommen, seine ewige Wirkkraft und Göttlichkeit ...«

Allerdings bezeichnet er nur in Röm 1,19–21 und Röm 8,19–22 das von Gott Geschaffene als »Schöpfung« (*ktisis*), den Begriff »neue/ verwandelte Schöpfung« (*kaine ktisis*) verwendet Paulus in 2Kor 5,17 und Gal 6,15. In Röm 1,25 wird Gott explizit als Schöpfer bezeichnet.[4]

---

[1] Vgl. den Artikel von *Michaela Bauks* in diesem Band: »Um die Bewahrung der Schöpfung muss gestritten werden – Fallbeispiel Hiob«.
[2] Der Vortrag basiert auf den Ergebnissen meiner Habilitationsschrift »Anders ist die Schönheit der Körper. Paulus und die Auferstehung in 1 Kor 15«, Gütersloh 2005.
[3] Vgl. Röm 9,19ff / Jes 29,16 (vgl. auch Jer 18,1–12; Jes 45,9; Weish 12,12); 1Kor 6,16 / Gen 2,24; 1Kor 10,26 / Ps 23,1; 1Kor 11,7ff / Gen 2,18ff; 21f; 2Kor 4,6 / Gen 1,3; 2Kor 9,10 / Jes 55,10; zu Röm 4,17 vgl. 2Makk 7,28; Weish 11,17.
[4] Paulus verwendet das substantivierte Partizip *ktisanta* (Aor. Ptz. *ktizo*). Das Schöpfungshandeln Gottes beschreibt er ansonsten mit den Verben: *legein* (2Kor 4,6), *kalein* (Röm 4,17) *ktizein* (1Kor 11,9), *plassein*, *poiein* (Röm 9,20). Gott hat die Menschen wie ein Töpfer aus Lehm geformt (vgl. Röm 9,19–21 in Aufnahme von Jes 29,16; vgl. auch 1Kor 15,47f).

Aus jüdischer Tradition (vgl. 2Makk 7,28; Weish 11,17) stammt die Vorstellung der außerordentlichen Schöpferkraft des Gottes Israels, die die Welt aus dem Nichts geschaffen hat (vgl. Röm 4,17f). Schöpfung und Auferweckung der Toten werden hier in einen Zusammenhang gestellt:

»(Abraham) vertraute im Angesicht Gottes darauf, dass Gott die Toten lebendig macht und das Nichtseiende ins Dasein ruft. Gegen alle Hoffnung hoffend vertraute er darauf, dass er zum Vater vieler Völker werde, wie es ihm zugesagt wurde: So wird deine Nachkommenschaft sein.«

Gottes (neu)schöpferische Kraft fasst Paulus hier mit dem Verb »lebendigmachen« *zoopoiein* (vgl. Röm 4,17; vgl. auch 8,11; 1Kor 15,22.36.45).[5] Diese Vorstellung des Lebendigmachens verbindet Paulus auch in 1Kor 15 mit der Auferweckung der Toten. Die Neuschöpfung der Menschen geschieht »in Christus« (1Kor 15,22): »Wie alle in Adam sterben, so werden alle in Christus lebendig gemacht.« In Christus erkennt Paulus Gottes schöpferisches Handeln (vgl. 2Kor 4,6 – Gen 1,3), in ihm/durch ihn werden Menschen verwandelt und können ein erneuertes Leben führen (vgl. Röm 6,4; 2Kor 5,17; Gal 3,27f; 6,15).
In den Aussagen des Paulus zur Schöpfung werden folgende Aspekte deutlich:
1. Grundlage allen Lebens ist das Schöpfungshandeln Gottes: Aus dem Nichts wurde alles geschaffen (Röm 4,17).
2. Das Schöpfungshandeln Gottes ist gegenwärtig zu sehen – und zwar für alle (Röm 1,19f).
3. Das Schöpfungshandeln Gottes umfasst gegenwärtiges und zukünftiges Leben: Die zu Christus Gehörenden sind neue Schöpfung (2Kor 5,17), sie werden *in Christus,* im *soma Christou,* lebendig gemacht (1Kor 15,22). Mit dem Vertrauen auf Gottes Schöpfungsmacht verbindet sich auch die Hoffnung auf die Auferstehung der Toten (Röm 4,17; 1Kor 15,42).
4. Menschen sind Geschöpfe Gottes. Das fortdauernde Schöpfungshandeln stellt sie in eine enge Beziehung zu Gott und zur gesamten Schöpfung, die auch durch den Tod nicht aufgehoben wird. Das ist der Inhalt der Verkündigung der Auferstehung. Somit bedeutet die Schöpfungstheologie des Paulus zum einen Ermutigung und Hoffnung für gegenwärtiges und zukünftiges Leben. Zum anderen verweist sie aber auch auf die Verantwortung menschlichen Handelns in dieser Beziehung. Das »Wandeln im neuen Leben« (Röm 6,4) ist verbunden mit der Aufforderung, sich nicht länger den Todesmächten und der *hamartia* als Werkzeug zur Verfügung zu stellen, sondern sich für Gerechtigkeit einzusetzen (Röm 6,13.19).
Den Zusammenhang von Schöpfung und Auferstehung werde ich im Folgenden weiter entfalten:

---

5 Vgl. Dtn 32,39 (LXX); 4Kön 5,7 (LXX); vgl. auch syrBar 85,15.

1 Anders ist die Schönheit der Körper. Auferstehung in 1Kor 15

In Kapitel 15 des ersten Briefes an die Gemeinde in Korinth behandelt Paulus das Thema Auferstehung. Er geht dabei von Debatten innerhalb der korinthischen Gemeinde aus und wendet sich argumentativ an »gewisse Leute«, die sagen, eine Auferstehung der Toten gäbe es nicht (V.12).[6] Für Paulus geht es in dieser Frage um mehr als um eine bloße Meinungsverschiedenheit. Mit dem Glauben an die Auferstehung der Toten steht für ihn der Glaube an den Gott Israels, den Schöpfer, als solchem auf dem Spiel.

Zur Stützung seiner Auffassung bedient er sich vielfältiger Motive aus dem Ersten Testament sowie zeitgenössischer jüdischer apokalyptischer Traditionen. Die Komplexität der in 1Kor 15 verarbeiteten Vorstellungen zeigt sich vor allem darin, dass Paulus Zitate aus dem Ersten Testament z.T. in kunstvollen Collagen miteinander verbindet, hymnische Elemente aufnimmt, mythologische Vorstellungen und apokalyptische Schilderungen heranzieht und daraus eigene Sprachbilder entwickelt, um seine Aussagen zu illustrieren. Paulus will überzeugen, die Menschen von der Botschaft der Auferstehung begeistern, sie miteinbeziehen in die Gegenwart und Zukunft der *Basileia* Gottes, in die Gemeinschaft der Lebenden und Toten in Christus, die die Basis auch für sein eigenes Handeln ist.

2 Gott gibt Leben (V.35–38)

Ab V.35 beginnt ein zweiter Argumentationsgang, den Paulus mit zwei fiktiven Fragen einleitet: »Aber es mag jemand fragen: Wie werden die Toten auferweckt? Mit einem wie beschaffenen Körper kommen sie?« In seiner Antwort zeigt er den weiten Horizont der Frage nach der Auferstehung der Toten auf, die Tod und Leben, Schöpfung und Neuschöpfung berühren und für ihn grundlegend auf dem Handeln Gottes beruhen:

36. Unverständiger!
Das, was du säst, wird nicht lebendiggemacht, wenn es nicht stirbt
37. Und zwar ist das, was du säst, nicht der Körper, der entstehen wird,
sondern du säst ein nacktes/bloßes Korn, wie etwa von Weizen oder einer der anderen (Samenarten).

---

6   Hier ist nicht von »Gegnern« auszugehen, sondern tatsächlich von Debatten in der Gemeinde um die Frage nach der Auferstehung. Paulus redet seine AdressatInnen als *adelfoi*, als Geschwister, an (V.1.31.58). Vielfach bezieht er sich darauf, dass er in Korinth das Evangelium verkündet habe (V.1.2.3.11.14), an das er sie erinnern wolle (V.1). Es geht ihm darum, Zeugnis abzulegen (V.15) und die gemeinsame Hoffnung zu stärken (V.19).

38. Gott gibt ihm einen Körper, so wie er es beschlossen hat, und zwar einem jeden von den Samen einen (art-)eigenen Körper. Paulus bedient sich dabei eines Bildes aus der Natur: Das Gesätwerden (= sterben) eines Saatkorns, wenn es in den Boden gelegt wird, und das Entstehen neuen Lebens der wachsenden Pflanze.[7] Den gesamten Vorgang versteht er als Zeichen für das fortdauernde Schöpfungshandeln Gottes.[8] Der Aufbau des Abschnitts gibt V.38 besonderes Gewicht. Hier findet sich der inhaltliche Schlüssel für das Verständnis der Aussagen von V.36.37, die in negativer Form die Ergebnisse der Handlung des Säens beschreiben:
36. was du säst, wird *nicht* lebendiggemacht ...
37. es ist *nicht* das soma, das entstehen wird. ...
38. denn es ist Gott, der das soma gibt.
Diese Gewichtung zeigt sich auch formal. Ein Hinweis darauf ist das ungewöhnlich betonte *sy* in der Anrede V.36, das mit V.38 korrespondiert: *ho de theos*. Du säst ein Korn ... Gott gibt das *soma*. In V.38 wechselt das handelnde Subjekt zu Gott. Er gibt »... wie er es gewollt hat, und zwar: einem jeden von den Samen ein (art-)eigenes *soma*.« Hier ist der Bezug zur (ersten) Schöpfung sehr deutlich (vgl. Gen 1,11 LXX). Paulus' Antwort auf die Frage nach dem ›wie‹ der Auferstehung in V.35 ließe sich in freier Wiedergabe so formulieren: »Wenn du wissen willst, was Auferstehung der Toten bedeutet, schaue auf die (gegenwärtige) Schöpfung. Hier erkennst du, dass *Gott* Leben gibt: Leben, das konkret leiblich ist.«

3 Lob der Schöpfung (VV.39–41)

Ab V.39 geht Paulus über das Saatbild, das er in den Versen 36–38 zeichnet, hinaus und weitet den Blick auf die Schöpfung als ganze. Die inhaltlichen und sprachlichen Bezüge von 1Kor 15,39–41 zum ersten

---

[7] Die antike naturwissenschaftliche Vorstellung geht davon aus, dass das Samenkorn in der Erde verfault, bevor es dann neu wachse. Vgl. dazu *Herbert Braun*, Das »Stirb und werde« in der Antike und im Neuen Testament, in: *ders.*, Gesammelte Studien zum Neuen Testament und seiner Umwelt, Tübingen 1962, 140f. Diese Vorstellung gab es auch im rabbinischen Bereich. Man geht davon aus, dass das in den Boden gelegte Saatkorn zunächst in Fäulnis übergehe und nach drei Tagen zu keimen und danach zu wurzeln beginne, falls es auf ideale Bodenbedingung stoße. Danach gehe der Halm auf, während das Saatkorn zunichte gemacht werde, vgl. *Samuel Krauss*, Talmudische Archäologie, 3 Bände. Reprographischer Nachdruck der Ausg. Leipzig 1911, Hildesheim 1966, 182f.
[8] In der neueren Exegese besteht weitgehend Einigkeit darüber, dass mit dem Samenbild für Paulus kein Entwicklungsgedanke verbunden ist. Der Akzent liege eindeutig auf dem (neu-)schöpfenden Handeln Gottes, der das (neue) *soma* gebe; vgl. u.a. *Gerhard Sellin*, Der Streit um die Auferstehung der Toten: eine religionsgeschichtliche und exegetische Untersuchung von 1 Korinther 15, FRLANT 138, Göttingen 1986, 214; *Andreas Lindemann*, Der erste Korintherbrief, HNT Bd. 9,1, Tübingen 2000, 357.

Schöpfungsbericht in Gen 1 sind deutlich zu erkennen. Die Verse 39–41 bilden eine geschlossen komponierte Einheit mit einem besonderen poetischen Satzrhythmus. Damit nehmen die Ausführungen einen anderen Charakter an als den einer im Dialog formulierten Argumentation oder gar der Widerlegung einer Gegenposition.

3.1 Zum Verhältnis von 1Kor 15,39–41 und Gen 1

Bereits in VV.36–38 lässt sich zeigen, dass Paulus sich in seinen Formulierungen auf den ersten Schöpfungsbericht in Gen 1 bezieht.[9] Für die Deutung von VV.39–41 ist wichtig, dass Gen 1 den Schwerpunkt auf das Schöpfungshandeln Gottes legt, das zuerst durch ein Gotteswort angekündigt: »Und Gott sprach: es werde ...« (vgl. V.2.6.9.14.20.24. 26.29) und anschließend aus der Perspektive Gottes bewertet wird: »Gott sah, dass es gut/schön (hebr. *tow*) war« (vgl. V.4.10.12.21.25. 31). Die Erzählung hat kein Interesse daran, die biologische Beschaffenheit der Geschöpfe zu erfassen, sondern daran, Schöpfung als heilsgeschichtlichen Prozess zu beschreiben, der durch das Handeln Gottes seine Dynamik erhält, als Prozess, der Gott und Menschen, Menschen untereinander und zu ihrer kreatürlichen Mitwelt in Beziehung setzt.

3.2 Zum Verhältnis von 1Kor 15,39–41 und Ps 8

Bisher kaum in Betracht gezogen wurde, dass Paulus sich in VV.39–41 literarisch nicht auf die Schöpfungserzählung direkt, sondern auf Ps 8, einen Schöpfungspsalm, bezogen haben könnte.[10] Im Vergleich mit Gen 1,26f sind sogar engere Parallelen zu 1Kor 15,39–41 zu erkennen. Der Psalm beginnt in V.2 mit einem Lob Gottes, das Gott als den Herrscher über die Erde und die Himmel anspricht – eine Formulierung, die sich auf Gen 1,1 bezieht, wo Gott als der Schöpfer von Himmel und Erde benannt wird:
2 Adonaj, du herrschst über uns alle.
Wie machtvoll ist dein Name auf der ganzen Erde.
So breite doch deine Majestät aus über den Himmel.
3 Aus dem Mund von Kindern und Säuglingen
hast du eine Macht geschaffen gegen alle, die dich bedrängen,
auf dass Feindschaft und Rache verstummen.

---

[9] Es gibt allerdings eine Reihe von Unterschieden, die zum einen die Reihenfolge betreffen: 1Kor 15,39 beginnt mit Menschen, dann folgen Haustiere, Vögel, Fische. Gen 1,26: Fische, Vögel, Haustiere. Im Vergleich zu 1Kor 15,41 fällt zudem auf, dass nur die Sterne in Gen 1,16 genannt werden. Bei der Erschaffung der Himmelskörper werden in Gen 1,14ff Sonne und Mond nicht explizit bezeichnet, sie werden »Licht« genannt.

[10] Es ist davon auszugehen, dass Ps 8 jünger als der priesterschriftliche Schöpfungsbericht ist und sich in seinen Formulierungen auf diesen bezieht, vgl. dazu *Hans-Joachim Kraus*, 1. Teilbd.: Ps 1–59; Biblischer Kommentar Altes Testament XV/1, Neukirchen-Vluyn ⁵1978, 205f.

4 Ja, ich betrachte deinen **Himmel**,
die Werke deiner Finger: **Mond** und **Sterne**, die du befestigt hast –
5 Was sind die **Menschen**, dass du an sie denkst,
ein Menschenkind, dass du nach ihm siehst?
6 Wenig geringer als Gott lässt du sie sein,
mit Würde und **Glanz** (LXX *doxa*) krönst du sie.
7 Du lässt sie walten über die Werke deiner Hände.
Alles hast du unter ihre Füße gelegt:
8 **Schafe**, **Rinder**, sie alle, und auch die wilden Tiere,
9 **Vögel** des Himmels und **Fische** des Meeres,
alles, was die Pfade der Meere durchzieht.
10 <u>Adonaj</u>, du herrschst über uns alle.
Wie machtvoll ist dein Name auf der ganzen Erde.[11]

Thema des Psalms ist die Herrlichkeit des göttlichen Namens auf der Erde. Er beschreibt die einzelnen Werke Gottes, die den Beter / die Beterin zum Gotteslob führen. Die Aufzählung der Werke beginnt dann mit den Gestirnen. Im Vergleich zu Gen 1 werden hier nicht nur die Sterne, sondern es wird auch der Mond explizit genannt. Anschließend wird die Frage nach den Menschen gestellt, nach ihrer Beziehung zu Gott und ihrer Rolle innerhalb der Schöpfung.[12] Gott habe den Menschen alles zu Füßen gelegt: das ganze Werk seiner Hände, alle Tiere der Erde, des Himmels und des Wassers.[13] Psalm 8 beschreibt Menschsein in Relation zu und angewiesen auf Gott, in einer verantwortungsvollen Rolle in Bezug auf die Mitgeschöpfe.[14] Der Psalm schließt mit einem umfassenden Lobpreis des Namens Gottes, der mit V.2 korrespondiert. Es wird angenommen, dass der Psalm seinen Sitz im Leben im Gesang im Gottesdienst des nachexilischen Heiligtums hat, möglicherweise in Form eines Wechselgesangs.[15] Sollte Paulus

---

[11] Die Übersetzung stammt aus der Bibel in gerechter Sprache 2006.
[12] *Rainer Albertz*, Weltschöpfung und Menschenschöpfung. Untersucht bei Deuterojesaja, Hiob und in den Psalmen, CThM 3, Stuttgart 1974, 122ff, zeigt, dass dies der einzige Psalm ist, in dem die beiden Traditionen Weltschöpfung und Menschenschöpfung bewusst zusammengearbeitet sind.
[13] Der Bereich der Erde (›alles‹) wird wie in Gen 1,26 durch Gruppen von Tieren veranschaulicht, die die Gesamtheit betonen, vgl. *Annette Krüger*, Himmel – Erde – Unterwelt. Kosmologische Entwürfe in der poetischen Literatur Israels, in: *Bernd Janowski* und *Beate Ego* (Hg.), Das biblische Weltbild und seine altorientalischen Kontexte, FAT 32, Tübingen 2001, 67f.
[14] Vgl. auch *Bernd Janowski*, Konfliktgespräche mit Gott. Eine Anthropologie der Psalmen, Neukirchen-Vluyn 2003, 11: »Der Mensch lebt und ist Mensch, weil Gott seiner gedenkt und sich seiner annimmt [...]. In der Betrachtung der Schöpfung Gottes wird der Mensch seines Menschseins inne, das sich – wie die Fortsetzung Ps 8,6–9 zeigt – im Verhältnis zu den Mitgeschöpfen, also in der Herrschaft über die Tiere realisiert.«
[15] Damit seien auch die metrischen Variationen des Psalms zu erklären, vgl. *Hans-Joachim Kraus*, Biblischer Kommentar, 204–206.

der Psalm aus dem gottesdienstlichen Gebrauch bekannt sein (vgl. 1Kor 14,15.26), legt es sich nahe, dass die Worte und Vorstellungen des Psalms in ihm ›anklingen‹, als er seine eigene Darstellung des Schöpfungshandelns Gottes formuliert.

4 Schöpfung und Geschöpfe (V.39)

Was bedeutet dieser Vergleich für die Deutung von V.39? Im Mittelpunkt steht die Aufzählung der Geschöpfe in ihrer Verschiedenartigkeit und Vollständigkeit.[16] Für diese erstaunliche Vielfalt gebührt Gott Lob und Dank – das wird implizit mit der Aufzählung ausgesagt. Der zentrale Gedanke der Ausführungen des Paulus ließe sich daran anknüpfend parallel zu Ps 8,10 formulieren: »Adonaj, unser Gott, wie wunderbar ist dein Name, der über der ganzen Erde herrscht.«
In der Auslegungsgeschichte wird vielfach vertreten, dass in V.39–41 die »niedere Leiblichkeit«, das Fleisch, der kommenden Herrlichkeit (*doxa*) gegenüberstehe.[17] Diese Annahme einer dualistischen Gegenüberstellung von *sarx* und *doxa*, irdischen und himmlischen Wesen, basiert vor allem auf einer Negativbewertung der *sarx* (als »niedere Leiblichkeit«).[18] Besonders einflussreich war die Interpretation Rudolf Bultmanns. Er verweist zunächst auf das ersttestamentliche Äquivalent zu *sarx*, auf das hebräische Wort *basar*, welches die materielle Leiblichkeit, das Menschsein als solches beschreibe. Ein Leben im Fleisch (*en sarki*) bezeichne dann jedoch die Sphäre der Sünde, wenn sie dem jenseitig-ewigen Gott feindlich gegenübertrete.[19] Im Vergleich dazu

---

[16] Vgl. dazu auch Ps 104; Sir 42,22–25.
[17] Strittig ist vor allem das Verhältnis von *soma*, *sarx* und *doxa*. In vielen Auslegungen wird deutlich, dass die irdische Existenz der himmlischen gegenüber als minderwertig verstanden wird.
[18] Vgl. dazu u.a. die Ausführungen von *Gerhard Sellin,* Streit, 220–221, zu den VV 42–44: »Als dieser irdische Leib (vergänglich, wertlos, schwach) müssen wir sterben – als neue Kreatur (unvergänglich, herrlich, mächtig) wird Gott uns erschaffen.«
[19] Vgl. *Rudolf Bultmann,* Theologie des Neuen Testaments, 9. Aufl. durchges. u. erg. v. *Otto Merk,* Tübingen (1948) 1984, 237: »Bedeutet also *sarx* zunächst die Sphäre des Menschlichen als des Irdisch-Natürlichen, des Schwachen und Vergänglichen, so zeigt doch die Verwendung der Formel *en sarki* Rm 7,5; 8,8f, daß das Leben im ›Fleisch‹ ein uneigentliches Leben ist, wie denn überall die Formel einen ausgesprochenen oder unausgesprochenen Gegensatz ausdrückt zu einem Leben im *pneuma* (Rm 8,9), in Christus (Phm 16), in der *pistis* (Gl 2,20) und dergl.« Die Art und Weise, in der hier ›Fleisch‹ und Sünde als Einheit verstanden werden, wurde in der Forschung vielfach kritisch gesehen. *Daniel Boyarin,* A Radical Jew. Paul and Politics of Identity, Berkeley / Los Angeles / London (1994), Paperback-Ausgabe 1997, 83–84, kritisiert die exegetische Tradition, die *sarx* vor allem unter moralische Kategorien fasst und als sündig abwertet: »This may be good Lutheran theology; I submit it is not Paul.« Der Begriff ›Fleisch‹ und eine

erfährt in dieser Deutungstradition das *soma* eine besondere Hochschätzung, das als Person gedeutet und dessen Beziehung zu Gott in den Mittelpunkt gestellt wird. Der Mensch in seiner körperlichen Existenz, die der Macht der *sarx* unterworfen sei, erfährt hingegen theologische Bedeutungslosigkeit.[20] Letztlich hat dies dazu geführt, dass in der theologischen Anthropologie die Frage nach der Einbettung menschlichen Daseins in die Schöpfungswirklichkeit in den Hintergrund getreten ist.

In V.39 ist eine Abwertung der *sarx* jedoch nicht angelegt, wie der Vergleich mit Gen 1 und Ps 8 zeigt, auf die sich Paulus hier bezieht. Eine solche Sicht wird erst durch eine Auslegung eingetragen, die die Ausführungen des Paulus aus ihrem schöpfungstheologischen Kontext herausgelöst interpretiert. In Ps 8,5 wird *kabod/doxa* auch Menschen als Geschöpfen Gottes zugesprochen, sie macht ihre besondere Rolle in der Schöpfung aus. Dass dieses Verständnis auch auf die menschliche *sarx* zu beziehen ist, macht Paulus deutlich, indem er ein Signal für eine nicht abwertende Interpretation der *sarx* setzt: Die parallele Anordnung zu *doxa* in V.40f deutet bereits auf eine positive Konnotation. Hier spricht er sowohl den »himmlischen Körpern« als auch den »irdischen Körpern« *doxa* zu, die sich allerdings unterscheide. Die irdischen Körper (*sarx*) hat er bereits in V.39 vorgestellt: Menschen und Tiere. Die himmlischen Körper (*soma*) zählt er dann in V.41 auf: Sonne, Mond und Sterne. Die unterschiedlichen Körper sind die Geschöpfe, die an ihrem je spezifischen Ort in Differenz die Vielfalt des Schöpfungshandelns Gottes spiegeln.[21]

In V.39–41 beschreibt Paulus ein den ganzen Kosmos umfassendes Beziehungsgeflecht, das durch das Schöpfungshandeln Gottes entstanden ist: ein Geflecht aus Beziehungen, das Menschen, Tiere, himmlische Gestirne als Geschöpfe Gottes qualifiziert und miteinander verbindet. Hier ist erneut ein Vergleich mit Ps 8 weiterführend. Der Psalm stellt die Frage nach dem Menschsein und beantwortet sie im Blick auf Gott: Menschen stehen in Relation zu Gott und den anderen Mitgeschöpfen. Dieser Anschauung folgt Paulus, indem er zum einen darauf hinweist, dass jegliches Leben aus Gottes schöpfendem Handeln stammt (V.38) und dieses die Relation der Geschöpfe zueinander be-

---

Existenzweise *kata sarka* seien moralisch neutral zu verstehen, auch wenn sie dem Leben *kata pneuma* stets untergeordnet seien.

[20] Zur Frage der theologischen Bewertung des materiellen Körpers vgl. *Regina Ammicht-Quinn*, Körper – Religion – Sexualität. Theologische Reflexionen zur Ethik der Geschlechter, Mainz 1999, 21–137; *Claudia Janssen*, Leibliche Auferstehung? Zur Diskussion über Auferstehung bei Karl Barth, Rudolf Bultmann, Dorothee Sölle und in der aktuellen feministischen Theologie, in: *Claudia Janssen, Luise Schottroff* und *Beate Wehn* (Hg.), Paulus. Umstrittene Traditionen – lebendige Theologie. Eine feministische Lektüre, Gütersloh 2001.

[21] Aufgrund der Anklänge an Ps 8,2 und Gen 1,1 gehe ich davon aus, dass auch die Angaben »irdisch« und »himmlisch« in 1Kor 15,40 lokal verstanden werden müssen.

gründet (VV.39–41). In V.39 spricht Paulus sowohl von der menschlichen *sarx* als auch von der *sarx* der unterschiedlichen Tiergattungen:
39 Nicht jede *sarx* ist der anderen gleich,
denn eine sind die Menschen,
eine andere *sarx* sind die Haustiere,
eine andere *sarx* die Gefiederten,
eine andere die Fische.

Zum einen werden damit Menschen und Tiere in enger Relation beschrieben, zum anderen wird gleichzeitig auf ihre Unterschiedenheit hingewiesen, die die Ordnung im Miteinander der Geschöpfe ausdrückt. Aus diesem Vergleich mit Ps 8 ist für 1Kor 15,39 zu folgern, dass die Unterschiedenheit der *sarx* sich nicht in erster Linie auf ihre Beschaffenheit bezieht, sondern auf ihre unterschiedliche Rolle im Ordnungsgefüge der Schöpfung. Paulus beginnt die Aufzählung mit den Menschen und hebt sie sprachlich von den Tieren ab. Damit stellt er sie an die erste Stelle der Geschöpfe. Die Konsequenz für die Übersetzung von V.39 ist deshalb, *sarx* hier nicht mit »Fleisch« zu übersetzen. *sarx* bezeichnet hier das körperliche Dasein in Abhängigkeit von Gott und in Relation zu den Mitgeschöpfen. Es betont die leiblichen Dimensionen des Daseins, die das Angewiesensein auf Gott ausdrücken. *soma* wie *sarx* können im Sprachgebrauch des Paulus für den ganzen Menschen bzw. das Lebewesen als Ganzes stehen und betonen die unterschiedlichen Aspekte der Beziehung zu Gott und anderen Geschöpfen:[22]
Nicht jedes *Geschöpf* ist dem anderen gleich,
denn eines sind die Menschen,
ein anderes *Geschöpf* sind die Haustiere,
ein anderes *Geschöpf* die Gefiederten,
ein anderes die Fische.

5 Die Schönheit der Geschöpfe VV 40–41

V.40 beginnt mit der Aufzählung verschiedener Körper, der *somata epourania* und der *somata epigeia*. In V.40–41 spricht Paulus von der *doxa* der Körper am Himmel und auf der Erde. Das Wort kann ganz unterschiedlich übersetzt werden: Glanz, Herrlichkeit, aber auch Schönheit. Ich habe mich für »Schönheit« entschieden, weil ich in diesem Wort erneut eine Anspielung auf die Schöpfungserzählung in Gen 1 höre: Hier heißt es: »Denn Gott sah, dass das jeweilige Geschaffene schön/gut geworden war.« Die Schönheit der Schöpfung ist im Ver-

---

[22] Zur Körpertheologie des Paulus (insbesondere zur Bedeutung von *sarx* und *soma* bei Paulus) vgl. *Claudia Janssen*, Anders ist die Schönheit der Körper. Paulus und die Auferstehung in 1 Kor 15, Gütersloh 2005, 60–82.

ständnis von Gen 1 keine ästhetische oder ›natürliche‹ Kategorie, sie ist nicht objektiv feststellbar, die Schöpfung ist schön (*tow*) allein aus der Perspektive Gottes: »Gott sah ...«[23] Diese Schönheit kann auch mit dem hebräischen Wort *kabod* ausgedrückt werden (vgl. Jes 10,18; 35,2; 60,13; Ez 31,18). Sie verweist auf den Segen Gottes und auf die Fülle, die dem Geschaffenen innewohnt, der kreatürlichen und nicht-kreatürlichen Schöpfung.[24] Diese Qualität der »Schönheit« gilt auch angesichts aller Gräuel und Gewalt, die Teil der Schöpfung sind. Deshalb ist von Schönheit zu reden auch nur legitim, wenn sie sich auf die Perspektive Gottes stützt, die dem Geschaffenen ihren Wert verleiht. Diese Schönheit ruft nach Anerkennung, nach Würdigung und Lobpreis von Seiten der Geschöpfe, die mit der Aussage Gottes: »Siehe, es war sehr schön / gut ...« korrespondieren, wie dies insbesondere Schöpfungspsalmen zum Ausdruck bringen.[25] Claus Westermann definiert Schönheit deshalb als relationalen Begriff: »Im Alten Testament ist Schönsein primär Geschehendes; der eigentliche Zugang zum Schönen ist hier nicht nur das Sehen eines Vorhandenen, eines Bildes etwa oder einer Statue, sondern das Begegnen. Das Schöne wird in der Begegnung erfahren.«[26] Diese Schönheit der Schöpfung bestimmt auch die Schönheit der menschlichen Wesen, die wesensmäßig in ihrer Geschöpflichkeit liegt. Steht dieses Verständnis von der Schönheit der Schöpfung auch hinter den Ausführungen des Paulus? Er verwendet das Wort »gut« bzw. »schön« (*kalos*) in seiner Beschreibung der Geschöpfe nicht, allerdings kann *doxa* in V.40f als Hinweis auf ihre Schönheit gedeutet werden, wenn *doxa* als Übersetzung des hebräischen Wortes *kabod* verstanden wird. Meine These ist: Wenn in 1Kor 15,36ff auf die Schöpfungserzählung (Gen 1) Bezug genommen wird, wird damit auch die Perspektive Gottes auf sein Werk: »siehe, es war gut/schön« eingeübt.

Paulus hat die Menschen in Korinth vor Augen, die er in seinem Brief anspricht. Über 90 % der Menschen waren arm, lebten knapp oberhalb und zu einem Drittel sogar unterhalb des Existenzminimums. Ihnen

---

[23] Zum Folgenden vgl. *Claus Westermann*, Das Schöne im Alten Testament, in: *Herbert Donner, Robert Hanhart* und *Rudolf Smend* (Hg.), Beiträge zur Alttestamentlichen Theologie, FS Walther Zimmerli zum 70. Geb., Göttingen 1977, 481–484. Zu Gen 1,1–2,4a vgl. auch *Claus Westermann*, Das Loben Gottes in den Psalmen (1954), Göttingen [4]1986, 12–25. Dass Himmel und Erde »schön« und »gut« sind, weil sie von ihm geschaffen sind, vertritt auch *Augustin*, Conf. Buch 11,4,6: »Du also Herr, hast sie erschaffen, der Du schön bist (*pulcher es*) – denn sie sind schön (*pulchra sunt*); der du gut bist (*bonus es*) – denn sie sind gut (*bona sunt*); der Du bist, denn sie sind.«
[24] Zur engen Zusammengehörigkeit von Schöpfung und Segen vgl. auch *Othmar Keel* und *Silvia Schroer* Schöpfung. Biblische Theologien im Kontext altorientalischer Religionen, Freiburg (Schweiz) / Göttingen 2002, 92–99.
[25] Vgl. *Claus Westermann*, Das Schöne, 482f. Vgl. dazu auch äthHen 36,4; 39,9; 48,5.
[26] *Claus Westermann*, Das Loben, 92.

standen wenige Oberschichtangehörige (3 %) gegenüber, die Großgrundbesitz und damit Geld und Macht besaßen.[27] Eine Mittelschicht gab es nicht. Aus Paulus' Beschreibung der Gemeinde wird deutlich, dass sie die Zusammensetzung der Gesellschaft spiegelt. In der Gemeinde sind die Gebildeten, die Menschen aus Elitefamilien, die Mächtigen in der Minderzahl (1Kor 1,26). Zur Gemeinde gehören mehrheitlich die, die in den Augen der Welt ungebildet sind, die nichts gelten, die verachtet werden (1Kor 1,26–29). Aus der Perspektive der Welt sind die Menschen, an die Paulus sich wendet, zu denen er sich zählt, nichts wert, sie hungern, werden geschlagen, sind obdachlos, werden behandelt wie Kehrdreck der Gesellschaft (1Kor 4,11–13). Ihnen spricht er zu, dass sie Glanz und Würde besitzen. Dafür dankt er Gott. Das macht Paulus bereits durch den Stilwechsel in seinen Ausführungen deutlich: Ab Vers 39 verwendet er eine gehobene Sprache, die Anklänge an das hymnische Gotteslob in Ps 8 enthält. Damit klingt die Wertschätzung der Schöpfung durch die Geschöpfe, ihr Staunen über die Vielfalt und Differenziertheit, die allen den Lebensraum gibt, den sie benötigen, wie es u.a. Ps 8 zum Ausdruck bringt, wie ein Echo in den Worten des Paulus an:

40. und Gott gibt Körper am Himmel und Körper auf der Erde.
aber unterschieden ist die *Schönheit* derer am Himmel,
unterschieden die derer auf der Erde.
41. Eine andere ist die *Schönheit* der Sonne
und eine andere die *Schönheit* des Mondes
und eine andere die *Schönheit* der Sterne;
ein Gestirn unterscheidet sich nämlich von einem anderen in seiner *Schönheit*.

6 Die Auferstehung der Körper

Mit welchen Körpern werden wir auferstehen? – das war die Ausgangsfrage, auf die Paulus in seinen Ausführungen eingeht. Er antwortet jedoch nicht auf der Ebene, auf der sie möglicherweise gestellt wird: nach der biologischen Beschaffenheit oder dem Aussehen, der körperlichen Erscheinung. Er antwortet auf einer anderen Ebene, indem er auf die Beziehung zu Gott verweist. Leben heißt für Paulus, in Relation zu Gott zu leben, eine Beziehung, die auch durch den physischen Tod nicht zerstört wird. Gott gibt gegenwärtiges und neues Leben. Aussagen über die Leiblichkeit der Auferstehung basieren für ihn auf dem Verständnis gegenwärtigen körperlichen Daseins, das aus seiner Perspektive transparent wird für göttliches schöpferisches Handeln. Spekulationen über die Beschaffenheit dieses neuen Lebens wehrt er

---

[27] Vgl. *Ray Pickett*, Konflikte in Korinth, in: *Richard A. Horsley* (Hg.), Die ersten Christen. Sozialgeschichte des Christentums Bd. 1, Gütersloh 2007, 133–160.

ab. Er richtet den Blick auf die Gegenwart, auf die gegenwärtige Schöpfung, die Geschöpfe, deren Zerstörung er tagtäglich erlebt. Das Lob Gottes ist zugleich der Protest gegen die Gewalt, die seinen Geschöpfen angetan wird.
Für das Verhältnis *sarx – doxa – soma* bedeutet das, dass in diesem Zusammenhang die Geschöpflichkeit aller Wesen beschrieben wird, die weitere Dimensionen hat als die irdische Existenzweise, Geschöpflichkeit, die auch die unbelebte Natur und die Gestirne umfasst: Alles, was ist, stammt aus Gott, der die Schöpfung aus dem Nichts ins Leben gerufen hat (vgl. Röm 4,17; 11,36). Auch wenn Paulus in seiner Argumentation Schlüsselbegriffe aus der korinthischen Debatte aufnimmt, die ihm vermutlich gut bekannt ist, wird deutlich, worauf er hinaus will: Sein Verständnis menschlicher Existenz ist auf die Beziehung der Geschöpfe zu Gott ausgerichtet. Ihr Ursprung, der in Gottes Handeln liegt, macht sie zu Geschöpfen, die Gottes Gegenwart, Glanz und Herrlichkeit (*kabod/doxa*) widerspiegeln und denen Gott Leben gibt – gegenwärtig und zukünftig: »Und so (*houtos*) ist es auch mit der Auferstehung der Toten.« (V.42)

7 Sehen lernen. Fazit

Paulus spricht in der Sprache des Gotteslobs von der Schöpfung, in der Tradition alttestamentlicher Psalmen. Dies ist die Basis seiner Rede über die Auferstehung – er richtet seinen Blick auf die Gegenwart des Gotteshandelns in der Schöpfung und spricht von seinem Vertrauen auf die Zukunft. Für mich liegt darin die Besonderheit seiner Theologie.
Das Anschauen der Schöpfung ermöglicht Gotteserfahrung. Allzu lang hat protestantische Theologie in einer solchen Aussage die Vergötzung des Menschen gesehen und allein auf das Wort der Verkündigung vertraut. Damit hat sie letztlich die Bedeutung der geschöpflichen Welt, der menschlichen Leiblichkeit und der Umwelt, aus dem Blick verloren und ungewollt zu ihrer Zerstörung beigetragen. Hier findet seit einigen Jahren ein Umdenken statt. Kirchliche Verlautbarungen rufen zur Bewahrung der Schöpfung auf und betonen die christliche Verantwortung. Doch ist es angesichts des Ausmaßes der Zerstörung häufig schwer, diese Verantwortung auch zu leben. Viele Menschen fühlen sich ohnmächtig und verzweifelt, kleine Schritte wirken angesichts der Klimakatastrophe fast naiv, aus den Verstrickungen der globalen Sünde gibt es kaum ein Entrinnen. Und je besser man sich informiert, umso erdrückender werden die Dimensionen des Schreckens.
Paulus ist für mich in diesem Zusammenhang ein guter Lehrer. Er weiß um die Macht der Sünde, ihre globale Herrschaft, um die Kraft der Todesmächte, die das Leben der Menschen zerstören, die sie krank

machen und erniedrigen, ihnen den Mut nehmen (Röm 6–8). Die Wahrheit über unseren Alltag ist, dass wir Mittäterinnen und Mittäter an dem Zerstörungswerk der Sünde sind: in unserem Konsum, in unserer Mobilität und unserer Unfähigkeit, die ökonomischen Strukturen grundlegend und nachhaltig zu verändern. Ich verstehe Paulus' Worte als Ermutigung, auch angesichts aller Zerstörung die Schönheit des göttlichen Schöpfungshandelns wahrzunehmen und sie zu loben. Wir haben es gelernt, überall Zeugnisse der Zerstörung wahrzunehmen, in der Industrialisierung der Landwirtschaft, die sich in Monokulturen, überdüngten Feldern und gentechnischen Veränderungen manifestiert. Wir sehen die Verschmutzung der Flüsse und Ausbeutung der Ressourcen, die Veränderung des Klimas durch menschlichen Einfluss. Und doch macht es mir Mut, wenn ich die ersten Schneeglöckchen aus der Erde sprießen sehe.

Paulus lehrt, die Gegenwart wichtig zu nehmen, das Wachsen des Weizenkorns, den Körper der Menschen und der Tiere und die Schönheit der Gestirne. Das Gotteslob richtet den Blick auf die Schönheit der Schöpfung – die noch in der Zerstörung sichtbar ist. Ich lerne aus seinen Worten, dass der Glaube an die Auferstehung, die gegenwärtige Welt nicht abwertet oder sie gar in ihrer Vergänglichkeit hinter sich lassen will. Seine Worte lehren mich, die *doxa* Gottes, die göttliche Gegenwart, in allem Geschaffenen wahrzunehmen. Daraus erwächst Verantwortung. Weil ich mich als Teil in einem großen Beziehungsgeflecht verstehe, spüre ich auch mein Angewiesensein, erkenne meinen Platz in einer guten Ordnung, die es zu bewahren gilt.»Denn Gott gehört die Erde und was sie erfüllt.« (1Kor 10,26/Ps 24,1)

Theologisch ist es notwendig, die Verletzlichkeit, die Abhängigkeit und Würde des Geschaffenen neu in den Blick zu nehmen. In aktuellen Feministischen Theologien ist der Körper zu einem zentralen Thema theologischen Denkens geworden. Betont wird hier insbesondere der Aspekt der Beziehungshaftigkeit menschlichen Daseins und Glaubens. Darin sehe ich einen wichtigen Impuls für eine Theologie, die sich der Herausforderung der Zerstörung der Schöpfung stellt, eine Theologie, die zum Handeln ermutigt. Paulus wiederholt vielfach seine Aufforderung, das von Gott geschenkte erneuerte Leben auch zu nutzen (Röm 6,4) und für Gerechtigkeit zu arbeiten (Röm 6,19) – als Ermutigung und Zumutung. So schließt auch das Kapitel über die Auferstehung in 1Kor 15,58 mit der Aufforderung, nicht aufzugeben, und dem Zuspruch, dass der Einsatz für das Leben nicht vergeblich ist:

»Deshalb, meine geliebten Geschwister, steht auf festem Boden, werdet nicht unsicher, denn euer ganzes Leben lang könnt ihr überreich werden, weil ihr *der Ewigen* Werk tut. Ihr wisst ja, dass eure Anstrengung nicht vergeblich ist, weil *die Ewige* euch trägt.«[28]

---

[28] Die Übersetzung stammt aus der Bibel in gerechter Sprache 2006.

Praktisch-theologische Dimensionen
und Diskussionsbeiträge

HEINO FALCKE

Blicke durch das »Zeitfenster«

Predigt über Epheser 5,14–20

Liebe Schwestern und Brüder,

was eigentlich hat uns veranlasst, für dieses Jahr Schöpfung und Ökologie zu unserm Tagungsthema zu machen? So habe ich mich gefragt. Worin liegt die neue Herausforderung zu dieser uns ja schon seit Jahrzehnten vertrauten Problematik? Ich denke, sie liegt in dem Wort »Zeitfenster«, das die Klima- und Klimafolgenforscher in die Debatte gebracht haben. Zwar wissen wir auch das längst, wie dringlich wir umsteuern und umkehren müssen zur ökologischen Vernunft. Jetzt aber gibt es exakte Daten und Hochrechnungen: 15 bis 20 Jahre haben wir bestenfalls noch, um zu verhindern, dass Klima*wandel* zur Klima*katastrophe* wird. An die Stelle der immer noch weichen Dringlichkeitsmahnungen sind die harten Daten einer Frist getreten. Die biblische Assoziation, die mir dazu kam, war das Wort aus Eph 5: »Kauft die Zeit aus, denn es ist böse Zeit«. Kauft den Kairos aus, kauft ihn entschlossen und mit eurem ganzen Vermögen auf, denn die Tage sind böse. Ihr habt eine Chance, aber im Umfeld der bösen Tage nur diese und nur jetzt. Aber was hilft uns eine biblische Verschärfung der Dringlichkeit, die wir schon kennen? Religiöse Dramatisierungen des Kairos machen ihn zum Stress, und Stress kann zur Panik werden: Alles Notwendige muss jetzt gleich, ja alles jetzt zugleich geschehen! Alle Sandkörner der Sanduhr zugleich durch ihren Hals? Nichts geht mehr. Ich sah mir den Zusammenhang des Wortes an. Voran geht die Mahnung, sorgfältig, ja »akribisch« auf unsere Lebensführung zu achten, nicht als Unweise, sondern als Weise. Das ist nicht die manchmal ja etwas aufgeregte Stimme der Prophetie, es ist die Stimme der Weisheit, die zur rechten Lebensführung, fast möchte man sagen: zur Lebenskunst anleitet. Sie weiß Tiefes zum Umgang mit der Zeit zu sagen. Der Kairos soll also ein Kairos der Weisheit sein. Nach dem Kairos-Wort folgt die Mahnung, den Willen des Herrn zu verstehen. Der Kairos wird also die Zeit sein, wo Gottes Heilswille mit uns und der Welt zu seinem Gebieten an uns wird. Zeit gangbarer Schritte. Simchat thora, Freude an der Thora nennt das Israel. Und der Kairos wird im Oster-Licht stehen, denn vor dem Ganzen steht das österliche Wecklied: Wach auf und steh auf von den Toten! Und in dem Kairos wird es pfingstlich zugehen, denn der Abschnitt schließt mit der Einladung in

die Fülle des Geistes, die sich in Psalmen und Lobgesängen, in Dank und Doxologie äußert. Ich lese den ganzen Zusammenhang, V.14b–20:
Wach auf, der du schläfst,
und steh auf von den Toten,
so wird dich Christus erleuchten.
So seht nun sorgfältig darauf, wie ihr euer Leben führt,
nicht als Unweise, sondern als Weise,
und kauft die Zeit aus, denn es ist böse Zeit.
Darum werdet nicht unverständig, sondern versteht,
was der Wille des Herrn ist.
Und sauft euch nicht voll Wein, woraus ein unordentliches Wesen folgt, sondern lasst euch vom Geist erfüllen.
Ermuntert einander mit Psalmen und Lobgesängen
und geistlichen Liedern, singt und spielt dem Herrn in eurem Herzen und sagt Dank Gott dem Vater, allezeit für alles,
im Namen unseres Herrn Jesus Christus.

Nicht wahr, nun klingt das Wort »kauft den Kairos aus!« schon anders! Im Oster-Licht eröffnet das Zeitfenster eben noch andere Aussichten. Wir müssen das, was der Verfasser sagen will, freilich gegen seine unglückliche Metapher vom »Auskaufen« oder »Aufkaufen« in Schutz nehmen. Er war offensichtlich noch nicht so wie wir von der Ökonomisierung oder Vermarktung des Denkens und der Sprache betroffen. »Time is money« war noch nicht erfunden. Zeit war damals wohl noch nicht zur Ware geworden. So kann er unbefangen das entschlossene Handeln im Heute ein Aufkaufen des Kairos nennen. Er wusste noch nicht, dass die Käuflichkeit der Zeit, ihre Verwandlung in eine Ware eine der Ursachen für die ökologische Misere unserer industriellen Welt ist. Als könne man beliebig über sie verfügen, sie sparen, vergeuden oder totschlagen, sie als Arbeitszeit verkaufen und kaufen und alles Lebendige ungeachtet seiner Vielfalt auf die eine Zeitschiene zwängen, die wir mit Uhren messen. Und nun auch noch die Zeit als letzte Frist, die das Zeitfenster gibt, sozusagen im Schlussverkauf auskaufen?
Kairos! Die Griechen haben ihn poetisch als Gott personifiziert, und Lysippos schuf die Skulptur dazu. Kairos trug an den Füßen Flügel, und eine kräftige Haarlocke fiel ihm in die Stirn. Man hat den Geflügelten nie im Griff, aber am Schopf kann man ihn mit etwas Glück greifen. Eben die gute Gelegenheit am Schopf ergreifen! Beides ist wahr, und dass beides zugleich wahr ist, macht die tiefe Wahrheit dieses Bildes aus. Wir haben die Zeit nicht im Griff. Das Bild vom Zeitfenster sollte uns nicht in diesen Krampf treiben. Gegenwärtig erleben wir, wie die Finanzkrise die Klimakrise verdrängt und im Wirtschaftsaktionismus der Kairos des Klimawandels entgleitet. Aufgabe der Kirche ist es nicht, diese Antreiberei zu verschärfen. Sollten wir nicht eher einen Schritt zurück treten, im aufgeregten Aktionismus eine Unter-

brechung freiräumen, um überhaupt wahrzunehmen, welche gute Gelegenheit sich uns da erschließen will?
Welche gute Gelegenheit sich da im *Oster-Licht* zeigen will! Das will uns doch der Epheserbrief sagen: Wacht auf aus euerm Schlaf der Gleichgültigkeit oder Überforderung, damit euch Christus erleuchtet und ihr die Herausforderung der Stunde und die Chance in der Krise entdeckt. Dafür hellwach werden, das ist jetzt dran.
»Denn die Tage sind böse«, sagt der Brief, und wir sind in sie verstrickt. Wir erleben sie wie der Hamster im Laufrad oder als bleierne Zeit oder als falschen Film, in den wir geraten sind. Wir müssen *errettet* werden aus den bösen Tagen, der Zeit des Todes, und das geschieht, wenn uns Christus erleuchtet und wir die gute Gelegenheit erkennen, die er uns heute erschließt.
Dieses Erleuchten hat unzählbar viele und verschiedene Facetten für einen jeden von uns, und in jeder Biographie sind es noch einmal unzählbare Stunden kleiner und großer Erleuchtungen, aber lässt sich nicht *eine* Facette für unsere Zeitfenster-Zeit nennen?
Ostern nimmt uns die Angst vor dem Verrinnen der Zeit. Christus ist auferstanden, darum ist das Leben, gerade das befristete und begrenzte Leben voller Zukunft, mitten in der Zeit Ewigkeit. Aus Freiheit und in Dankbarkeit ja sagen können zur eigenen Begrenztheit. Angesichts der verrinnenden Zeit nicht alles herausholen, die Grenzen nicht immer mehr hinausschieben, nicht alles machen, nicht immer nur transzendieren und überschreiten müssen, weil dies das wahrhaft Menschliche sei. Wo die Angst vor dem Verrinnen der Zeit weicht, da kann auch die Gier verschwinden, von der seit der Finanzkrise soviel die Rede ist.
Und da bekommt die *Weisheit* Raum! Im Oster-Licht gedeiht die Weisheit, in der wir mit Akribie wandeln sollen nicht als die Unweisen, sondern als die Weisen. Und nun denken Sie daran, was die Weisheit Israels über die Zeit, vielmehr über die Zeiten und den Umgang mit ihnen zu sagen wusste. Prediger 3: »Alles hat seine bestimmte Stunde, jedes Ding unter dem Himmel hat seine Zeit«. Und dann folgt die lange Aufzählung, die es geradezu einhämmert, dass alles *vorgegebene* Zeiten hat, die man nicht ungestraft überfahren kann. Mit Geborenwerden und Sterben fängt es an, mit Pflanzen und Ausreißen im Jahreszyklus geht es weiter, und dann schließen sich die Erfahrungen und Tätigkeiten an, die alle ihren Kairos haben: Klagen und Tanzen, Einreißen und Bauen und, und, und.
Die *unterschiedlichen* Zeiten, Zeitphasen und Zeitrhythmen liegen da noch friedlich beieinander, wir aber leben in einem Konflikt der Zeiten, der mörderisch ist. Industrielle Massenproduktion und Massenkonsum haben ihre Zeit, aber sie zerstören die Regenerationszeiten der Fischschwärme und der Erdatmosphäre. Radioaktiver Müll hat seine Halbwertzeiten, und nur Unweise können sich einbilden, sie hätten sie im Griff. Hören wir nur das komplizierte Zitat von Günter Altner: »Es geht darum, die langsame und vielschrittige Naturdynamik mit der

schnell galoppierenden Zivilisationsdynamik zu verbinden und Zerreißungen zwischen beiden Prozessen zu verhindern«, und er schreibt weiter in der »Jungen Kirche«: Wir brauchen »eine Sensibilitätsrevolution, bei der das Bewußtsein für die Zeitlichkeit aller Prozesse zum Maßstab einer neuen Fürsorglichkeit wird.«
Ja, das heißt es heute, mit akribischer Aufmerksamkeit als Weise zu wandeln. Auch Kleinigkeiten nicht zu übersehen. Die stand-by-Schaltung muss nicht das ganze Jahr hindurch »on« sein! Ökologische Lebenskunst einüben, schonende *Gewohnheiten* bilden, damit die Macht solcher Gewohnheiten die Macht der gedankenlosen Rücksichtslosigkeiten zurückdrängt. Das ist an der Zeit, dafür ist es allerhöchste Zeit!
»Versteht, was der Wille des Herrn ist«, hörten wir. Es ist die Zeit des konkreten lebendigen Gebietens Gottes. Er schweigt nicht. Er redet. Unüberhörbar. Auch die Atheisten hören es. Die Steine schreien. Aber wir sollen den Willen des Herrn *verstehen*. Das »Geheimnis seines Willens« ist gemeint, von dem der Epheserbrief am Anfang spricht in dem großen universalen Christushymnus. Diese die Schöpfung umspannenden Christushymnen im Epheser- und Kolosserbrief sind damals für eine Welt entworfen, die auch von Katastrophen und Katastrophenängsten erschüttert war (Eduard Schweizer). Der Heilswille des Herrn umgreift diese Welt mit ihren Ängsten. Die harten alarmierenden Prognosen verdrängt oder verharmlost er nicht, aber in ihrem Horizont leuchtet eine Hoffnung, ein untötbarer Lebenswille auf. Aus einer anderen Dimension kommt die Gewissheit, die Sache des Lebens ist nicht verloren. Dieser *Heils*wille wird zum Gebot an uns. Er stiftet zuversichtliches Tun, von Sinnhaftigkeit getragen und von dem Optimismus erfüllt, den Bonhoeffer eine »Lebenskraft« genannt hat, »die niemand verächtlich machen soll«. Simchat Thora!
Da schließt sich unvermittelt die Freude im Geist an, die am Schluss dieses Abschnitts ausbricht in Psalmen, Lobgesänge und Spirituals. Darauf kommen wir ja eigentlich nicht, wenn wir durch das Zeitfenster unserer Klimaforscher blicken. Fast kommt es mir etwas frivol vor, angesichts solcher Weltsorgen in derartigen Jubel zu verfallen. Da wird doch wohl der Jubel des Reiches Gottes vorweggenommen, auch wenn »die Heiligen noch nicht einmarschiert« sind. Sollten solche Vorwegnahmen, solch ein Ausdruck völliger Zukunftsgewissheit wirklich begründet sein und jetzt an der Zeit? Das wird hier vorausgesetzt. Darüber hinaus wird behauptet, es seien keine Vorweg*nahmen*, sondern Vorweg*gaben* des Geistes Gottes.
Der Kairos, den wir mit aller Entschlossenheit wahrnehmen sollen, ist also die Zeit des Geistes, und der Lebensgeist Gottes ist es zugleich, der die Schöpfung erneuert. Dieses Jubelfinale mitten in den »bösen Tagen« damals und heute beim Blick durch das Zeitfenster – schon zum Erstaunen und vielleicht ja – zum Einstimmen!
Amen

WERNER BUSCH

Ein Beitrag zur Diskussion

Als Gemeindepfarrer von drei ländlichen Kirchengemeinden bei Wolfsburg komme ich aus einer Region, in der »Das Auto« den Menschen Arbeit, Einkommen und Wohlstand gibt. Ein konsequenter oder gar radikaler ökologischer Denkansatz hat dort eine gewisse Brisanz und taucht in der öffentlichen Diskussion kaum auf.
Auf verschiedene Impulse dieser zu Ende gehenden Tagung möchte ich nun mit einigen Anmerkungen und Fragen reagieren.
»Die Schöpfung bewahren« ist ein geradezu paradiesisches Thema, nicht nur literarisch. Da wären wir natürlich gern: in der Situation von Gen 2, woher dieses biblische Motto genommen ist (2,15). Unser Standort auf dem heils- und weltgeschichtlichen Weg ist aber bekanntlich ganz woanders, eher in der Nähe irgendeines Abgrundes, wie uns Herr Dr. Gerten mit den Ergebnissen der Klimaforschung überzeugend dargestellt hat. Theologisch gesprochen: Wir haben alle möglichen ur- und geistesgeschichtlichen und ökologischen Sündenfälle bereits hinter uns, und das heißt, wir stecken mitten drin im Verfehlen und Verderben. Die Probleme haben eine ungeheure Wucht und einen kaum noch zu ertragenden Ernst bekommen. Genauer und persönlicher gesagt: Die allgegenwärtige ökologische Frage ist für mich mit einem fast dauerhaft schlechten Gewissen verbunden. Geht es Ihnen auch so? Jede Niederschlags-Statistik und jede orange-rote Temperaturlandkarte des Planeten ist ein Schlag, ein Stich in unser Gewissen, den wir nicht parieren können. Uns bleiben oft nur hilflose Sätze, die mit »Eigentlich müssten wir ...« beginnen. Diese ständige Gewissensunruhe ist eine Erfahrungstatsache, die in den Fokus dieses Themas gehört, zumal mit der Gewissensthematik eine wichtige Dimension reformatorischer Theologie berührt ist.
Die Beiträge dieser Tagung führen mich von diesen Gedanken ausgehend zu einer Frage, die an den Hinweis anknüpft, dass der Mensch in der Lage ist, etwas zu tun, was er dann selber nicht mehr verantworten und wofür er nicht mehr einstehen kann. Die Ökokrise wie auch die aktuelle Finanzkrise zeigen ja unübersehbar, dass aus menschlichem Tun unbeherrschbare Folgen erwachsen können.
Mit diesem Hinweis komme ich nun zu meiner ersten Frage: Was bleibt dem Menschen, wenn er – vielleicht sogar unentrinnbar – aktiv

und ursächlich an einer Zerstörung beteiligt ist, die er selber gar nicht mehr verantworten und nicht wieder gutmachen kann? Was bleibt uns, die wir durch unsere innere Konstitution – es fielen bereits die Stichworte Gier, Gewohnheit, Überforderung – und durch äußere Strukturen oft gar nicht mehr anders können, als unserer Umwelt empfindliche Schäden zuzufügen, Tag um Tag ...
Es wurde in verschiedenen Beiträgen wiederholt auf eine Ethik der Selbstbeschränkung und des Maßhaltens hingewiesen. Wir müssten verzichten lernen und verinnerlichen, dass wir nicht mehr die unablässig grenzverschiebenden und grenzüberschreitenden Gestalter sein sollen. Ich höre aus diesen durchaus nahe liegenden Hinweisen die schwierige Forderung nach einer größeren Leidensbereitschaft heraus. Wir sollen also in die z.T. auch schmerzlichen Grenzen unseres Geschöpf-Seins heimkehren. Aber was ist das für eine Heimat, die wir selber – vielleicht schon bald – einigermaßen unbewohnbar gemacht haben werden? Den Rückweg in ein urbildliches Menschsein haben wir uns selbst abgeschnitten. Es bleibt eigentlich nur ein Weg nach vorn. Aber welcher? Denn was wäre gewonnen, wenn wir vor uns liegende Möglichkeiten ungenutzt liegen ließen und damit wohl doch ein vermeidbares Mehr an eigenem und fremdem Leid riskierten? Die sterbenden Kinder in den Hungerregionen sind als besonders krasses und tragisches Beispiel mehrfach erwähnt worden und zeigen deutlich die offene Flanke einer Ethik der Mäßigung und die Gefahr des Zynismus eines solchen Denkansatzes..
Diese schwer zu beantwortenden aber dennoch alltagsrelevanten Fragen lassen eine Ahnung aufkommen. Es ist der Verdacht, dass das Programmwort »die Schöpfung bewahren« in der gegenwärtigen Lage für die Masse der in Produktions- und Konsumprozessen eingebundenen Menschen einen ambivalenten Subtext bekommen hat oder bekommen soll, mit dem wieder einmal nur nach dem homo faber gerufen wird. Aber was können wir denn von eben demselben Akteur erwarten, der die ganze Misere selber anrichtet und täglich noch verstärkt?
Das Thema führt also in ein Dilemma hinein, das in den Vorträgen und Rückfragen immer wieder angeklungen ist und noch deutlicher herausgearbeitet werden kann. Ich meine die anthropologische Dimension der ökologischen Krise. Wir sind in der gegenwärtigen Lage offenbar dazu bestimmt, zwei grundsätzlich entgegengesetzte Rollen in demselben Stück zu spielen. Wir sind einerseits in einem beängstigenden Ausmaß zu Verbrauchern und so zu Verursachern einer gewaltigen Naturzerstörung geworden. Andererseits und zugleich sollen wir nun (endlich wieder!) zu Hütern und Bewahrern werden. Wir sollen als seine berufenen Ebenbilder die gütige Königsherrschaft Gottes auf diesem Planeten imitieren. Ich frage: Was leistet nun die theologische Schöpfungsethik zur Bewältigung dieser Rollen- und Identitätsprob-

Ein Beitrag zur Diskussion 187

lematik, zur Überwindung des Widerspruchs, in dem wir uns vorfinden? Um es mit Hiobs Hilfe zugespitzt zu formulieren: »Die Erde ist in die Hand des Frevlers gegeben« (9,24), und wie kann nun der Ausbeuter zum Pfleger, also der Bock zum Gärtner gemacht werden? Es ist eine mit biblischem Realismus eher skeptisch zu beantwortende Frage, ob wir uns durch einen weltgesellschaftlichen Diskurs, durch Bildung, Dialog und eine neue Öko-Moral wirklich selber auf den rechten Weg bringen können.

Hinter meinen Anfragen stehen tastende und unfertige Überlegungen. Ich meine, die Denk- und Suchbewegung, die Herr Professor Stückelberger als »ökumenische Strategien zur ökologischen Transformation« detailliert und sehr praxisbezogen beschrieben hat, würde ich nicht im Detail, sondern vom Ansatz her anders akzentuieren. Anstatt – ich verkürze – vom allmächtigen Gott zum handelnden Menschen überzugehen, sollten vielmehr das »Dominium Terrae« *und* die »basileia ton ouranon« in die ethischen Überlegungen mit einbezogen werden. Aber wie kann angesichts der globalen Probleme der Ansatz nun einmal nicht beim Menschen, sondern bei Gott gemacht werden? Ich kann dies für mich im Moment nur als anstehende Aufgabe formulieren: Die Botschaft Jesu von der Gottesherrschaft und sein Christusweg müssten für unsere geschichtliche Situation neu erschlossen werden, müssten als schöpferische und formende Kraft einer veränderten Lebensweise konkret wiederentdeckt werden. Neben der Anthropologie ist hiermit nun das zweite Themenfeld benannt, das sozusagen noch ausgiebiger angezapft werden sollte: die Christologie. Evangelische Schöpfungsethik sollte sich nicht als Ethik ohne Christus aufstellen.

Der strategische Ansatz, der auf weltpolitische Entscheidungsprozesse Einfluss zu nehmen versucht, sollte m.E. mindestens ergänzt werden. Denn hinter diesem Ansatz steht das von Herrn Professor Diefenbacher beschriebene Problem, dass viele Menschen ihre persönliche Lebensführung ganz bewusst dem Mehrheitsverhalten anpassen wollen und sogar wider besseres Wissen nur den breiten Weg zu gehen bereit sind. Dieses Problem ist aber mit politischen Mitteln nicht zu lösen. Hier sollten wir theologisch ansetzen. Nur wie? Müsste nicht das Freiheitspotential einer Christusbindung im Sinne der Barmer Theologischen Erklärung viel stärker in das Zentrum der Ökologie-Thematik gerückt und durchbuchstabiert werden? Hier würden sich dann Fragen des Lebensstils – auch in ekklesiologischer Perspektive – anschließen.

Mein Fazit ist mehr eine Empfehlung und ein (Selbst-) Aufruf als ein Ergebnis: Evangelische Anthropologie, Christologie und Ekklesiologie sollten nicht hinter einen ökologischen Pragmatismus zurücktreten müssen, sondern sollten auch im Kontext der drängenden Ökokrise viel stärker profiliert werden – mit der Offenheit und in der Hoffnung, dass es hier mehr als erwartet zu entdecken gibt.

Verzeichnis der Autorinnen und Autoren

Michaela Bauks, geb 1962 in Münster, ist Professorin für Bibelwissenschaft (Schwerpunkt Altes Testament) an der Universität Koblenz. Forschungsschwerpunkte sind Fragestellungen zur Traditions- und Religionsgeschichte des Alten Testaments und zur theologischen Hermeneutik. Sie verfasst in der Reihe Biblischer Kommentar des Neukirchener Verlags den Teilband der Genesis zur Urgeschichte (Gen 1–11).

Heinrich Bedford-Strohm, geb. 1960 in Memmingen, ist Professor für Systematische Theologie und Theologische Gegenwartsfragen und Leiter der Dietrich-Bonhoeffer-Forschungsstelle für Öffentliche Theologie der Otto-Friedrich-Universität Bamberg sowie Außerordentlicher Professor an der Universität Stellenbosch/Südafrika. Er ist Vorsitzender der Gesellschaft für Evangelische Theologie, Mitglied der Sozialkammer der EKD und Vorstandsmitglied des European Forum for the Study of Religion and the Environment. Seine Forschungsschwerpunkte liegen auf dem Gebiet der Sozialethik und Ekklesiologie.

Werner Busch, geb. 1967 in Bad Lauterberg (Harz) ist nach dem Vikariat in Köln-Bayenthal seit 2004 Gemeindepfarrer für drei Kirchengemeinden der Ev.-luth. Landeskirche in Braunschweig.

Hans Diefenbacher, geb. 1954 in Mannheim, ist apl. Prof. für Volkswirtschaftslehre am Alfred-Weber-Institut der Universität Heidelberg, stellv. Leiter der Forschungsstätte der Evangelischen Studiengemeinschaft in Heidelberg e.V., ehrenamtlich Beauftragter des Rates der EKD für Umweltfragen. Hauptarbeitsgebiete: Verhältnis von Ökologie und Ökonomie, Wirtschafts-, Umwelt- und Sozialstatistik.

Dirk Evers, geb. 1962 in Bielefeld, ist Forschungs- und Studieninspektor am FORUM SCIENTIARUM der Eberhard Karls Universität Tübingen und Privatdozent für Systematische Theologie an der dortigen Evangelisch-theologischen Fakultät. Einer seiner Arbeits- und Forschungsschwerpunkte liegt im Gespräch zwischen Theologie und den Naturwissenschaften.

Heino Falcke, geb. 1929 in Riesenburg, war bis 1994 Propst der Evangelischen Kirche der Kirchenprovinz Sachsen und gilt als eine der profiliertesten Persönlichkeiten in Kirche und Theologie der DDR und einer der Nestoren der friedlichen Revolution. Falcke promovierte 1958 und habilitierte sich 1961 an der Theologischen Fakultät der Universität Rostock. 1984 wurde ihm von der Universität Bern die Ehrendoktorwürde verliehen. Falcke war einer der Motoren des 1983 von der ÖRK-Vollversammlung in Vancouver ausgegangenen Konziliaren Prozesses für Gerechtigkeit, Frieden und die Bewahrung der Schöpfung.

Dieter Gerten, geb. 1970 in Bitburg, leitet die Forschergruppe »Biosphäre 2100« am Potsdam-Institut für Klimafolgenforschung (PIK). Seine Forschung umfasst die Berechnung weltweiter Wasservorräte und -knappheiten, die Einflüsse des Klimawandels auf verschiedene Ökosysteme und die Rolle von Religion und Ethik für eine nachhaltige Wasserbewirtschaftung.

Claudia Janssen, geb. 1966 in Rotenburg (Wümme), ist Studienleiterin am Frauenstudien- und -bildungszentrum in der EKD in Hofgeismar und lehrt als Privatdozentin an der Philipps-Universität in Marburg Neues Testament. Sie ist Mitherausgeberin der Bibel in gerechter Sprache und des Sozialgeschichtlichen Wörterbuchs zur Bibel. Weitere Forschungsschwerpunkte: Theologie und Hermeneutik der Paulusbriefe, Christlich-Jüdischer Dialog, Genderfragen.

Udo Kuckartz, geb. 1951 in Aachen, ist Professor für Empirische Pädagogik und Methoden der Sozialforschung und Direktor des Instituts für Erziehungswissenschaft der Philipps-Universität Marburg. Er forscht seit langem über Fragen des Umwelt- und Naturbewusstseins sowie über die menschlichen Dimensionen des globalen Klimawandels. Er leitete die Marburger Arbeitsgruppe Methoden und Evaluation (MAGMA) und hat zahlreiche Methodenlehrbücher verfasst.

Gerhard Liedke, geb. 1937 in Karlsruhe, lebt als Pfarrer i.R. in Heidelberg. Er hat promoviert im Fach Altes Testament, war von 1970 bis 1978 Wissenschaftlicher Referent an der FEST (Forschungsstätte der Evangelischen Studiengemeinschaft) in den Bereichen »Naturwissenschaft und Theologie« und »Friedensforschung«. Er gehörte von 1982 bis 1989 als hauptamtlicher Umweltbeauftragter der Evangelischen Landeskirche in Baden zur ersten Generation der Umweltbeauftragten.

Andreas Lienkamp, geb. 1962 in Oberhausen/Rhld., ist Professor für Theologische Ethik und stellvertr. Geschäftsführer des Berliner Instituts für christliche Ethik und Politik an der Katholischen Hochschule für Sozialwesen Berlin sowie Privatdozent für Christliche Sozialethik an der Fakultät Katholische Theologie der Otto-Friedrich-Universität Bamberg. Er ist Mitglied der Arbeitsgruppe für ökologische Fragen der Deutschen Bischofskonferenz.

Christian Link, geb. 1938, ist emeritierter Professor für Systematische Theologie an der Ruhr-Universität Bochum, Mitglied des Vorstands der Gesellschaft für Evangelische Theologie und des wissenschaftlichen Beirats der Karl-Barth-Gesellschaft, Forschungsschwerpunkte: Schöpfungstheologie, Dialog Theologie-Naturwissenschaften, Calvin-Forschung.

Christoph Stückelberger, geb. 1951 in Wingen/Elsass, ist Gründer und Direktor des globalen elektronischen Ethiknetzwerkes Globethics.net mit Sitz in Genf sowie Titularprofessor für Ethik an der Theologischen Fakultät der Universität Basel. Er hat sich zur Umweltethik habilitiert. Er schreibt und forscht besonders zur Wirtschafts-, Umwelt-, Entwicklungs- und politischen Ethik. Er ist regelmäßig Gastdozent in Entwicklungsländern.

Helmut Utzschneider, geb. 1949 in Gessertshausen bei Augsburg, ist Professor für Altes Testament an der Augustana-Hochschule, Theologische Hochschule der Evangelisch-Lutherischen Kirche in Bayern, in Neuendettelsau. Er ist Mitglied der Landessynode der Evangelisch-Lutherischen Kirche in Bayern und dort Vorsitzender des Ausschusses für Grundfragen kirchlichen Lebens.

Michael Welker, geb. 1947 in Erlangen, ist Professor für Systematische Theologie an der Universität Heidelberg und Geschäftsführender Direktor des Forschungszentrums Internationale und Interdisziplinäre Theologie (FIIT). Er ist Mitglied der Heidelberger und der Finnischen Akademie der Wissenschaften und Mitglied des Vorstands der Gesellschaft für Evangelische Theologie.